教者父母心

刘天庆教育随笔

刘天庆 著

中国文史出版社

图书在版编目（CIP）数据

教者父母心：刘天庆教育随笔 / 刘天庆著. -- 北
京：中国文史出版社，2022.8
ISBN 978-7-5205-3582-3

Ⅰ.①教… Ⅱ.①刘… Ⅲ.①教育—随笔—中国—文
集 Ⅳ.①G52-53

中国版本图书馆CIP数据核字(2022)第121958号

责任编辑：卜伟欣

出版发行：**中国文史出版社**
社　　址：北京市海淀区西八里庄路69号院　　邮编：100142
电　　话：010—81136606　81136602　81136603（发行部）
传　　真：010—81136655
印　　装：北京温林源印刷有限公司
经　　销：全国新华书店
开　　本：16开
印　　张：18.75
字　　数：269千
版　　次：2023年3月北京第1版
印　　次：2023年3月第1次印刷
定　　价：68.00元

序言

在希望的田野上

认识刘天庆校长，缘于他成为山东省第三期齐鲁名校长培养工程人选，适逢其会，他又分在了由我担任导师的小学三组。但真正形成深刻的印象，是 2021 年季春，刘天庆校长和他的团队主动请缨，承办第三期齐鲁名校长培养工程人选小学三组届中考核暨线下培训，以他所在的临邑县德平镇中心小学开展的乡土文化课程体系构建实践成果，展示了一所乡村小学的文化突围之路。在此后不断加深的交往中，我见识了他超强的学习力、深邃的思考力，惊叹于他对教育的深刻理解、对文化的睿智解读。

自 1994 年中师毕业走向教书育人岗位，刘天庆校长扎根乡村教育 28 年，默默耕耘，收获丰硕，多次荣获优秀教师、教学能手、先进个人荣誉称号，2019 年入选山东省第三期齐鲁名校长培养工程人选——这是山东省最高规格的中小学校长培养项目。托起一顶顶光环的，是他那长期而艰辛的付出。

人们常说：一个好校长，就是一所好学校。这话在刘天庆校长身上再次得到印证。在校长岗位上，他规划学校发展、营造育人文化、领导课程教学、引领教师成长、优化内部管理、调适外部环境，打造了临邑县唯——所"市级教学示范化学校"，创办起了临邑县第一所农村"省级示范化幼儿园"，建立了临邑县县第一处课程实践基，成立了涵盖四个乡镇共37名教师组成的"读写慧"教师阅读成长共同体，联合临邑县城北部五个乡镇成立了"校级专研"教科研共同体……

东汉末年一个叫魏昭说："经师易遇，人师难遭。"此语后世易作"经师易得，人师难求"。胡三省注《资治通鉴》说："经师，谓专门名家，教授有师法者；人师，谓谨身修行，足以范俗者。"刘天庆校长不仅做"经师"，博学以致远；更做"人师"，立德以树人。

刘天庆校长始终立足于"心中有人"的教育，建设有文化、有温度、有灵魂的学校，始终秉持以人的生命成长为核心的整体教育理念，以乡土文化课程体系构建实践，实现了乡村小学教育的文化突围。他与学校的师生一起研究地域的文化、学校的历史，打造反映师生生命成长的学校文化。他关注教师的精神成长与生活需求，建立"爱心育婴室"，破解了二胎放开后教师育儿与工作不能兼顾的难题，稳定了教师队伍。

刘天庆校长和他的团队向着乡村教育的高峰一路攀升，成为乡村特色教育的一面旗帜，刘天庆也当之无愧地进入乡村教育领军人物的行列。

在2022年春暖花开的时节，我拜读着刘天庆校长近三来年对于教育的思考、感悟、实践和探索的随笔，再一次被他砥砺前行的精神感动，也更加明晰了他成长的根源，那就是深耕经典、勇于实践、善于思考、敢于创先。正如他在书中的文章《名师名校长是怎样炼成的》所说："名师名校长的成长，是用自己的脚走出来的。名师名校长的成长，是逼出来的（其实是自己逼自己）。名师名校长的成长，是想（反思）出来的。名师名校长的成长，是学出来的。"确然如是，刘天庆校长用他的这本大作，用他对百家经典的感悟、对教育现象的观察、对教育问题的思考、对教育实践的探索，告诉我们一个道理，那就是做教育，不仅仅要深耕教育的理论，也要广泛涉猎管理学、心理学、哲学诸多学科的理论与知识，用智慧照亮前进的方向，用专业夯实发展的道路，按照人的成长规律、按照学生的发展需求去做教育，才能培养出具有健全心智、具备学科素养的完整的人。

乡村教育是一片希望的田野，相信刘天庆校长会收获更多。

读一本书，就是读一个人，诚然如斯！从刘天庆校长其人其书中，我们定会有所感悟，有所收获。

刘德增

2022 年季春

目录

第三篇 启迪智慧

第四篇　阅读思考

第一篇
寻找教育的初心

教者当有父母心

人常说"医者当有父母心"，从医之人当怀有仁爱之心，只有视病人如亲人才能更好地为病人治疗。大医家常说"三分治病，七分医心"，因为病人的心情直接影响着他们的病情和治疗的效果。

教者与医者有相似之处，只不过医者所做的是治疗病者躯体，驱散体内之邪毒，而教者所做的是培育学生心灵，启迪学生智慧，除去愚昧与懵懂，引领学生做人。正如韩愈所说："师者，所以传道授业解惑也。"为师之道，首要的任务就是"传道"，引导学生做人。从这个角度来说，教者更当有父母之心。

教者怀有父母心，便会心为生系，情为生牵。爱，是教育的真谛。没有爱，为人师便无从谈起，这决定了我们为人师者必须像爱自己的孩子一样爱学生。无论是聪明还是愚钝，不管是健康还是疾病，在父母眼里，自己的孩子都是独一无二，是别人的孩子无法取代的。若能常怀父母之心，我们还会怨责孩子的不适之举，还会对学生说出"笨蛋""傻瓜""白痴"之类的伤人之语吗？只怕是听到别人要说，自己都要怒目相对了吧！

教者当有父母心，这意味着责任。这既是职业的需要，也是时代的要求。我们只有常怀父母之心，才能更体悟自身所肩负的重任。毕竟我们所从事的是培育心灵的工作，所面对的是一个个活生生的有独立思想的人。我们只有常怀父母之心，才能让学生真正感受到老师的真情，让学生"亲其师，信其道"。

随着时代的发展，纷繁复杂的社会现象冲击着我们的校园，如果我们不能让孩子提高免疫力，便很难使我们的教育成果得以保持。因此，常怀父母之心，关注孩子成长，关爱孩子心灵，引领孩子健康向上，是我们教育者应有的胸怀。

教育，解决"道"还是传授"术"

苏霍姆林斯基在《给教师的建议》中提出了自动化的读与写的问题，指出"能够在阅读的同时进行思考和在思考的同时进行阅读的学生，就不会在学业上落后；而没有学业落后的现象，教师的工作就容易了"。同时指出"应当使书写过程达到自动化的过程"。这就涉及一个问题，那就是我们的教学活动到底是要呈现一个什么样的指向，是让孩子获得大量的知识积累以应对我们的考试，让孩子在知识学习的过程中，懂得做人做事的态度，还是让孩子通过学习和努力，实现真正的智慧成长？我想，这是我们走向课堂，走向学生之前必须考虑清楚的问题。

什么是"术"的传授呢？就是基于考试考点的要求，采取的针对应答到位的强化训练过程。这是很多学校和老师面对现在的以分数为评价指挥棒的选拔机制形成的通过研究考试路子和考点，而设定的教学活动方案，这易使学生形成简单思维，造成思维惰性。"可能记住了许多东西，可是当需要他在记忆里查寻出一条基本原理的时候，他脑子里的一切东西都混杂成一团，以致他在一项很基本的智力作业面前束手无策"。也就是说，"术"的传授，教出的是只会考试的"机器"。

什么才是"道"的传授呢？就是以学习的真正的意义为导向，让学生保持对于真正的脑力劳动的热望与追求，能够通过努力学习的过程，确立知识与能力之间的正确的相互联系，"自觉地把概括的东西运用于生活实践"。这样的教学，需要的是我们真正掌握学生的真实情况，并帮助他们形成真正的学习能力，这种教学是符合每一个孩子学习状况的针对量变向质变转化的过程。这需要我们给每一个孩子提供合适的环境和土壤，让他们进行创造性成长。

　　作为教师，我们更多的时候，是需要从"道"的角度，给孩子搭建一座通向知识和智慧的桥梁，让他们以明确的精神导向和科学概念，完成自己具有创见性的成长历程。

理性思考，正面引导，建设业精德崇的新时代教师队伍

为全面落实全国教育大会精神，扎实推进《中共中央国务院关于全面深化新时代教师队伍建设改革的意见》的实施，进一步加强师德师风建设，教育部于2018年11月8日颁布了《新时代高校教师职业行为十项准则》《新时代中小学教师职业行为十项准则》《新时代幼儿园教师职业行为十项准则》三个师德师风建设文件，并依据《准则》，在全国各地开展了师德师风建设整治行动，在2019年4月、7月和12月先后三批曝光18起违反教师职业行为十项准则的典型案例。山东省教育厅也在深入结合实际的基础上，出台了《山东省教育厅关于加强师德师风建设的意见》，提出了师德师风建设的具体要求和实施方案。可以说，师德师风建设被提到了一个全新的历史高度，国家和省级教育主管部门的纲领性文件，为我们如何加强师德师风建设指明了方向，将有力地指导我们规范教育教学行为，建设一支业精德崇的新时代教师队伍。

对于如何落实好师德建设文件，真正形成以正向激励为主，惩戒失范为辅的实施路径，还要对一些相关的问题进行深入分析思考，理性判断，对症施策，真正形成行之有效的现代教育教师治理体系。

第一，我们必须正视师德问题产生的背景和发展。

在原始生态的教育里，长者为师，以生存技能教育为主，师德问题并不明显。孔子倡导平民化教育，私塾模式开始出现，延请的授业之师大多是当地名望较高之师，且一直崇尚严师出高徒，动辄戒尺加身，几乎无人提及师德。唐朝韩愈先生的一篇《师说》，可以说是对于师德问题的正式提出，"传道授业解惑"几乎成为延及现今的为师之责。随着时代的变迁，现代学校制度以及班级授课制的引入，师道尊严，"师徒如父子"的基本价值判断一直延续至20世纪80

年代末期。这期间，师德问题并不凸显，这很大程度上取决于人们对于教育改变命运的高度期望。从20世纪80年代末开始，社会家庭结构发生了变化，家长群体教育层次和对教育作用的认识进一步提高，加之独生子女群体的大量出现，以及信息化发展，师德问题开始上升到新的高度。可以说，现在德师德师风建设问题也是教育发展不平衡不充分与人民群众日益增长的教育需求之间矛盾的产物。

第二，我们必须正视教师队伍发展过程中的实质性问题，而不能简单机械地将一切教育和教师问题归结为师德问题。

在我国教育发展的一定历史时期内，教师队伍入口和成长壮大机制不健全，教师队伍年龄、学历、专业素养长期处于不合理不平衡阶段。早期由于特殊时期的政策，教育系统，特别是广大农村学校教师队伍素质长期参差不齐。但是不可否认，就是这样的教师队伍在相当长的时间内撑起了教育，特别是农村教育的一片天。随着时间的推移，这部分同志年龄逐渐增大，知识更新不足，教育观念落后，甚至出现消极怠工现象，被误判为师德问题。随着教育事业的发展，新教师群体进入教师队伍，一方面为教育带来了新鲜血液，一方面也带来了新的问题。由于教师招考的"低门槛化"，这里说的低门槛化不是说学历低的问题，而是说，随着就业形势的日益严峻，以及教师资格证获得的专业性门槛过低，非师范类专业毕业生进入广大农村学校门槛过低，很多年轻人通过突击考试的方式进入教师队伍。对于一项事业的坚持，只有源于热爱，才会深入和持久，而大量年轻人由于没有经过师范类专业培养，从事教育的激情和能力严重缺乏，仅仅依靠短期职前的培养培训，就进入教育行业。所以，有些看似影响师德师风的现象，有很多是属于能力不足，认识不清，处理不得当的问题。

第三，要跳出教育范畴看待教育问题和师德师风问题。

教育是社会生活的一部分，不可能隔绝于社会而独立存在，有些看似简单的师德师风问题，有相当一部分是社会大环境在教育系统的折射。社会上的急功近利和浮躁之风，复杂繁重的工作带来的压力，教师劳动得不到必要的尊重，以及来自家庭生活的经济压力，都会影响到教师从教的积极性和创造性。譬如说教育惩戒的问题，表面上看是教师的问题，其实很多时候是不了解实际状况而出现的错误研判。当然，极少数教师将生活中的个人情绪带入学校和课堂，甚至对学生实行身心责罚，这另当别论。

总的来说，相比于很多行业，教师队伍的整体素质仍然是优秀的，老师们无愧于人民教师称号，违反师德师风的问题并不是普遍现象。当然，不论出于何种原因，作为承担教书育人任务的教师，都不应该作出师德失范的行为，一旦僭越师德红线，理应被严肃处理。但是，面对教师队伍中的不和谐因素，我们一定要知其然，且必须知其所以然，并施以针对性措施，鼓励传承优秀作风，并以刮骨疗毒的决心剔除腐肉，最大限度保障教师队伍的纯洁性，创办人民满意的教育。

要搞好师德师风建设，我认为要看主流，多树身边典型，以正向激励为主：

1.要把好教师入门关，探索形成岗前职业方向预测预判机制，在教师资格认定中，对于非师范类应提高认定门槛，或者进行不低于一年的师范类职业岗前培训，选拔出真正热爱教育，愿意奉献教育的高素质人才进入教师队伍，同时辅以师德师风培养培训，形成教师有效成长机制。

2.切实提高教师待遇，特别是农村教师待遇，关心教师身心健康，为老师自我成长提供必要的平台和通道，让教师真正感受教育的幸福和成就感。

3.坚持依法治校，依法治教，营造全社会尊师重教的浓烈氛围，严厉打击一切危害学校和教师合法权益的违法行为，为教师安心从教提供有利条件。

4.形成师德师风调查裁处机制，广泛吸收社会各界人士，成立仲裁机构，广泛听取意见，科学研判师德师风问题，还原事实真相。对于不属于师德师风范畴的工作失误，按常规制度处理。同时，严厉惩戒师德失范行为，对于确属师德问题引发的事件，从严从重处分，直至将其清除出教师队伍。

知来处方可决定去处，只有真正形成科学合理的师德管理机制，正确判断事情的来龙去脉，才能够把握问题实质，形成行之有效的师德建设机制，培养出业务精湛、道德高尚、乐为人师、潜心为学的高素质教师队伍，才能真正形成风清气正的教育大环境,满足人民群众的孩子有学上、好上学、上好学的要求,培养出健康快乐的一批批优秀的社会主义建设者和接班人。

师德师风建设，永远在路上！

统一我们的教育思想

在我们的教育教学实践中，长期形成的内部竞争机制，使教师在教育学生时，很多时候是处于相互隔绝甚至对立的状态，由于考核评价具有竞争性，很多老师之间相互提防，各自为战，出现了交流不畅的问题。很多学校、很多班级，同科之间不交流，同班之间不协调的现象时有发生。虽然我们经常组织集体备课、课间教研等活动，希望能促成老师们之间的专业交流，但效果并不尽如人意，想改变一线教师的思想和做法非常困难。特别是临近期末，大家都已经进入复习备考阶段，尽管我们采取了捆绑评价的方式，但仍然会出现相互防备，争相抢课，唯恐自己所教的学科落在后面的局面。

一次教育教学专题研讨会议后，一位规模比较大的学校的校长就跟我说："我觉得也不能说老师们多讲多练多印题的做法就是不对的，要不怎么这么多老师一直就用这样的办法呢？"我在会上提到很多老师课堂讲得过多、课堂低效，在课后大量机械重复做题，缺少认真分析，造成低效重负，老师累、孩子累，机器（印刷一体机）也累的现象，这位校长的学校应该就是这样一种状态。

这就引起了我的反思，为什么我们的教育会出现重负低效的现象？为什么我们的孩子得不到全面的发展？为什么我们的老师和孩子都没有时间读书？为什么我们的课堂得不到根本的改变？为什么我们的老师们之间会各自为战、形成互不相通的壁垒？就是因为我们疏忽了对教育思想、教育理念的学习，没有形成真正关注孩子成长的集体的教育思想和信念。

可以试想一下，在一个学校里，作为当家人的校长都不去思考教育教学规律的问题，而是只想求稳，不想改变教育教学现状，即使有的老师怀有改变的想法，恐怕也会淹没在众人的白眼之中。所以，要改变教育现状，必须先从统一我们的教育思想开始。新教育实验力主形成"专业阅读、专业写作、专业成长共同体"的教师专业成长模式，帮助教师形成正确教育理念，开展有益的教育实践。

其实，对于形成正确的、相对统一的教育理念，以形成集体的教育智慧的问题，苏霍姆林斯基在《给教师的建议》第88条"教师们的教育观点的一致"中，进行了细致地分析和指导。他建议"要使教师们在教育和教养的一些重大问题上能够保持一致的观点和信念"，因为"观点的一致能够保证每一位教师的个人创造性得到充分的发挥"。

教师也是普通人，没有三头六臂，不可能解决孩子所有的问题。而且每一个老师由于知识背景、学习经历、成长历程、性格特点等因素，既有其擅长的领域，也不可避免地存在短板。只有在教育与教养统一的、科学的理念指导下，开展充满个性创造的教育实践，才可能形成真正有利于每个孩子成长的良好教育环境。

对于如何形促成"教育观点的一致"，苏翁提出了五个方面的内容：

1. 每一位教师不仅是教书者，而且是教育者。要求用"共同的智力的、道德的、审美的、社会和政治的兴趣把我们教师中的每一个人都跟学生结合在一起"。也就是说，我们的老师之间的联系和连接，首先是了解每一个学生，形成相互的沟通和共识，根据孩子的表现、特点、性格、兴趣，以及出现的问题和原因，形成真正的、基于生命成长的共同分析与交流，并在此基础上，共同制定关于每一个孩子成长的促进策略和措施，特别是在课堂上，根据每一个孩子的真实学习状况培养孩子学习的信心，使每一个孩子的成长成为我们共同的事业。

2. 我们每一位教师都应当对具体的学生实施个别的影响，用某一件事引起他的兴趣和爱好，鼓励他，激发他的独一无二的个性。这就要求我们的老师要在统一的思想方向的指导下，针对自己的学科，采取切实有效的教育手段和策略，为孩子准备充分的、足以引起他们主动思考的丰富的材料，让孩子在感受世界中形成学习的兴趣和动力。在这样的过程中，我们的老师必须要形成对所教学科的深度理解和宽域视野，让孩子通过老师感受学习成长的魅力。只有形成主动学习的动力，才能够让真正的学习发生，让孩子养成真正的学习能力。

3.教学只有在集体和个人丰富的精神生活的背景下进行，才可能完成完满的智育。这就要求我们必须在班级里营造一种积极的学习氛围，形成乐于学习的集体精神。在这样的氛围中，孩子们会形成集体的共同进步的意识，每一个孩子都乐于共同提高，每一个孩子都形成努力克服困难的意志和信念。充分调动孩子们的集体意识，使每一个孩子的落后都成为集体需要解决的问题，这样暂时学习困难的孩子就不会被其他同学嘲笑和打击。让共同成长成为每一个孩子的愿望吧。

4.深信每一个正常的人都能获得智力成长的能力。这需要为孩子的学习准备一个广域的知识背景，让孩子通过大量阅读，提升学习分析能力。

5.深信少年时期的智育和教学完全不同于童年时期。所以，在孩子面前"不仅解释自然界、社会及其规律性，而且揭示他们自己本身"，也就是让孩子真正形成内省的力量，正确看待自己，形成对自己的纵向比较，以强化孩子的自信心。

只有真正认识教育规律，达成教育共识，才能用完整的教育为孩子一生的幸福奠基。

我们的教育为什么要讲政治

一位教育界的知名人士曾发表文章，大意是说我们的学校教育只要做好专业的教学活动就可以了，教育要做的就是做好学问。为了说明这个观点，他举了西南联大办学的例子，并以在新中国成立初期国家"一穷二白"状况下，许多旧社会培养出来的科学家冲破重重阻力回国报效为例，说那个时代的教育是不讲政治的教育，那个时代培养的人才却可以采取爱国的行动。而现在的教育处处讲政治、讲信仰，可是培养出的大量顶尖的高校毕业生在出国学业有成后，选择留在国外，个别人甚至成为打击自己国家的帮凶。

不可否认，他所说的学成不归的中国留学生确实大量存在，而且部分人思想和行为背离中华民族优良传统，与在新中国成立初期在美国等西方国家重重监视、处处威胁下冲破阻力，辗转回国，为我们的社会主义建设和发展作出巨大贡献的钱学森、邓稼先、郭永怀等爱国报国的科学巨匠形成了鲜明的对比。但如果因此就将学校实施思想政治教育和信仰教育，归结为这样两种截然不同的路径选择，显然有失偏颇，因为它并没有看到问题的实质所在。

首先，将我国传统教育中看似非常自由，好像没有重视思想教育的教育组织形式，判断为不重视政治思想教育，不进行信仰培育与传承的观点，是对我国几千年儒家文化教育的误读和曲解。

几千年的儒家教育承继着"天地君亲师"的秩序，这看似等级观念，其实是我国社会发展过程中道德观念、理想情怀的集中体现，是寓家庭、家族、国家、社会为一体的传统文化观念的体现。所以，儒家讲究"仁义礼智信"，是将做人的根本道理融入教育之中，也就是孔夫子所讲的"修身齐家治国平天下"。古代读书人要有"士"的精神，其根本的要义就是要坚持操守，要达成"修齐治平"的人生目标,要承担自己的社会责任,这是真正的家国情怀。古语有云"士可杀,不可辱",这是中华民族的精神,是华夏子孙的气节。

在祖国百废待兴之时放弃一切、冲破重重阻力和危机归国的诸多爱国科学家,尽管脱胎于旧的时代,但其骨子里却汲取了中国几千年优秀传统文化的精华。家庭背景和文化氛围都决定了这些人有着中国士人的情怀和精神。所以,即使身越重洋,精神之根却在祖国。尽管祖国母亲满目疮痍,伤痕累累,但对于这些中华赤子来说,祖国母亲的呼唤,有着巨大的魔力,足以使他们披荆斩棘,归心似箭。说这些爱国科学家没有接受思想政治教育、没有讲政治,这完全是一种曲解。

再往前推,曾经长期存在的书院文化是无数读书人成长的精神底色,"风声雨声读书声声声入耳,国事家事天下事事事关心",这副明东林书院门前的著名对联,就是我国古代士人爱国报国教育的象征。只有大力弘扬中华优秀传统文化,我们的民族之魂才会成为强国之基。

而现在出现的大量名校毕业生出国留学并选择留在国外发展的问题,确实值得我们反思,但也不能将之归责于我们的教育,更不能把思想道德建设与专业学习成长割裂开来。部分留学生信念丧失,家国情怀淡薄,并非是我们的思想道德教育缺失造成的,而是因为我们在教育过程中,一方面长期淡化了中华优秀传统文化的传承和发扬,一方面将思想道德教育以应对考试的形式进行,一切只以分数论输赢,分数优则"一俊遮百丑",忽视了真正地深入学生心灵的思想道德教育,使许多成绩优秀的学子恃宠而骄,不懂感恩,更别说具备家国情怀了。当他们身处这花花世界,自然乐而忘蜀,全无归意。归根结底,我们忽视了真正可以筑起学生灵魂根基的文化熏陶教育,忽视了做人做事的原则和规则引领,没有让以中华民族优秀传统为主基调的家国情怀流淌进孩子的生命血液之中,因而导致了这些孩子的信仰危机和精神缺失。他们崇尚西方文化所谓的自由,以追求极端的个性,实现自己的利益作为人生的唯一信条,并且以"科学没有国界"的说辞为自己开脱,但他们忘记了居里夫人的名言:"科学是没有国界的,但科学家是有祖国的。"如果没有强大的祖国作为后盾,一个人的人生便只能是无本之木，无源之水。所以，鲁迅先生当年留学日本时，宁愿到偏远的仙台去学医，也要愤而离开东京，就是因为不想目睹那些"清国留学生"的怪形。

读李镇西老师的书，我们也分明看到，对于学生的思想道德教育，对于学生的悲观失望和恃宠而骄，李老师是分别给予了针对性的引领和指导的。所有的指导，都有着崇高理想、集体主义和奉献主义精神的内涵。这样才有了后进生的砥砺而行，才有了学习优秀学生的思想顿悟与健康成长，才有了"让别人因自己的存在而幸福"的感恩意识和习惯。

我们的学校教育现在需要讨论的不是是否需要进行思想政治教育，而是要改进我们思想教育的方式方法，让孩子在游泳中学会游泳，在生活中学习生活，在解决实际问题中形成对人生的思考，在践行社会主义核心价值观中形成自己理性思考和情感追寻。而在这个过程中，优秀传统文化的传承与发扬、鲜活的教育生活的开展，都是非常重要的途径。

擦亮自己的镜子

心理学家们认为，一个人的思想和行为，其实是自己反射到世界的一面镜子。我们既是镜子，能映照出世界的样子；同时也是镜子里的世界，是真实自我的投射。

这让我想起文学家苏东坡与好友佛印的一段轶闻：据说当年苏东坡与佛印一起打坐参禅，苏东坡问佛印："你眼里的东坡是什么样子？"佛印答道："苏东坡像尊佛。"苏东坡大笑后说："我看见佛印像坨牛粪！"佛印不语。苏东坡回到家把此事告诉了自己的妹妹，同为文学家的苏小妹笑话他说："修佛参禅，讲的是明心见性，心里有什么，眼里就会看见什么。佛印看你像佛，说明他心里有佛。而你看佛印像牛粪，心里有什么可想而知。"这令苏东坡尴尬不已。

中国有句老话叫"君子坦荡荡，小人长戚戚"，就是因为君子心底无私，胸怀旷达，无不可容之事，无不可交之人，感天动地，心底坦荡，令小人不可小视；而龌龊小人，心中常怀伤人之心，行中常为害人之事，便须时时恐遭报复之箭，事事常思遭人戮害，自然食不甘味、睡不安寝，怎得半刻安宁？所以，做人，需时常擦拭自己的心灵之镜，做好他人成长之镜。做父母要有映照子女之镜，做老师要有映照学生之镜，时刻躬身自省，方可落得安宁。

想想我们的现实中的样子，确实是很少考虑到自己作为镜子和镜中人的身份。由于传统的观念，我们这代人恋爱时不知道如何去爱，所以有了《初恋时，我们不懂爱情》这样的电影和图书。在我们的父辈身上，很少有情感甜蜜的样子，而在学校里，我们不懂什么是男女交往的合适距离，一旦有点亲密的接触，就会被冠以"早恋"的名号，所以，在我们那个年代，直到初中毕业，男女生都几乎没有交流，甚至同学几年都说不上几句话。

即使在今天的学校里，我们很多老师依然抱持着固有的观念，不能对男女生正常的情感进行合理的引导，而视所有的男女交往为"洪水猛兽"，这造成了我们的孩子不会处理感情问题。现在很多孩子大学毕业了也不会谈恋爱，情感领域依然是一片沙漠。当我们结了婚，初为父母，又往往不知道如何做父母。其实，"父母是孩子的镜子""孩子是父母的影子"，在很多家庭中，父母慌乱、焦虑、不适，这在孩子的心里投下的是不和谐的影像，等到子女成为父母时，这些情绪又在新的家庭中延续。忽视孩子作为一个独立个体存在，是很多父母的常态，这往往是孩子成长过程中各种问题的诱因。

武志红老师说："一个人太脆弱，很少是被宠出来的，而多是幼时没被看见。"在这样环境中成长起来的孩子时常会否定自己，这也成为他们将来家庭生活的无助之源。

作为老师的我们就是学生的一面镜子，同时，我们自己也是镜中的人。初为人师，很多教学思想与行为其实来源于教过我们的老师。尽管我们已经系统学习过师范专业的课程，身上还是或多或少地有着教过我们的老师的影子，如教学的流程、教学的方式、对待学生的态度和方法等等。尽管我们并不愿意承认，但是在相当长的一段时间里，我们竟然活成了自己曾经讨厌的老师的样子！

对于孩子，特别是小学的孩子来说，老师是权威的，老师的一言一行都是一种示范。我们会发现，孩子会越来越像他们的老师，说话、走路、写字、处理问题……整个班级的表现，都是那个班级老师的样子。爱干净的老师会带出整洁的班级；生活随意的老师带出的孩子对随地的垃圾视而不见；书写工整、字迹漂亮的老师，所带班级孩子们的作业和试卷会干净整洁；书写潦草、随意的老师所带的班级孩子们的字往往七歪八倒，考试卷面往往一塌糊涂；甚至出现过老师剃光头让班级成了"和尚班"的笑话。由此可见，我们当老师的要格外重视自己的言谈举止，让自己成为一面好的镜子，引领孩子健康成长。

只有爱可以唤醒爱，只有信任才能赢得信任，只有担当才能引领担当。不管做父母也好，当老师也好，我们一定要记住：自己就是世界的一面镜子，自己也是镜中之人。我们用自己映照世界，世界也是我们内心世界的真实投射。

我们要有足够的智慧，经常将自己的镜子擦亮，照亮世界，照亮孩子，也照亮自己。

见证幸福完整的教育生命成长

——庆云县新教育实验考察报告

一、新教实验概况

新教育实验是十三届全国政协常委兼副秘书长、民进中央副主席、苏州大学博士生导师朱永新教授 2000 年开始发起的一项民间教育改革实验，是一场自下而上的教育革命。新教育实验确立以人为本的教育理念，以"为了一切的人，为了人的一切"为指引，提出"让每个生命成为最好的自己"的生命观，推动以阅读开始的精神成长，教给孩子一生有用的东西。朱永新教授把新教育实验的核心价值归结为"让学生过一种幸福完整的教育生活"。

在"过一种幸福完整的教育生活"的核心价值理念指引下，新教育实验注重教师专业发展，开拓了以专业阅读、专业写作、专业成长共同体为主要内容的教师专业成长路径，并在此基础上强调通过"田野研究"进行专题行动落实。为落实田野意识，新教育构建了十大行动研究，即营造书香校园、师生共写随笔、聆听窗外声音、培养卓越口才、构筑理想课堂、建设数码社区、推进每月一事、缔造完美教室、研发卓越课程、家校合作共育。同时，还通过晨诵、午读、暮省的方式，分别开展艺术、科学和生命教育研究。这十大行动是以项目化专题形式开展的，相互衔接共生，相互促进推动，形成了有机存在的行动链条。对于新教育的定位，新教育人有着清醒的认识，他们说："新教育实验的确没有什么新东西，因为我们只是整合了前人提过的理念，倡导着前人实践过的行动。"并概括为：当一些理念渐被遗忘，又被提起的时候，它就是新的；当一些理念古被人说、今被人做的时候，它就是新的；当一些理念由模糊走向清晰、由贫乏走向丰富的时候，它就是新的；当一些理念被从旧的背景转到新的背景下去继承、去发扬、去创新的时候，它就是新的……

综上，新教育构建了"一二三四五十"的理念体系。"一"即"过一种幸福完整的教育生活"的核心理念。"二"即两个目标：为了一切的人，为了人的一切。"三"即三种成长方式：专业阅读、专业写作、专业成长共同体。"四"即四种精神追求：执着坚守的理想主义，深入现场的田野意识，共同生活的合作态度，悲天悯人的公益情怀。"五"即五种基本观点：无限相信学生与教师的潜力；教给学生一生有用的东西；重视精神状态，倡导成功体验；强调个性发展，注重特色教育；让师生与人类的崇高精神对话。"十"即新教育实验十大行动。新教育实验的 20 年改革里程，为中国教育改革提供了一个典型的民间样本，产生了星火燎原的教育效应，全国各地新教育实验蓬勃发展，为中国教育树立了一面旗帜。

二、庆云县新教育、新英语考察情况

我市庆云县在新教育实验的感召下，成立县级新教育实验区，整体推进新教育改革，并取得了一定的成果。2020 年 12 月 10 日，按照县教体局研究决定，我们一行六人在县督学张庆广校长和县教研中心夏振忠主任带领下，赴庆云县考察新教育实验开展情况，重点是新英语课堂开展情况。我们分为两组，到达学校后，分别在学校领导简单介绍学校基本情况，以及宜格思新英语课堂开展情况后，进入实验班级进行实地听课，并于课后进行了说课评课交流。

通过实地考察、深入课堂听课和交流，我们了解了新英语的课堂模式和基本架构。新英语课堂，是一种双师型课堂，实际上就是在常规的课堂教学中，在线下日常英语教师的组织、协调下，依托宜格思新英语培训提供的线上外教资源，让实验班学生进行实时线上面对面学习和交流，其主要课堂组织形式和流程，包括其训练方式和激励手段，与我们很多老师平时的授课组织形式差异不大。其主要优势是标准的英语口语对话与发音，教师通过幽默诙谐的语言、丰富的表情神态、不断变化的肢体动作，带给孩子们轻松的课堂气氛。随时随机示范纠偏，创造出游戏化、趣味化、生活化、情境化、互动化的语言学习氛围，让孩子们感到新奇，并体会到了学习和挑战的快乐。

在这样一种课堂上，线下的教师要承担线上外教与学生沟通的连接任务，这就要考验外语教师的口语水平，为了完成这项工作，英语教师的"被动的能动性"被激发，不断学习以提升口语水平。孩子们十分需要这样一种轻松愉悦的课堂，这也激发了教师提升专业水平的热情。

新教育实验极其重视教师专业成长，而宜格思新英语课堂只是一种简单的嫁接和形式上的改变，并不是基于教师专业成长的思维和思想觉醒的变革。用庆云县一位新网师学员的话来说就是：大家只想看看是不是能真正提高英语成绩，极少有人想到从中找到专业成长的路径和课堂变革的意义和内涵。没有教师思想的觉醒，是无法达到课堂变革的真正成功的。热闹的课堂，不见得是最好的课堂。真正的课堂，应该是充满思想的课堂。

后面的考察，我们真正看到了新教育元素的影子。我们首先集体参观了庆云县实验小学，张洪敏校长边走边充满着感情地向我们介绍实验小学的情况，从红色教育基地到八极拳，再到新教育实验，并亲自带领我们参观了学校的新教育实验——"缔造完美教室"行动。其间，我们走进几个三年级和四年级教室，现场欣赏了孩子们课前对《新教育之梦》《向着明亮那方》等新教育曲目的合唱，参加了晨诵、午读展示活动。

参观完教室，由何校长简单介绍了对新教育实验的认识和庆云实小在新教育的成长，以及围绕缔造完美教室的新教育五大行动开展情况。张洪敏校长充满激情地介绍了对于新教育的认识、了解和参与情况，讲述了让师生共读、亲子共读走进每个班级、每个孩子的情况，讲述了怎样给每个孩子的作品编辑成册，帮孩子出版人生第一本书的情况，介绍了宜格思新英语空中课堂使用过程中的反思和改进，特别是提出了线上外教是"活的课件"，线下课堂是"我的课堂"，线下教师更要提高自己的能力的观点。

交流后，大家一起到展示区翻阅了各年级孩子读书写作的成果——孩子正式筛选编辑出版的第一本书。里边有家长的寄语，也有老师写的寄语，这见证着孩子的成长，也见证着家长和老师的成长。在交流中，张洪敏校长脸上也洋溢着幸福快乐的笑容。这样的实践，确实是在缔造孩子"幸福完整的教育生活"。

三、考察后的思考

任何新生事物的发生、发展和壮大，都要有其适合的土壤。任何一项改革的推进，首先起于对改革理念的了解、理解和认同。新教育实验二十年的发展历程向大家证明，新教育人认识到了教师是教育改革和发展的主力军，是每一个教室，每一所学校里的真正的教育行动的创造者，只有教师真正的觉醒和认同，才会让每一个教室焕发新生命。新教育实验把教师的专业阅读、专业写作和专业成长共同体放在重中之重，没有教师的专业成长，就没有教育和教学革新成功的可能性。

梳理我们的一些革新过程，不论是学洋思的堂堂清、日日清、周周清、月月清，还是杜郎口的导学案，还是我们自己县的当堂达标模式，以及我们推动过的"双十双百"工程，都是有其先进性和存在的价值的，为什么最后都被老师们弃之如敝屣呢？原因就是老师们没有真正形成自觉的行动，仅仅是配合政策要求而完成任务，而缺少专业理论引领下的思考和实践。

四、推进建议

1.理念为先。要推进，先了解，先感受，理论上打通。请进来，走出去，读出来，真正到新教育的海洋里感知新教育。

2.做出榜样。多头推进，选点运行，边实践，边思考，边提炼，边总结。让对新教育真正感兴趣的学校和班级从新教育十大行动中选点突破，真正用心做起来，多点开花，不求整齐划一。

3.激励推动。定期开展展示活动，自主提报，现场考察，媒体跟进。

4.专业指导。不断邀请新教育专家团队、榜样教师现场指导，不断到优秀的新教育实验学校和试验区现场对标学习，形成差距感和方向性。

5.理念提升。针对性购买、订阅新教育专业书籍和刊物，实现原理型和案例型对标指导。

让我们的生命燃烧

聆听王小龙老师讲"书写教师的生命传奇",感受新教育的智慧与启迪。

在这次讲座中,王老师从对生命的追问开始,即"何为生命?""什么是生命的意义?"我想对于这样的问题,其实每个人都有过思考,但是不同的人却用不同的行动给出了不同的答案。正如当代诗人臧克家在他的诗歌《有的人》中所说:"有的人活着,他已经死了;有的人死了,他还活着。"孔子的躯体已远离这个世界数千年,他的思想却依然是我们中华文化的精神内核,更是世界文化中不可替代的宝贵财富。苏格拉底早已作古,他的思想却仍然是人类思想王冠上的明珠。董存瑞、黄继光、张思德、雷锋、焦裕禄、孔繁森等等,他们的自然生命早已消失,可是他们的精神生命依然照亮着我们民族的灵魂。在自然的长河里,人的生命是如此渺小;在历史的长河里,人的生命又是如此生生不息!我们抗拒不了自然的规律,无法改变我们生命的长度。但是,作为教育者,我们可以选择自己行走的方式,为孩子、为教育、为未来留下些什么,从而拉伸我们生命的高度,拓宽我们生命的宽度。

王小龙老师把"生命"阐释为"具有主体性的人对自己存在的感知与体悟",那么,作为教师,我们对自己存在的感知和体悟是什么?是一个乞食者,交换者,还是一个精神的传播者?这完全取决于我们的"主体性"。所以,我们要时刻思考"我是谁""为了谁""要成为谁",这样的灵魂叩问,是我们走向未来的方向和导引。那么,就让我们在新教育"过一种幸福完整的教育生活"的大旗下,去做一个思想的垦荒者,做一个智慧的学习者,做一个坚实的实践者,做一个思想的深邃者。让我们的大脑不断运转,让我们的脚步不停向前,让我们的双手绘出最美的教育诗篇,让我们的生命燃烧出最绚丽的火焰,让我们的孩子走向智慧的远方！

我们要思考生命与职业的关联，要思考作为教育者，教育之于我们，意味着什么。我们要时刻反思：我们是否对于自己的选择有清醒的认识？我们对教育行业有着什么样的企盼？在看起来周而复始的简单的生活里，我们经历着怎样的生活体验？我们的肉体和精神是否产生了厌倦？只有当内心保持这样一份清醒，我们才能够清楚地知道自己想要的究竟是什么，也才能够形成对职业、对自我的选择与深度思考，才可能让自己的生命找到真正的职业认同，开拓自己幸福完整的教育生活。

要找到职业认同，王小龙老师认为：一是要无限信任学生的潜力，进而形成对自我的信任。我们的很多老师从来没有认为自己所从事的是一项专业性很强的、关乎人类未来命运的专业技术工作。也从来不认为自己需要好好研究每天的工作，更没认识到自己也可以成为一个研究者。二是要主动寻求生命的意义。把教育当作一种劳动交换、用来养家糊口的职业，当作可以建功立业的事业，还是当作一种可以具有远大价值意义的职业？这个问题正是我们的老师会不会产生职业倦怠的根本，也是对教育事业价值意义的认知。当作职业，那么就是一种交换，拿多少钱，干多少事，干完账结，干多干少成为可以拿来斤斤计较的条件，当满足不了心里的交换预期，就会产生抱怨和指责，甚至是作出与身份不符的应激反映；当作事业，那么，不论是否会有回报，我只循道而行，用一句领导勉励我的话来说，叫"成功不必在我，功成必定有我"，这是一种对教育信念的深刻理解和执着追求，如果能通过不断追求教育生命的意义，让自己成长，让孩子成长，让教育成长，那你必然能体会到师生生命交会的幸福完整的教育生活，这才是一种真正的燃烧着的教育生命。

生命的深度思考与记录指向的是新教育所倡导的生命叙事，也就是对"生命与故事"的思索与输出，用生命去书写我们的教育人生。王小龙老师把这称之为"从身边或书本上、电影电视剧中寻找某个范物成长、范本中开始"，寻找到一种使我们可重拾信任，书写自己生命成长故事的过程。在教育生活中，我们不仅仅是自己教育"人生故事的主人公"，也是自己教育生活故事的"创造者"。对于如何书写自己的生命故事，王小龙老师给出了梳理和解读：

（一）故事的底色：意义

1.对生命意义的追寻，构成教师生命叙事的逻辑；

2.对职业生命的省察，构成贯穿叙事始终的基本姿态。

这就要求我们必须坚持追求教育的真谛，始终把对生命价值的追问嵌入真正的教育生活，"审视生命与世界交互编织出了怎样的意义觉醒"，让"生命始终在场，蓄势待发"，让"所有的生命的意义体现在为故事找到意义"。也就是说，我们的教育生命叙事不是毫无意义的自言自语，而是来自对教育、对教学、对教师、对孩子，对所有关乎教育生命成长的价值的追求与思索，以及由此产生的对教育终极目标的生命叙述与追问，是一种对幸福完整教育生活的反思与实践成果的呈现。这样的叙事，来源于真实的教育生活实践，是对教育理念和信念的真实诠释。

（二）故事的素材：关键事件

教育是一项系统育人工程，却也是很少出现轰轰烈烈的大事的细微处见精神的关乎人的成长的工程。所以，有人说教育无大事，多的是很多看似微不足道的小事。而正是这些看似微不足道的、细枝末节的小事，汇成了教育故事的洪流，影响着许多人的人生。教育，又是充满选择的过程，一种选择，就代表了一种价值追求与人生走向。所以，王小龙老师说："在生命的叙事过程中，'关键事件'往往成为引发生命抉择的重要诱因，对于个体专业发展有着非常重要的作用。"因此，重视"关键事件"的记录与挖掘，成为新教育书写生命叙事的重要一环。这种叙事形式不同于年度总结，年度总结往往简陋而干涩，侧重于外在的成果，而生命叙事丰满而细腻，侧重于内在的理解与思考。生命叙事不仅仅记录成绩和成长，更重视关照生命中的困惑与彷徨、挫折与失败，寻找其中蕴含的生命价值。生命叙事是一种思考，是依据愿景而进行的整理、反思和谋划。生命叙事要有细节，但这种细节是经过选择与裁剪的，指向于如何书写创造意义的叙事细节，也就是要发现教育生活中的生命对待危机与遭遇态度，以及教师面对危机和遭遇作出的思考和行动。也就是说，叙事要避免细碎化、分离化，叙事的风格要趋向崇高。

（三）故事的语言：元语言

所谓"元语言"，就是"语言的语言""谈论语言的语言"。对于承担立德树人任务的教育者来说，我们的"元语言"就是我们的汉语和以汉字为代表的汉语言文化，以及以经典的儒家文化为代表的多元融合的民族优秀传统文化。正如王小龙老师所说："担当的人能看到他人的担当，付出的人就会感谢他人的付出。"而只有心存善良，心地崇高的人，才能在看似庸常的教育生活中看见崇高的成长力量。我们的生命叙事，就是要在教育的过程中，"调集巨大的生命力量，使自己强大，使自己崇高"。

（四）故事的修炼：专业阅读，专业写作，专业发展共同体

专业阅读即通过对根本书籍的啃读和知性阅读，"恢复原初思想的能力""恢复教师重新面对根本问题，并从根本问题出发思考当下问题的能力"，构建合宜的大脑思维；专业写作强调理解与反思，强调与实践相关联，强调客观呈现，反对追求修辞，通过师生共写随笔和案例研究，形成有效的反思与梳理，将教育实践与教育经验融入教师生活，形成专业洞察力；教师专业发展共同体即通过形成"尺码相同"、价值一致、共同愿景下的相互映照、引领的榜样的力量，促进诗、思、史的交互辉映，成长为共同成长的生命体。这样的一种共同成长，让我们相互照亮，相携而行。

我们需要建立怎样的家校合作

对于家校合作的问题，大家已经形成了共识，那就是孩子人格的形成，很大程度上源于家庭环境，孩子的成长离不开家庭的配合，健康和谐、协调配合的家校关系，是促进孩子健康成长的重要一环。因此，不管是从国家层面，还是从学校层面，都把建设良好的家校关系，列入重要日程，各级各类学校纷纷成立家委会、家代会等家校合作组织，构筑家校合作的友谊桥梁。但是，家委会的作用到底是什么？我们需要组建什么样的家委会？我们要通过家委会构筑什么样的家校关系？认真观察了解了很多学校的家委会和家长学校，我们发现，很多学校的家校合作组织，主要是帮助协调解决学校解决不了的难题以及学校无法出面处理的问题，协助学校规避必要的管理风险。因此，家委会主要参与的是上放学期间的疏散管理执勤和大型活动的秩序维持、各项校外活动的协调组织、家校之间的纠纷调节、各类集体活动采购的管理协调、各类公益讲座以及驻校听课活动等。也就是说，家校合作的重点就是帮助学校解决难题，监督学校日常运行。这样的一种合作和交流，到底能否真正形成让孩子健康成长的合力，这值得大家深思。特别是对于家长到校听课这类活动，说实话，我持保留意见。俗话说："隔行如隔山。"我们的教育是 项充满创造力的专业活动，且不说家长本身教育的层次，即便是很多学生家长已经具备了较高的学历，由于所学领域的不同，也不可能完全理解教育的问题。让一群对教育一知半解的家长进入学校和班级，来评价老师教学的好坏，以非专业的眼光来评价专业性极强的课堂，是否会真的能让课堂得到改进？虽然家长听课能督促老师认真备课，但是如果伴随的是外行对内行的随意的指手画脚，长此以往老师们会有何感想？教师本来就是一个弱势群体，随便有个人就可以对教师的工作评头论足，如果素质参差不齐的家长也要进入课堂指导、点评我们老师的教学活动，甚至回到家中面对孩子还在数说着老师的长长短短，不知道孩子该如何看待自己的老师？所以，该如何建设家长委员会，该建立什么样的家校关系，是我们在家校合作中必须考虑清楚的问题。

对于家校合作的问题，苏霍姆林斯基在他的《给教师的建议》第84条"我们的'家长学校'"中指出："只有在这样的条件下才能实现和谐的全面的发展，就是两个'教育者'——家庭和学校，不仅要一致行动，要向儿童提出同样的要求，而且要志同道合，抱着一致的信念，始终从同样的原则出发，无论在教育的目的上、过程上还是手段上，都不要发生分歧。"在这样的认识之下，苏霍姆林斯基在帕夫雷什中学创办了家长学校，设置了指向于让每一位家长"都能掌握最低限度的教育学知识"的心理学和教育学系列谈话课程，并分组对家长进行年龄心理学、个性心理学、体育、智育、德育和美育理论的教育，力求让家长把这些理论知识"能够跟自己孩子的精神生活联系起来"。我们可以看到，苏霍姆林斯基和他的老师们在学前组（包括未来的父母在内）设计了31项谈话内容，一、二年级组的谈话内容有29项，三、四年级组有28项，五至七年级组有27项，八到十年级组有26项，形成了层层递进的家长教育理念的教育和指导，以推动家长对于"人的全面发展取决于母亲和父亲在儿童面前是怎样的人，取决于儿童从父母的榜样中怎样认识人与人的关系和社会环境"的深度理解。从苏霍姆林斯基的描述中，我们可以看到，形成良好的家校合作关系的基础是教育引导家长形成正确的家庭教育观念，认识到家庭对于孩子成长的真正作用，形成与学校真正的相互协作关系，而不是在被动的契约约束之下的帮忙式协助作用。当然，要形成这样的氛围，既要出于真诚，又要避免直击矛盾，也就是苏翁所说的"任何时候我们都不要把儿童的心灵'兜底翻出来'，不要去讨论家庭关系中那些尖锐的、易伤感情的方面"。

朱永新教授在他的全国新教育实验第十七届研讨会上的主报告《家校合作激活教育磁场》中也谈到了家校合作的问题，谈到要实现家校合育，并把"家校合育"定义为"家庭、学校、社区等不同教育主体之间在教育方面的合作"，并在此基础上阐释了"家校合育"的四个方面的内涵：家庭教育指导、学校生活参与、家校互动沟通、社区融合协作。在这四个内涵的指导下，确立了"家校合育"需坚持的原则，即以"幸福和完整"为根本观点的8条原则：目标一致原则、地位平等原则、尊重儿童原则、机构开放原则、方法多样原则、长期坚持原则、多方共赢原则、跨界协调原则。围绕"家校共育"的内涵和原则，新教育家校合作共育形成了自己的途径和方法：1.加强制度建设以形成保障；2.积极搭建平台："家校合作委员会"替代传统的"家长委员会"，形成学校、家庭、社区共同参与的"家校共育"系统，"新父母学校"，新父母俱乐部，萤火虫工作站让学生及学生家长都能过一种幸福完整的教育生活；3.共读共写共赏，形成共同的理想与愿景、共同的语言与密码、共同的价值和追求；4.畅通交流渠道，形成良好的家校合作关系基础；5.共享多方资源，为学生成长提供更加宽广的空间与可能；6.榜样示范引领，实现共同成长。这样的一种系统的家校合作工程，实现了整体的育人功能，真正达到家校合育的目标，共同助力孩子的健康成长。

　　家校合育是必须要做的工作，我们应坚持以正确的理论做指导，并结合于自身实践去实现。

解决教育内卷，也要关注家长的成长

一个周五下午，我正在参加全县校长会议，教体局办公室主任悄悄递给我一张纸条，说是有家长投诉我镇一所学校的三年级语文老师不负责任，自己不讲课，让学生自学，并要求调换语文老师。我会后第一时间打电话给学校校长询问相关情况。结果，校长对这件事了解得很清楚，被投诉的语文老师我也认识，她是一位负责任的优秀老师，善于引导学生进行大量阅读，一直坚持培养孩子自主学习能力，教学成绩也一直很好，为什么还会出现这样的投诉呢？难道说是新学期开始，这位语文老师出现了什么新问题？据我所知，这位女同志在生完二胎后克服很多困难保障教学工作，是一位优秀的共产党员，我决定对这件事情探个究竟。

第二周周一，我来到被投诉老师所在的学校，校长跟我介绍了这件事的来龙去脉。由于师资分配不均衡，部分老师由于自身能力所限，不能跟班，这所学校一直是采用三段式教师聘任，进入中年级，学生会换新的老师。而一二年级的教学和三四年级的教学内容和要求不一样，教学的方式和模式也产生了差异，而且每个老师的教学风格也不同，对于学生和家长来说，需要一个适应和转换的过程，这时矛盾就产生了。开学后不久，三年级一位女生的母亲找到学校反映，说孩子的语文老师课上让孩子自学，讲课不细致，不负责任，担心影响孩子的成绩。班级老师和年级主任向她解释了教学思路的转变问题，孩子母亲不但不理解，还纠集五六个孩子家长找到校长，要求更换语文老师。在学校领导和老师多次沟通之下，其他家长都已经认可，唯有这位家长不认可，按照她的说法，老师就应该把书上所有的内容和问题都全部给孩子讲好，还振振有词地说老师就是要"精讲"，好像她倒成了教育专家，弄得老师们哭笑不得。

在学校坚持不换语文老师的情况下，她打电话向教体局办公室投诉。

我们了解得知，这位母亲初一就辍学了，但是她的孩子学习成绩却一直名列前茅，而且酷爱阅读，阅读量很大。据老师们说，这孩子已经开始阅读《史记》之类的大部头作品，正是这样的阅读习惯，使孩子的学习保持了良好的发展势头，这孩子恰恰是大量阅读的受益者。但是，当老师在课堂上放手让孩子自主阅读，增大孩子阅读量的时候，这位家长却出现了恐慌心理，担心老师如果不按部就班地把课文反复讲透，孩子成绩就会下降，影响将来考学。而且，她也不明白"精讲"不是她要求的通讲、泛讲，学生自己能学会、通过同伴相助能解决的问题，都不需要老师来讲来教，"精讲"恰恰是要求老师讲那些真正需要讲的、孩子们自己学不会、解决不了的内容和问题。尽管老师们把这些道理反复讲给这位家长听，而且还向她保证孩子接受这样的教育方式成绩只会提高，不会下降，她却始终不依不饶。直到一位曾经教过她的老师苦笑着对她说："你自己初一没上完就辍学了，现在你倒成了懂教育的教育家了，老师们长期成功的做法还比不上你了！你要按照你的观念培养孩子，只能让她成为你这种水平的人！"这位母亲才红着脸气呼呼地就此罢休。

事情虽然暂时得到了解决，但事情背后隐含的问题还是值得深思。作为一个初中都没读完的学生家长，如果不认可阅读的力量，是不可能使孩子成为一个如此热爱读书，而且阅读量如此大的人的。但是，当老师采用了类似的指导阅读的方法，提高孩子自主学习能力的时候，家长马上就产生了焦虑，并急于要改变这样的现状，这恐怕还是那句"不能让孩子输在起跑线上"在作怪吧。孩子愿意读书，对于一个没有多少文化的母亲来说，是一种对自己因为没有读好书而懊悔的内心的满足与补偿，而且，孩子学习成绩一直很优秀，更是让她感到了心理上的安慰。一二年级时，孩子因为年龄小，需要慢慢培养习惯，低年级老师可能会采取拉着学、领着学的方式教学，再加上有些老教师习惯了事无巨细地进行管理，家长已经习惯了这样的方式，可能并没有意识到孩子的良好阅读习惯是孩子取得良好成绩的重要支撑。认为自己孩子的成绩得益于一二年级老师细无巨细的管理和反复的讲解。当三年级的老师试图慢慢放手让孩子尝试自己解决问题的时候，家长感觉好像一下失去了保障，开始进入极度恐慌之中，而出现这样的一种前后矛盾心理，恰恰是很多家长心理状态的一种反映。

作为一个家长来说，望子成龙、望女成凤是普遍的心理，为孩子选择和提供优质的教育，是家长们共同的心愿。但是，对于什么是优质的教育，什么样的学校是真正的好学校，什么样的老师才是一个好老师，家长们却缺乏一个科学的标准。所以，学校除了要担负起教育孩子的责任，也要担负起教育家长的任务，要让孩子家长了解教育规律，了解正确的家庭教育理念，才能让他们理解和支持学校和老师的工作，形成家校教育的合力，成为孩子成长路上的同盟者。总而言之，解决教育内卷，需要关注家长的成长。

对待孩子的态度，决定了我们教学的成败

很多时候，教师对差生的态度，往往并不是信任与鼓励，而是厌弃与责骂。之所以如此，经常是因为差生影响了班级的平均成绩，给老师造成了麻烦。如果我们真的是为了孩子的发展，那就努力使他的今天比昨天变得更好。这需要针对这类儿童采取特别的策略，而这，本身就是教师专业技能的一部分。

经常想起我与学生交流失败的经历，有一年，我带的班里有一个男生，是我初中同学的外甥，这孩子个子挺高，显得比同龄人大一些，不爱说话，看着很老实，学习成绩也基本上是垫底。一个课间，班里的一个长得黑黑胖胖、学习优秀的女生哭着到办公室找我，说我那个同学的外甥骂她，还把她撞了个跟头。我一听这事火就上来了，心里说：没想到这小子还是个蔫蔫坏！喊了一个学生把那个男生叫来。

这孩子来了后，低着头不说话。我忍住火，问他那个女同学说的事是不是真的，他低垂着头嘟囔出一个字："是。"我压住火继续问他为什么这么做，这家伙居然摆起了"肉头阵"，无论我怎么问，他都是"徐庶进曹营——一言不发"。最后，我心里的火再也压不住了，开始数落他，而且越说越气越激动。一开始他在那儿站着无动于衷，后来开始抽泣，突然我发现这孩子开始哆嗦，呼吸也变得急促。我赶紧停住训斥，让他坐在椅子上，倒了杯温开水让他慢慢喝下。孩子的脸色慢慢恢复，但是依然一言不发，只是沉默。我只好又简单地叮嘱他要好好学习，好好跟同学相处的道理，让他回了教室。后来，因为马上小学毕业了，再加上这孩子确实也没有什么特别的地方，而且学习成绩也拖班级后腿，我也没有进一步了解这孩子的情况，没有继续关注他。两年后，听说这个孩子得了骨癌，发现时就已经晚期了，不久就离开了人世。我当时心里一

阵难受，在这孩子短暂的生命中，因为学习的落后，并没有享受过学习的快乐时光，如果我当时耐心一点，多了解和关注一下，或许孩子还有一段可以聊以自慰的人生吧！如果我当时真的用心去改变孩子的心态，让他能每天哪怕有一点点的进步，每天感受到一点点的成功，或许都可以成为他与病魔抗争的动力吧！往事不可追，一切都已经无法改变。这应该是我做老师最大的遗憾！

那一年，我和一位年龄较大的民办转正的老师搭班，我教语文和社会，他教数学和自然。那时候，全镇每学期都举行学生竞赛，抽取大约百分之二十到百分之三十的孩子进行考试评比，用以评价老师的教学质量。我们班一共不到六十个学生，校长的小儿子在我们班，平时成绩排名大约在四十名。不知道出于什么心理，那位数学老师在提报竞赛名单时，居然把校长的小儿子列入上报了。中午吃饭时，校长问我知道这事吗，并且说他那儿子竟然能参加竞赛，真是出怪事了！下午，我因为名单的事跟数学老师发生了争执，他辩解说校长的儿子这次数学测验考得不错，就报上了。我则拿综合成绩和校长的原话和他对答，最后，他看我很坚持，只好换掉了名单。估计教数学的那位老师已经告诉了校长的儿子，让他去参加竞赛。现在，又不让去了，也告诉了孩子是我的意见。这孩子平时在学校住，跟我接触的时间比较长，所以直接气呼呼地找我来了，质问为什么不让他参加竞赛，我给了他明确的回复。结果，这小子撒上泼了，指着我又哭又闹，问我为什么看不起他，不给他机会。当时，我就火了，冲他大喊："你爹都说你参加不正常！"他更急了，连蹦带跳的哭喊："你们就是霸道，看不起人！换下我来就不行！"我当时也是气冲头顶，心想，你爹不在这儿的时候，你跑我屋里蹭饭，现在我还管不了你了！拽着他就进了校长办公室，两手抓着把他摁到床上，他依然大哭狂叫："我就是不服！"校长进来呵斥他："不服你倒是长志气好好学啊！吆喝管什么用！换下你来是我说的，跟你老师没关系！"经过这件事后，我发现，校长的儿子并没有去好好学习，反而更加爱玩，学习成绩没有转好的迹象，后来勉强混到初二就辍学出去打工了。这些年来，我一直对这件事记忆犹新。如果我当时不是过度看重竞赛评比的名次，能够给孩子足够的尊重和认可，"赊"一个竞赛名额给他又如何？对于其他学习成绩优秀的孩子来说，少参加一次竞赛没有什么损失，而对于学习落后的学生来说，这样的一个机会，或许是唤醒他的动力。可是，我的执念让这个孩子失去努力的愿望，放弃了改变自己的信心。这应该也是一次惨痛的教训。

所以，对于学生来说，特别是对那些差生来说，老师对待他们的眼光和态度，可能会成为他们人生的风向标。我们的职责就是发现孩子向好的愿望并放大它，促进孩子每天在自己的基础上产生哪怕极其微小的进步，让孩子每天享受学习成长的快乐，这样才能培养出一个个阳光的孩子。这两个案例，一直都是我教育路上的警钟。

教育就是做功德

—培训会感悟之一

作为第三期齐鲁名校长培养工程人选，我赴乐陵市实验小学，参加了"李升勇齐鲁名校长领航工作室培训会"，与工作室的其他八位校长交流研讨，聆听李升勇校长的点评教诲，并认真聆听了来自江苏的教育专家王俊校长和知名班主任华彦英老师的专题讲座，进一步理解了李升勇校长所说的"教育就是做功德"的意义所在。

两天的交流研讨，其实就是一个头脑风暴的训练营，大家展示自己所做的工作，相互交流，提出中肯的意见和建议，在讨论中提升和成长。李校长给予了鞭辟入里的针对性指导和方向引领，让我们大家看到了怎样才是做教育，怎样把教育做成使所有老师获得幸福成长的生命工程。在这样一个过程中，老师被唤醒，学生被唤醒，家长被唤醒，社区被唤醒，我们也被深深地唤醒。基于自我，践行自我，成长自我，成就自我，在每一个人的自我唤醒中，成就着学校和教育。

培训活动中大家进行了分享交流和研讨，大家展示出了自己工作的亮点，讲出了自己的困惑和思考，进行了思想的交流与碰撞，给出了真切的见解和合理的建议，进行了充分的融合与提升。乐陵市云红街道办事处小学的梁志军校长的报告《仰望星空，脚踏实地》，介绍了一年来立足学校实际，通过理念引领下的学校文化建设，借力专业团队指导下的教学质量提升，标准规范指导下的养成教育训练，家校学习共同体的构建助力等举措，实现工作成绩的综合提升的历程。同时，也提出了自己面临的教师理念、留守儿童管理、教师专业化等问题和困惑。梁校长的介绍，展示了他到乐陵实小两年的跟岗工作带来的实践效应。乐陵市城西小学（乐陵市实验小学教育集团西校区）李明校长，以"学习共同体，让合作学习平实有效"为题，向大家展示了城西小学面对留守儿童管理的问题与困境，通过组建家校学习共同体，形成生命教育共同体，通过定制式教育，三规一档的建立，丰富的活动促进，留守儿童之家的建立，行为习惯的标准化养成等方式，通过对规范流程，培训讲师，研究解决问题的方式的思考，建立了个性化的学长型、导师型、购买型和政府型的多种类型共同体，从而实现了改变学习方式，破解教育难题，优化教育环境，整合教育资源，修复传统文化，和谐邻里关系的社会效应。乐陵市实验小学张辉校长的《自主学习的研究与实践》，是对乐陵实验小学唤醒自主成长的典型写照。在报告中，张校长通过信息化时代的到来对未来教育发展的影响，以及新冠疫情期间线上教学带来的思考，引入对自主学习的定义与特点的界定。在此基础上，详细介绍了乐陵实验小学践行班通过唤醒每个人的自我觉醒，进行学期规划、假期规划、周目标落实和日目标落实的标准化示范与培训，培养对时间的精准化个性华的管理习惯和能力，形成自主自律、自动自发的人生规划。用实践智慧，进一步昭示了李升勇校长带领乐陵实验小学人说真话、做实事、见实效，行功德的教育情怀。乐陵市丁坞镇幸福小学校长赵军庆，也曾挂职李升勇校长旗下的乐陵实验小学执行校长，他以"知行合一做最好的自己"为题，介绍了他在深入思考学生行为习惯养成中出现的问题的基础上进行的学生习惯养成教育。在深度分析学校管理中出现的主体意识不清的现状的基础上，采用网格化管理文化建设实践的路径，形成了从干部到普通老师"知标准，勇落实，比上不比下，做好自己"的自主管理的唤醒和引领机制。几位校长的报告从不同的角度展示了乐陵实验小学教育集团李升勇校长引领下的学校管理文化的涵养与辐射，也让我们看到了践行的方向和力量。

宁津县宁城街道方圆小学的李颖伟校长是一位"80后"的年轻校长，三年四所学校，经历了从教学到教研，再到学校管理岗位的实践——研究——实践的工作路径，学养深厚，站位高，对学校管理有着深度的思考和定位，她的报告《方圆通古今，溯源寻大爱》，"站在最准确的位置思考"，基于大班额，小校园的困境,开展对学校文化的思考和行动,以"天圆地方"的传统文化理念,以围棋思维,以指尖课程和棋类课程,构建知行合一的德育文化体系,并进行了理念梳理和实践探索。最后,针对教学成绩与全面发展、教研、德育、教师专业成长和文化挖掘,提出了自己的思考和困惑。《算出来的成长》是德州市东城小学马小红校长关于她的"温馨校园"建设、童话课程和积分管理的工作分享。马小红校长是一位专家型的一线语文教学名师和知名度较高的小学校长,她以"有道"为根,讲述了自己通过童话课程和温馨校园构建,创办充满快乐的学校的教育故事。同时,立足本地本校现状,通过学习借鉴积分制管理的经验,确立自己的积分评价体系,并不断修正创新,使每一个人都能在目标引领下成长壮大。其实这也是一种唤醒下的自主成长引领过程。陵城区临齐街道明德小学的王翠红校长做了《立德铸魂,科学育人》的报告,讲述的是她通过深度思考,营造"家"的温馨和谐氛围,唤醒共同成长的管理过程,通过经典诵读和课本剧课程,帮助孩子成长的过程,以及通过入学,毕业课程,规划孩子人生成长的探索。其实就是一个用传统文化滋养学校文化,唤醒规划孩子人生的管理过程。临邑县德平镇中心小学周勇校长的"基于地域底蕴的乡村文化课程建设"的汇报,向大家介绍了德平镇中心小学在李升勇校长指导下,规划学校地域文化德育课程体系,确定研究目标,规划实践路径,通过挖掘和呈现德平千年地域文化,开展实践研究的过程。

在校长们相互交流沟通的基础上,李升勇校长进行了集中点评。李校长首先开宗明义,提出了学校发展的"七戒":一戒低——要目标高远,站位准确;二戒多——要力戒理想主义,不可贪多。要学会化掌为拳,有所取舍,学会集中力量办大事;三戒平——必须着眼常规要求,在全面落实常规的基础上实现创新与发展;四戒浮——要避免浅尝辄止、思考不深入、实践不到位。要学会站在巨人的肩膀上求发展,学会借助专业专家资源,通过借力做得更深,走得更远;五戒躁——要做到全面规划,过程扎实;六戒齐——不能追求齐头并进,要深度思考,理清头绪,重点突出,层次分明;七戒粗——力求精细标准,把标准定位高一点,做得细一些。在此基础上,李校长针对八位学校的汇报,逐一进行针对性点评指导，对于学校发展的定位与出口，给出了具体的发展规划意见，并提出了做好学校三年规划的要求。

教育的发展，需要一群志同道合的人；学校的发展，需要一批有教育情怀的校长。一个好校长，就会发展出一所好学校。一个校长对学校的引领，首先是理念的引领。一群好校长的成长，需要教育大家的引领。而教育大家身教的影响，远远大于言传，参加培训的校长班和教师班成员，在整整两天的集中线下活动中，感受到的正是这样一种润物细无声的熏陶。

教育就是做功德，朴实于心，见之于行，教育自可无限生长！

发现和研究——教育生命的张力

每到一处学校，我都习惯找一部分老师聊聊天，主要是听一听大家对教育教学工作的现状有什么认识，看一看大家有什么样的困难和需求，顺便交流交流关于学生教育和教学改进的问题。开始的时候，有些单位和老师总是谈到学生基础差、后进学生比例高、家庭疏于管理、学生不完成作业等这样的情况，听上去没有一点顺心的意思。后来，我就会慢慢跟大家交流：有没有好好找一找为什么会出现这样的问题？这样的问题有没有办法解决？我发现，有很多老师其实是有所探索的，而且成效还不错，只是平时没有研究的意识，没有进行认真的积累梳理，没有形成理论指导下的深度提升，这样一来，这些有效的做法都没有形成可以呈现和借鉴的宝贵经验。每年省市县各级教科研课题研究项目，都会按比例分配到各单位，而我所在的乡镇基本报不满。在与各单位校长和老师们交流时，我提到了这个问题，大家大都觉得课题研究是高大上的科研活动，需要高深的理论，好像不是咱这样的普通教师可以进行的。即使是有人提报课题研究项目，尽管我们也进行了专题培训，依然有相当部分的老师做出来的课题不伦不类，有的干脆就是东拼西凑送上来的，既没有理论高度，又没有实践基础，成了高高在上的空架子，研究的内容和方向根本就没有实际价值和实践效果。这样，就出现了为做课题而做课题的现象。一旦立项，很多老师的课题基本就进入休眠状态，只有在中期报告和结题时，大家才又匆匆忙忙地凑资料去应付。其结果，自然是花架子较多，实战成果不足。其实，对于我们一线的校长和老师来说，研究的内容无处不在，不管是课堂教学环节的安排，还是学生习惯的养成，抑或是各个学科遇到的问题，先进的教育理论在实践中的落地与反思，这些我们司空见惯的现象，都有可以研究的东西，其实重要的是我们有没有研究的意识和发现的眼光以及乐于思考、解决问题的习惯。教育，是一项充满挑战的事业，研究意识、习惯和能力，是让我们在这条充满智慧的道路上可以站得更高、望得更远、走得更快的重要因素。

苏霍姆林斯基对于这样的问题，曾结合自己从事的教育工作，给出过分析和合理的建议。他在自己的著作《给教师的建议》一书的第 95 条"提倡教师在日常工作中做一些科学研究"里指出："只有善于分析自己的工作的教师，才能成为得力的、有经验的教师。"这就是说，我们所从事的这项关系着"活生生的人"的教育成长的事业，决定了我们必须要具备研究的眼光和能力，否则，就不可能取得教育生活中的成就感。在我们的实践中，确实有一些类似的状况，好像每教一批学生，都有老师无法解决的难题，甚至有的老师开口就说："这批学生还不如上一批学生！"好像他自己已经陷入了不可逆转的轮回中，永远无法改变这种被困扰的命运。其实，出现这样的情况，往往是因为我们自己对教育，对生命成长规律缺乏认真的深度的学习思考，没有真正的问题意识，更没有形成具有远见的教育视域和思维储备，而仅仅是纠缠于每一个具体的细小的问题，缺乏把事实和现象升华到教育理论层面进行分析、思考、研究的能力，也就导致了"缺乏预见的教师生活"的出现，最终造成的一个个问题，让老师对教育生活感到痛苦和倦怠。

要摆脱这种"缺乏预见的教师生活"，苏翁建议"要让教师学会从事创造性的研究，首先应当从告诉他们观察、研究和分析事实的方法着手"。具体来说，就是要让教师看到三个方面的规律性，即"生活本身所提供的东西（儿童是带着他客观具有的特性和特点来到学校的）""教师所做的工作""已经达到的结果"。有些老师之所以会长期被这样那样的问题困扰，就是因为他始终让自己的思想和行动局限在原有认知的圈子里，凭感觉、凭经验、凭惯性去工作，就像美国教育家帕克·帕尔默在他的《教学勇气》里描述的埃里克的教育生活：总是感觉到困惑，却不去认真思考，努力去探求和改变。在与一位原来的同事的微信交流中，我曾多次提醒她要把自己教学的实践经验记下来，认真梳理数学教育思维训练的方法和策略，以及针对不同的孩子而制定的相应的教学方法。

可是，由于时间过去太久和岗位的变动，她自己却忘记了，在我一步步地提醒下，她记起了原来怎么样通过课前练习卡片解决孩子注意力不集中的问题，记起了那几个曾经让老师头疼的孩子，在老师三四年的不断引导下成为取得优异成绩的孩子的事迹。我告诉她：你看，研究并不是多难的事，如果当年及时进行了认真的记录和分析，再结合专业思考，可能会做得更好、更到位，也不至于今天需要提醒才可以想起来。当年在一起共事时，我也提醒过她，但是由于自己也没有从内心里和实践上形成这样的思路，只能是一种简单的、没有多少说服力的说教，当然就达不到鼓励和指导的效果。所以，要让老师们有研究的意识和能力，我们教育的管理者首先要让自己用研究的目光去观察教育现象，认真思考教育问题，形成专业意见，从而指导和督促教师们进行教学研究工作。

除了思想上的督促和引领，我们也要从研究内容和方法上对老师们进行针对性地引导，也就是说，要让我们的老师们知道到哪里去寻找研究的内容。说实话，现在很多老师的教育生活是枯燥的、重复的、充满焦虑和倦怠的，对于他们中的大多数人来说，每天要面对的是固定的群体，看见的是那些让自己焦头烂额的、看起来根本改变不了的孩子，每天都在重复着看起来毫无创意的教学过程，这样的生活是极容易让人产生失望、懊丧的情绪的。当我们试图让他们改变这样的状况时，他们又往往觉得自己没有这样的能力，即使产生了改变的意愿，也往往觉得无从下手。这就需要我们引领大家寻找教学研究的切入点，让大家知道该从哪里下手去开展教研工作。对于这样的问题，苏霍姆林斯基指出，教师要从事研究工作，就要"不仅确认一切正在发生的事，而且他本身要去积极地影响教育现象，去创造教育现象"。要做到这一点，就必须让我们的老师明确：我们每天发现的教学现象，每天遇到的典型教学问题，每天焦虑的人和事，都可以当作研究的问题。所以说，教学现象，就是我们的切入点。

怎样观察、研究和分析事实和现象，开展创造性研究呢？苏翁提出，我们的老师要"能够从平凡的、司空见惯的事物中看出新的方面、新的特征、新的细节"，以启动"兴趣、灵感的源泉"。这就需要我们在教育教学中有一双敏锐的、善于发现的眼睛，在看似简单的教育现象中找到需要研究的方向和内容。

我镇茄李小学的一位年轻的女教师，在接手一个五年级新班的时候，通过自己的教育智慧改变了一个从上幼儿园时起就被所有老师"怕而远之"、甚至校长都认为无法改变的孩子。听到这件事，我就到这所学校与这位年轻的女教师进行交流，了解了她用尊重、信任和真诚与孩子交往的故事。在交流过程中，我们感觉到这个老师是有智慧的，但是，如果这种智慧得不到方向性的引导，不能进行进一步的理论思考和提升，她就无法树立教育研究意识，无法获得由此带来的成就感。或许随着岁月的流逝，也会"泯然众人矣"吧。所以，我让她趁热打铁，把跟这个孩子交往的过程详细记录下来，并不断跟踪，形成一个转化后进生的成功案例。同时，这个孩子身上的问题也有可能会反复出现，这就更要借助理论的支持。我推荐她阅读《给教师的建议》和《儿童人格教育》两本书，以便提升自己的理论水平。

"能够从平凡的、司空见惯的事物中看出新的方面、新的特征、新的细节"，这让我想起了十三届全国政协常务委员兼副秘书长、民进中央副主席、中国教育学会第八届理事会学术委员会顾问朱永新教授对"新教育"的解读："当一些理念渐被遗忘，复又被提起的时候，它就是新的；当一些理念古被人说、今被人做的时候，它就是新的；当一些理念由模糊走向清晰、由贫乏走向丰富的时候，它就是新的；当一些理念被从旧时的背景转到现在的背景下去继承、去发扬、去创新的时候，它就是新的。"当我们对本来习以为常的教育现象和事实不断产生出新的思考、新的判断、新的改进实践的时候，教育的研究就会成为我们日常工作的常态。

教育是一项充满创新的事业，对于我们从教者来说，每年的校园或许可以是常态的，设施设备是常态的，但我们面对的具体的环境却是新的，面对的孩子是新的，即使是原来的孩子，也是有了成长变化的孩子。如果我们不能从新的视角去观察，不能从已经存在的事实中发现新的变化，不能带着对孩子的诚挚感情去熏陶他们，激发起他们积极向上的学习动力，不能像苏霍姆林斯基笔下的女教师维尔霍汶尼娜那样"学会观察""学会研究和分析事实""学会把本质的东西跟次要的东西区分开来"，就不可能会有真正的研究发生，就不可能让老师在教育教学中感受到自己的工作价值，就不可能彻底解决掉课堂低效、教育低质、职业倦怠的问题。因此，我们必须要激发老师们愿意研究、懂得研究的精神，让创造性研究成为每一个教育工作者的追求，这样才会创造出教学相长、相得益彰的理想的教育生活。

我们需要什么样的质量观

最近，听一位管教学的地方领导谈论教学质量问题，他把同一个地市的两个区的教学成绩进行了对比，其中一个区的中考成绩排在全市后列，而高考成绩却名列前茅。另一个区则恰好相反，中考成绩位于全市前列，而高考成绩却几乎垫底。领导称之为两种怪现象。更奇怪的是，那个中考成绩落后的区在各级领导和各个学校的强力推动下，当然主要是通过加班加点和不断强化训练，中考成绩大幅度上升，但高考成绩却出现了不小的滑坡，成了另一种反差。而且，据该区高中分管教学的副校长说，真正最后发挥良好，升入北大、清华等名校的高中毕业生，几乎都毕业于一所长期不被人看好的初中学校，而当年初中时"掐尖"录取的几所民办学校，尽管在中考时有耀眼的成绩，但三年后，却未能有真正不错的高考成绩呈现。

这样的现象，促使我们思考：我们到底需要怎样的教学？我们的教育能让孩子们拥有怎样的人生？当然，在现在的应试机制下，考试是我们必须要经历的人生过程，考出好的成绩，毕竟还是改变命运的重要手段，教学不要质量，或者更直接一点说不要分数，那是不可思议的事情。在高考这条人生大道上，一分就能决定一个人上什么样的大学，甚至能决定他的人生。重点大学毕业依然是绝大多数用人单位招聘的重要条件，甚至是决定性的敲门砖。我们要考虑的是：最后的成绩是以什么样的方式取得的？分数背后是什么样的背景？除了分数，我们还需要帮孩子们准备什么？

在现实中，家长和社会都或多或少地受到"不能输在起跑线上"的教育理念的影响，所以，从小学甚至幼儿园开始，分数几乎成为大家共同关注的问题。在这样的压力下，为了应对社会的要求，很多老师也在重点研究怎样让孩子考出较高的分数，分数也成了评价老师的重要标准。甚至在有些地方，考试分数和排名竟然可以成为地方党政主要负责人关注的问题，成为考核一所学校、一个单位的教学质量的唯一标准。于是，很多单位只好挖空心思抓分数，一切工作看分数，一切评价看分数。可是我们的教育，特别是基础教育，主要的任务是什么呢？应该是树立孩子的自信，培养孩子学习的愿望和兴趣，引导孩子形成科学的思维，养成创造性脑力劳动的习惯，形成健全的人格。为了实现这样的目标，我们需要的是给孩子准备宽域的知识背景和适宜的、有利于孩子个体成长的环境和土壤，而教学的过程，就如苏霍姆林斯基所说的"建设一栋大楼"，我们老师的任务就是为孩子准备好建筑材料，引导孩子用这些建筑材料建设高楼大厦。教育是慢工程，可是因为要在短期内形成可呈现的分数成绩，我们的很多学校和老师完全凭经验、靠惯性一路小跑，自己先把准备好的材料建成大楼，然后让孩子硬性记住，建大楼需要钢筋水泥、需要浇筑框架、需要填补砌块，上课时就让孩子背下来，考试时就让孩子写出来。为了考出好的分数，一切不能尽快呈现在分数里的东西，都是无关紧要的附属，以至于现在很多学校还存在将学科分为"主科"和"副科"的现象。作为一幢大楼的建设，最重要的是要向下找力量，地下的看似没用的部分恰恰是重中之重，基础不夯实，大楼不坚固。而基础教育在整个教育系统工程中的作用，恰恰是对整幢大楼稳定起决定作用的地下基础部分，如果这个部分是一个被"偷工减料"的部分，那么，如何能让教育这座大楼的主体有一个稳固的保障呢？有人研究过某种竹子的成长过程，它在前四年里每年只长三厘米，而在第五年，却以每天三十厘米的速度跃升，六周的时间就可以长到十五米。前四年的扎实打基础，才换来了五年后的厚积薄发。"根深叶茂"是对树木的成长规律的描述，"揠苗助长"是对违背生长成长规律造成后果的形象比喻。选择是什么，结果就是什么。

再回到我们最初讨论的那个话题，中考成绩不高的那个县区，却在高考中表现突出，我们不能忽视这个县区高中的老师们付出的努力，但是厚积才能薄发，如果没有小学初中良好习惯的培养，以及符合规律的教学过程，恐怕就不会有出众的高考成绩。如果他们一开始就只关注分数，按照"拔尖"模式的"精英教育"开展工作，那么即使平时考得再好，也不可能在高考中脱颖而出。在民办学校"掐尖"培养下中考成绩显赫的孩子，通过三年的高中学习最终落后于不以作业繁重见长的公办学校的孩子，足以证实这一点。

　　教育，是百年育人的根本，树立什么样的教育观，决定着孩子未来的走向。作为教育人，我们必须要保持头脑的清醒，坚守育人的基本原则，让成绩的呈现符合教育的规律和人性的发展，让孩子们通过自己和老师们共同的努力成为他们应该成为的样子，成为他们能够成为的样子。

我们要走向怎样的教学

在"李升勇名师工作室"线上拼音课程研讨会上，乐陵市实验小学语文教研团队的老师从"重新解读课标""知识点和能力点梳理""重构课程"和"重新进行课程方案"四个方面对他们多年的教学经验作了详细介绍。在"重新解读课标"方面，他们主要分析了拼音教学课程统整的依据：学生认知规律、语文学科特点、语文课标相关要求。在"拼音课知识体系"部分，他们把"声母""韵母""声调""音节""汉语拼音字母表＋音序查字法"进行了系统梳理和分析。在"拼音课的项目学程安排"中，他们分学期、分项目进行了实施方案的规划。在"拼音课的实施"部分，他们通过"导学"指导学生进行"自学""合学"和"展学"，并在这一教学过程中对老师的指导、学生的学习与巩固、家长的配合进行了预设。他们的解读深入细致，突出了以学生为主体的自主学习指导思想，设计训练过程也很系统。应该说，大家对于这样的解读和系统设计还是很认可的。

在展示后，李升勇校长作为导师进行点评。在大家的预期中，点评可能会以褒奖为主，结果李校长在肯定了成绩后，话锋一转，直接追问研究团队对知识体系的梳理过程是怎么来的，是依据教科书，还是按照拼音教学自身体系特点？是将知识分类作为重点，还是直指课标落实要求，抓住重点进行全面突破？是让孩子通过自己的体悟来学习，还是按照老师设定的步骤分割解决？学程的安排是按照老师的预想来解决，还是根据学生实际的学习情况来调整？是先解决读的问题，还是用写来巩固读的成果，形成读写结合的拼音教学模式？然后，针对声母、韵母、声调、音序和拼读规则，李校长也进行了系统分析。他指出拼音教学必须依据课标梳理知识体系，根据知识点和学生认知规律来设计教学流程。在教学设计中，他指出不能把家长的配合作为必需的步骤，而是只让家长作为监督者和反馈者。核心的问题是教学要依据教学规律、学生认知规律和课程标准来进行。

结合着对拼音课的研究，李升勇校长又对写字课和朗读课的开展进行了针对性指导。对于写字课，李校长指出，要一字一句解读课标要求。我想，课标之于学科教学来说，就是一种精准的指导，我们教师必须要结合于实践进行啃读理解。

对于如何落实课标要求，李校长进一步带领大家认真梳理了写字课内容要求：一是要培养良好的书写习惯。这就要求首先要做到姿势正确，必须进行长期的随时随地的示范、指导、检查和纠正。同时，必须注意孩子们书写中的专注力问题，要让孩子们真正形成全神贯注的书写习惯。书写姿势和专注力，必须时刻放在每个教师心中，让每个孩子都能在习惯上达标。二是要注意起笔、行笔、顿笔、收笔的问题。一开始就按照规范来，老师要说明规则，要为孩子留足练的时间。三是格式问题。基本笔画和占格的问题，必须让孩子感知体悟。四是间架结构的问题。让孩子自己感觉怎样写更协调、更美观，笔画之间如何避让，要用典型的字例引导孩子观察、掌握和练习，在书写中体会汉字的优美。最终，要达到让"每个孩子都知道，每个孩子都达标"的目的，要让孩子找出字的规律来，是要"达标"，而不是只指向于考试。五是笔顺的问题。要引领孩子掌握先写哪一笔，需要练多少个字，练好哪些字。写字的规则是要教的，先后顺序也是要教的。重点是要让孩子体验、观察，让孩子说出来，给学生一个学的过程。六是笔画的问题。笔画、笔顺和间架结构都是需要老师演示和指导的。

对于朗读课，李校长首先解读了课标的要求："正确、流利、有感情"。"正确"就是声母、韵母、声调、轻声规则、发音准确、标点符号与段落停顿正确；"流利"就是不掉字、不添字、不重复、不停顿；"有感情"就是指让每个学生掌握变声（男声、女声）、抑扬顿挫、轻重缓急的能力。这就要求老师要研究课标知识点、知识要求和能力要求，要研究怎样教，教什么，学生学什么，学到什么程度。如果没有标准，单凭想象是无法表达感情的。所以，要通过声音的粗细、高低、快慢去研究这些问题，解决这些问题，来让学生达标。

李校长最后指出，有些老师之所以会迷失在教材的陷阱里，就是因为心不够静，不能按照教学规律、儿童发展规律进行教学规划设计。要解决这些问题，就必须认真研读课标，研究教学规律和儿童心理发展规律。

听了李校长的点评，我有一种醍醐灌顶的感觉。我们在理论上总是在说根据课标、根据学生来开展教学，但是在实际的教学设计中又往往习惯站在应试的角度，站在老师自己完成教学任务的角度考虑问题。对于一些相关的理论，我们总是习惯从理论上进行阐述，却很少认真思考采用什么样的方法去落实。在实际的教学中，为了完成老师的教学任务和满足考试的需要，老师们总是设定好路径和速度去开展教学活动，宁可在进行完课程后，再去花大气力补救，形成"夹生饭"，也没有勇气等一等，让孩子自己走上来。实际上，我们必须真正站在尊重教育规律的基础上，真正站在尊重儿童认知规律的基础上，真正站在让每一个孩子达到课程目标的要求的基础上，去设计教学，去完成教学，这需要我们不断深入学习教学理论，研究教育教学规律，熟知儿童认知规律，学会取舍，学会引领，学会沟通和对话，形成师生共同的教学气场。

草香何处，牛羊自知

——从放牧看教育

我在农村长大，小时候经常受父母指派牵着牛羊去放牧。那时的我顽皮心重，有一次就偷懒把牛羊拴在我认为青草茂盛的地方，就跟放牧的其他小伙伴去一边玩耍了。可是最后回家却被父母责骂没有把牛羊喂饱。后来只得老老实实地牵着牛羊放牧，随牛羊一起走动，这才能让牛羊吃饱回家。有很长时间，我都百思不得其解：为什么看上去水草肥美的地方，牛羊就是不好好去吃，而跑到看着草并不鲜嫩的地方去啃呢？难道说鲜嫩的草还比不上那些残草吗？现在看来，恐怕是放牧者总是拿自己的主观判断代替牛羊自己的真实体验，才有了这样的反差。其实，常识就是：草香何处，牛羊自知。

后来做了教师，总是按自己的老师原来的方法教学生，总是按照自己的感觉做教育，而没有认真想想教与学到底该是什么样的关系，谁才应该是学习的主体，于是，以自己的判断代替学生的判断，以自己的思想代替孩子的思想，这让我走了很多的弯路。好在后来我通过学习和实践，纠正了自己的行为，认识到行为背后的问题实质，是选择由谁来做的问题，是用谁的眼光来选择的问题。当年放牧牛羊和现今的教学，其实是一类的问题，其中的道理是相通的。

学校就像牧场，教师就是牧者，学生就是需要获得水草的牛羊，而长期以来的教学活动也像极了我们小时候的放牧行为。我们总是用我们的眼光想要把学生圈在自己感觉非常理想的圈子里，总是以自己的喜好代替学生的选择，结果是"理想很丰满，现实很骨感"，学生们似乎并不领情，远没有我们教师所预想的那样完美。其背后的原因也与小时候的放牧极其相似，那就是真实的体验并不来自施教者，而是来自受教者。没有了自我判断、自我选择和自我体验的自由的学习过程，就无法真正产生学习的快乐和成就感，无法形成真正的学习体验，也就汲取不到丰富的营养。所以，很多教育大家倡导蹲下来与孩子交流，用儿童的眼光对待教学中的问题，其原因就在于真正形成的有动力的学习体验，是我们无法替代的。

苏霍姆林斯基在《给教师的建议》中说："儿童的好奇心的根源，就在于我们成年人不断地把物品、事物、现象展示在儿童面前。我们在儿童面前展示的物品、事物和现象越多，他就会产生越来越多的疑问，他就越加感到惊奇和高兴。"至少，对于我们的孩子来说，好奇心和兴趣是他们学习动力的源泉所在。所以，就像我们小时候放牧，需要牵着牛羊一路不断游走才可以真正让它们吃饱一样，我们的学校和老师需要做的就是为学生创设适宜丰富的学习环境，让孩子们形成自由选择下的真实体验，而我们老师的任务就是把握好边界，规范好行进方向就好了。

草香何处，牛羊自知；学向何处，生能自悟。教育就是要还原天性，培养人性，形成个性，所以，必须回归常识，尊重规律，为孩子成长创设自由成长的空间、自我体验的过程，才能让他们拥有真正完整的人生。

通过驾考看教育

女儿大二，报了驾校的暑期班。顺利通过科目一后，练了几天科目二的考试项目，一直状态很好，熟练掌握了科目二的所有考试项目。教练很高兴，让她参加了两次科目二测考，都是满分，想要让她网上约考。她登录平台约考，却被驾校告知因为与科目一考试间隔时间太短，排序靠后，不能参加约考。在安慰女儿耐心等待的同时，我也在思考，这是不是像极了我们的教学过程？

在我们的教学中，很多老师习惯了开展按部就班的教学活动，总是从自己的角度思考如何去教，而不去深入了解哪些问题学生通过自己的努力可以解决掉，哪些学生走得快一些，哪些学生需要反复指导。如果教学无方向、无目标，一切凭着感觉走，就很容易造成课堂教学中的重复性、低效化。

女儿本来满怀信心练车考试，通过测考很是兴奋，当得知不能约考，开始几天还勉强去练了练车，后来便懒得去驾校了，因为暑假期间是没有机会约上科目二的考试了，只能等到四五个月以后的寒假才能约考。看看女儿的表现，也能想到我们课堂上学生的学习情况。

在二十多年的教育教学生涯中，我跟我的同事们讨论课堂纪律问题时，总是觉得问题出在学生身上。总觉得是部分学生学习不认真，不遵守纪律，才出现了课堂教学不畅的问题，而没有意识到，课堂教学中的不畅，更多时候是来自教师本身和教学活动本身。很多时候，我们课堂教学的出发点是教师如何完成教学任务，立足点是老师的教，而不是学生如何学会、弄懂、会用。尽管我们很多老师都在教学设计中进行了"学情分析"，但不客气地说，这些"学情分析"并非是来自像我女儿的驾校教练对自己的学生那样的真正的观察和了解，我们的课堂教学过程也远没有驾考科目的训练目标那样简单明了，可据考察性。我们的老师所作的"学情分析"很多时候其实是想当然的揣测，或者是套话式的应付,而不是真正对每一个孩子真实学习情况的深度了解,这样的"学情分析"其实就是写给别人看的,根本没有任何实际的意义。

由于没有真正了解和掌握学生的学习状况,教师所设定的教学和学习目标自然也仅仅是凭老师的自我感觉而来的。而且,当对学生的了解并不准确和真实时候,我们设定出来的目标是建立在想象基础上的,基于这样的学情和目标进行的教学过程,也就自然而然是没有清晰的路径的。于是,我们在听课时就会发现,有些老师在讲完一节课后,并不清楚自己要真正解决什么问题,到底解决了什么问题,听课的老师尚且听得云里雾里,更别指望课堂上的孩子能达成预设的目标了。况且,对学生了解不够,目标方向不准确,老师所组织的教学活动也就必然只能按照老师想当然的思路,进行大一统的教学,其结果是已经在课前就基本掌握了学习内容的,学习成绩领先的孩子已经不能满足于教师按部就班的教学过程,只能处于无所事事的状态,课堂又不允许他们去做其他事情,教学的过程就成为一种煎熬,有些调皮的孩子就会出现看似捣乱的行为。同样无所事事的还有部分学习困难的孩子,尽管老师觉得已经讲得足够明白,这些孩子还是会消化不了,产生厌烦或者是无所谓的态度,较为老实的或者做木偶式的听讲,或者自顾自做自己的事情;调皮的则要想通过一些搞怪的事情,引起大家的注意,以显示自己的存在,同样会引起老师的怒不可遏。在这样的课堂里,老师总觉得自己在尽力完成教学任务,却想不明白,其实正是自己的问题,造成了课堂秩序的混乱,而老师往往迁怒于看似制造麻烦的"问题学生"。

尽管女儿没能在暑假期间通过测考后顺利取得约考资格,我还是很感激她的教练,因为他能够对自己学员的学情及时掌握,并给了两次机会让她测考。在确实无法约考时,他直接告诉我女儿,有时间想来练车就来练,不必再天天来。这应该是他发现了孩子因无法参加考试,练车积极性不高而采取的缓解措施,这才是一种真正了解学生,实行因材施教的过程。

其实,练车也罢,教学也好,都需要了解学习者的特点,明确标准方向,通过科学有效的学习过程,将兴趣与效率有机结合起来,让学习者充满持续动力,才能取得理想的效果。

问政之后

收看《问政德州》电视节目时，底部跳出的一条留言令我悚然一惊。留言说我镇一所小学有校园欺凌现象，有个孩子被逼迫从家里往外偷钱。问政节目刚刚结束，在问政现场的分管副局长的电话就打了进来，询问相关情况。

这件事情发生在大约两周前，一个父母离异、父亲在北京打工的三年级小男孩，被奶奶发现偷拿自己放在床单下的钱。孩子奶奶说，过完年孩子父亲外出打工前把孩子需要的钱都留好了，孩子奶奶另外放了三四百零钱在床单底下。她发现孩子偷拿钱是一个月前，而放在床单下的钱已经快被拿光了。问孩子时，孩子不承认，奶奶就给在北京打工的孩子父亲打了电话。孩子的父亲脾气暴躁，回到家不问青红皂白，只逼问孩子偷钱给谁了，不说的话抡起拳头就揍。孩子招架不住，就说六年级的一个学生逼他要钱，不给就打他。据他自己说，那个六年级男生跟他要了十一次。

于是，孩子奶奶找到学校，要求学校追查。但是，问起这个孩子要钱的是个什么样的学生，以及所在的班级，孩子总是闪烁其词。问到最后，只说是二班的。学校只好让奶奶带着孩子到各个二班进行辨认，一圈下来，孩子说没有跟他要钱的孩子。学校又安排祖孙俩到其他所有班级进行辨认，孩子均未提供辨认的要钱对象。三四个月索要十一次，平均每月索要四次，也就是大约一星期就要一次，据说要钱的孩子还多次打骂，被欺凌的孩子居然不认识，这显然不符合正常逻辑。学校对孩子的行为提出质疑，孩子奶奶无奈回家。

没想到的是，对于孩子奶奶带孩子在学校辨认的结果，孩子父亲极度不满意，并找到学校拍着桌子吼叫，说学校包庇，吓唬他的孩子，让他的孩子不敢说出实施欺凌的孩子，要求再进行辨认，还拨打了"12345"市民热线投诉。

在家长纠缠不止的情况下，学校通过认真研究，认为这件事如果真的存在，性质将非常严重，于是就向公安机关报警。当地派出所迅速出警，与孩子父亲一起带孩子在教学楼内辨认，即将转完所有三年级以上的班级时，在最后一个班级，孩子在其父亲威逼之下，勉强指着一个个头较高的男孩说："那个看着有点像。"

为避免引起不必要的伤害，派出所民警非常谨慎，与被指认孩子所在班级的班主任进行了沟通了解。根据班主任的介绍，被指认为疑似实施欺凌的那个男孩日常表现良好，性格老实，遵守纪律，从不惹是生非，与自称被勒索欺凌的三年级学生所称行为不符。在两个班班主任老师陪同下，民警对该生就其遭受的欺凌行为进行了询问。对于欺凌的时间，孩子一会儿说是在课间操期间，一会儿又说是在上学的时候，一会儿又改为是放学的时候。而事实上，该生与所指认学生的教室并不在一栋教学楼里，而这个学校实行的是无缝隙管理制度，任课老师在课间必须有交接。也就是说，在下一节课上课的老师没有来教室之前，刚刚上完课的老师是不能离开教室的，根本就不存在会有其他班级孩子来本班找人的可能。况且，所有的区域都是视频监控覆盖的，如果在校园里发生这样的事情，值班老师是直接可以看到的。霸凌行为发生在上学、放学期间的可能性也是不存在的，因为学校实行错时上放学制度，三年级和六年级的学生上放学并不在一个时间段，而且每天上放学，学校门口都有校委会成员和值班老师全程值守。特别是新冠疫情以来，学校门口又加派了值班老师测体温，学生根本没有实施欺凌的机会。

在警方的陪同下，孩子的父亲和奶奶查看了相关时间段相关区域的监控录像，根本没有他们孩子所描述的事件发生。为验证该事件，警方通过走访询问三年级孩子和他所指认的六年级孩子所在村居及镇区商铺，发现自称被勒索的三年级孩子有几次购物的行为，但数额仅为二三十元，远非其祖母所说的四五百元。而他所称的勒索他的六年级男孩根本没有购物的记录。最终在警方的调查之下，三年级孩子的父亲也表示认可这个结果。但是在问政节目中，不知为什么又出现了这样的留言。经学校电话询问，对方称对于警方调查的结果非常认可，该留言并非本人所为。

事情是结束了，但事件背后所透射出来的问题却不容忽视。因为生活原因，很多年轻父母常年外出打工，把孩子从小交给爷爷奶奶或者姥爷姥姥监护，冠冕堂皇的理由是为了给孩子创造更好的生活条件，其实很大程度上也是逃避了养育孩子的责任。而且，这一代孩子的父母很多都没有接受过传统的文化熏陶和教育，接受更多的是西方文化和城市流行文化的影响，对于如何对待人生，如何对待家庭，如何为人父母，缺乏必要的思考。他们既没有老一代养育儿女的责任意识，又没有真正学会科学地养育孩子，他们从小就是在物质满足中成长起来的，在培养孩子的问题上简单地认为给了孩子物质上的满足，就是完成了任务。

其实，谁也不是天生就会做父母，合格的父母也是需要学习的，这些留守儿童的父母中有很多是没有认真思考过该怎样做父母的，因为他们很多人自己还没有真正长大。他们并不知道，对于孩子来说，最大的爱是陪伴，是来自心灵深处互通的陪伴，而不是物质上的满足。对于这样的留守儿童父母来说，聚少离多的生活，使他们在与孩子相聚的短暂时刻，心底也是充满内疚的。但这种内疚，往往会促使他们用毫无底线的物质满足，来补偿对孩子的亏欠。但是，当孩子出现问题的时候，他们却又觉得自己已经满足了孩子的需求，孩子就该好好学习，好好成长；学习成绩不好，表现不好就是对不起自己的付出，从而一味迁怒孩子，形成了与开始时的宠爱有加截然不同的表现，给孩子带来了人格分裂式的错觉，给孩子造成巨大的心理伤害。所以，这些留守儿童对远方的父母是既盼又怕。

本次事件中的那个三年级孩子就是一个典型的例子。父母离异，对孩子已经造成了巨大的心理伤害，而根据这次事件，我们也可以看出，孩子父母的离异恐怕跟其父亲的暴躁和暴力不无关系。父母离异，孩子本就孤独寂寞，父亲的暴躁又让其不得不取巧避让，采取自我保护措施。也正因父母的离异，孩子的奶奶必然是极度宠溺这个孙子，对于孩子的一切要求肯定是极力满足。所以，当发现孩子有拿钱的行为时，没有及时进行约束。作为奶奶，她又极度担心孩子学坏或者被别人欺负，当放在床单下的钱日渐减少时，就将怀疑的眼光聚焦在孩子身上，却没有思考过，作为一个家庭来说，三四个月的时间，如果不是有着详细的账单，是不可能记清楚家庭支出了多少钱的。而且，通过警方调查，孩子确实存在私自拿钱买零食和小玩具的情况，但与孩子奶奶所说的数目相去甚远，孩子的说辞应该也是在其父暴力之下采取的一种自保的行为方式。

　　一个衣食无忧的孩子，一直被祖母宠爱，为什么还会产生私自拿钱的行为呢？其实，这些行为是一种无意识的情感代偿。当孩子无法从父母身上得到情感慰藉时，会通过偷拿或者故意破坏家中的财物的方式来引起家长的关注，以此补偿自己缺失的情感，这正是使孩子的父亲和奶奶想不通，甚至恼羞成怒的原因所在，也是使很多以为已经给孩子提供了足够的物质条件，而孩子依然会去想方设法获取在他们的父母看来毫无价值的东西背后的真实诱因。只有看清这些问题，才可以解决孩子内心的情感问题，也不至于让孩子出现不良的人格特征。所以，不论是教师，还是家长都应该学一些儿童心理学的知识，让每一个孩子都能健康成长。

教育环境需要共同铸造

在考察了陵城七中后，王校长安排了一位他的骨干教师，也是学校的团委书记范静静老师开自己的车把我送到德州市内通临邑县城的 K919 公交车站，这便有了我与范老师关于一些教育问题的交流。

在交流中才知道，范老师不是本地人，是淄博籍的毕业生，在陵城招考教师时考入，后来就在陵城找对象安家，成为真正的陵城人。可能听说我是齐鲁名校长培养工程人选，也或许我们本就对教育有着类似的热爱和理解，我们之间关于教育的交流很自然地展开了。由于所处地区不同，德州的教育与淄博的教育存在着很大的差距，范老师谈到了她在老家的乡镇中学上学时的情况和来陵城上班的情况。我才知道，其实按时代来说，范老师属于我的学生一代，她上初中时，我已经师范毕业上班并担任班主任两年了。

范老师说，1996 年那个时候，她所在的乡镇中学已经在使用较先进的多媒体设备了，配备有独立硬盘存储的计算机教室，所有的理化生实验都要进入实验室实际操作，所以学生学习的效率较高。当她 2008 年考上陵城教师编制上班时，学校还只有由一台主机控制的单硬盘驱动计算机教室，所有的实验都要靠老师的嘴描述，要靠老师的板书介绍。对于这样的情况，我也是非常熟悉的，我们当时的计算机教学相当落后，大约到了 2007 年，我们的每所学区小学才由县局统一招标采购，配备了一台主机硬盘很小的电脑，我们才慢慢改变了上报材料必须手写或者送到县城的打字社去打印的局面。至于学生的计算机教室，配备的就是在一台有存储器的主机控制下的，必须用交换机连接的局域电脑系统。尽管各学校配备了部分实验设备和器材，但因为考试主要是笔试，师资不足，以及教学观念落后，老师们还是习惯凭嘴讲实验，靠粉笔画实验，让学生背实验，孩子的动手动脑和观察思考能力很难得到锻炼和提高。

如果说那时候是条件所限的话,今天我们的教学实践条件得不到落实保障就不应该了,但事实上,现在仍然有大量的学校的教学还是沿用着传统的说、画、背模式,小学尤为严重。为了促进实验教学的开展,我们的教育主管部门是确实动了脑筋的,我们安排了专门的中考信息技术考试、体育测试和实验技能测试,不惜调动大量人力物力进行交换监考,现场操作。这表面上好像解决了问题,而实际上我们发现,很多学校是上有政策,下有对策,平时不坚持,考试靠突击,而且很多有经验的老师非常善于猜题,所以一旦出题人突破常规,往往引来猜题押题者的一片骂声。

其实,如果我们真的在平时严格落实教学常规,认真组织好每一堂实验课、实践课,孩子在真实的教学环境中得到锻炼,学会观察,形成思考,获得研究兴趣,考试哪里还有偏的题目呢?在今天的信息化高度发展,创新能力成为孩子将来生存的必需能力的世界大格局下,我们的教育早就不是"两耳不闻窗外事,一心只读圣贤书"的时代了。所以,我们的教育必须为孩子提供一个广阔的学习环境,为孩子提供足够丰富多彩的学习资源,让孩子去实践,去感悟,去探究,去思考,去修正,去成长。否则,我们就只能制造出一批批考试的机器,而不是国家的合格的建设者。

在交流的过程中,范老师也谈到了与家长的交流与交往问题,谈到了家长因为孩子小升初后的成绩落差而无端指责学校和老师的问题,也谈到了孩子寄宿带来的问题。其实,这也是一种教育的环境。我们都清楚,在孩子的成长期,最需要的是亲情的陪伴。可怕的是,快节奏的生活和浮躁的社会风气,正在将陪伴异化,很多家长并不清楚什么是真正的陪伴。我们看到的是,很多孩子家长确实给了孩子时间上和空间上的陪伴,但是在心灵成长上却是严重缺位的。

很多家长认为自己养育了孩子,满足了孩子的物质需求,每天跟孩子在一起,就是尽到了自己做家长的责任。但是,他们没有意识到,当孩子回到家,你玩你的手机,他看他的电视,孩子做完自己的事也抱起手机的时候,家庭的温暖和亲情,就只剩下物质的供给和索取、任务的完成与应对了,这时候,真正的亲情已经远离你了。所以，范老师说，很多家长自我感觉非常良好，他们把学生出现的问题完全归咎于学校和老师的管理。

其实，家长是孩子的榜样，孩子是家长的影子，家庭环境是孩子逃不掉的教育成长环境。很多学生家长由于种种原因远离家乡，常年在外打工，跟孩子聚少离多，尽管现在有了网络环境支持，可以经常与孩子视频，但往往局限于对孩子学习成绩的关注，而不是对孩子亲情的弥补和人生成长的指导，更不能关注孩子心灵的成长。一旦团聚，则忙于无节制地满足孩子的物质需求以宽慰自己心里的歉疚。然后就是追问学习成绩，一旦得知考得不好，孩子就从刚刚得到的温暖一下陷入万丈深渊，这就给孩子造成了巨大的心理落差。所以，真正的陪伴是对孩子心灵的关注和陪伴，这才是一个家庭该提供给孩子的教育环境。

给孩子提供一个自由生长的、情感陪伴的、资源丰富的、具有开放性的教育环境，是我们的学校和老师、家庭和家长共同的责任。

我们要走向怎样的教育人生

开学后第一个全体教师会，白麟小学周校长邀请我给大家讲讲，要讲什么也没有给出范围，再加上本来大家就很熟，也就很随意地跟老师们开始了拉家常式的交流。

当时，周校长在大会议室的会议屏上打上了"齐鲁名校长教育思想分享会"，还冠上了我的名字，并提前一天跟我要讲座的课件。说实话，我自己的课件制作水平极低，除了在非必要的场合需要用多媒体展示，而不得不把自己写的东西请年轻的老师帮忙做成课件外，我极少使用。同时我也一直觉得，一旦做成了固定的课件，就固定了内容，减弱了临场发挥的灵活性。所以，往往是能不用课件就不用课件，能不拿稿子就不拿稿子。这次，依然如故，既然周校长没定题目，没划范围，也就懒得做课件了，只是将要讲的思路和内容在脑子里反反复复倒了几个个儿，力求思路清晰，更接地气。

话题先从我自己的成长历程谈起，我从教二十七年，大约经过了三个阶段。第一个阶段是从普通教师到兼职教研员、兼职团委副书记，再到小学校长的十八年教育教学经历，我把这段时间的工作称之为"蛮干"阶段。这是一段凭着一腔热血，使着蛮劲干事的阶段，缺乏先进的理念引领，主要是把自己从自己的老师、师范学校学习的内容，以及从不同的名师身上看到的东西、得来的零散的思想，聚焦于完成教育教学任务的过程，也就是英国教育家怀特海所说的"浪漫阶段"。在这样的一个过程中，由于我并没有系统的、方向明确的发展路径，视野较窄，基本是凭着感觉走。这也就导致了那些年的教育教学经历中，确实存在不符合教育规律和学生成长规律的问题，有的甚至是惨痛的教训。

第二个阶段是 2012 年始，在经历了十八个年头的教育教学工作后，时任县委书记景文新同志提出教育强县战略，实行县里主管教育的干部竞聘上岗制度，将竞聘的范围从原来的乡镇教育系统班子成员，扩展至乡镇学区小学校长和乡镇中学副校长，我先后通过笔试、竞职演讲、面试答辩、组织考察等几轮筛选，成为全县新选拔聘任的六名乡镇教育负责人之一，开启了一段新的人生。当踏上这样一个平台的时候，恰好又遇到了被评为"全国推动读书十大新闻人物"的时任临邑县教育局局长潘国英同志，她力推教育干部读书学习，不断带领大家到名校考察，邀请著名教育专家、学者和杰出校长前来讲学，我眼前的世界一下子豁亮了许多，自己的头脑也清醒了许多。但是，在这样一个过程中，或许是自己还没有形成真正的学习力的缘故吧，学习成长仍然不够系统，处于"东一榔头，西一棒槌"的状态，仍然没有脱离凭兴趣、凭感觉去做事的状态。虽然做了一些在全县反响较好的事情，却依然没有形成一条清晰明朗的发展道路，仍然处于事务型发展状态，这应该算是从"浪漫阶段"向"精确阶段"小步过渡的阶段。因此，我把这六年称之为"瞎干"的阶段，努力向正确的、好的方向发展，却仍然会产生迷茫的痛苦。这样一个过程，不符合教育教学规律的情况明显减少了，但如何走向更加规范、更加明晰的发展道路却依然是困扰着自己成长的问题。

第三个阶段是 2019 年经过县市评选推荐、省级专家网评和现场陈述答辩会评，我成为山东省第三期齐鲁名校长培养工程人选，省教育厅将一百名名校长人选和三百名名师人选集合到威海市荣成石岛，封闭一周集中研训，聆听来自省内外的专家学者的专题讲座，学习往期齐鲁名校长优秀代表的教育思想和教育经历，这一下打开了我的眼界，我看到了自己该走向何方，深度审视了自己的教育教学工作历程。回来后，我跟我的教育同仁们说："这次培训让我心灵得到震撼，回首过去的二十五年，我甚至可以说那是荒废的二十五年，现在我意识到即使分秒必争也难以弥补过去的时光，我一定要让身边的人及早看清该走的路，走向更加光明的教育生涯。"而 2020 年秋季学期我加入新网师学习，从通识教育到选科学习，更让我认识到如何科学地规划教育成长路径，也通过专业阅读、专业思考、专业实践和专业写作，看清了自己的教育历程和确定的走向。这一阶段可以说是进入了"精确阶段",我把这个阶段称之为"清醒地干"的阶段。所以,我说现在我在努力地推动规范办学、课堂改革、教师成长、专业阅读与写作、乡土文化教育课程,其实是在清醒地认识到自己这些年教育教学经历的经验教训后,对自己进行的心灵的救赎,是痛定思痛下的自我挽救和对现有教育问题的极力补救的行为。

老师们在听我讲述的过程中非常专注,有些老师在不时地点头,有些老师应该已经是开始了自我的对照和反思。趁热打铁,我也就此梳理出了作为教育工作者走好教育人生需要解决的几个问题,跟老师们进行了深度交流与探讨。

在踟蹰而行中提升自我认同与实现自我完善

不知是心不能沉静，还是理解力不足，对于《教学勇气》这本书，我读得一知半解。明明觉得语句并不艰深，批注却下笔难成。回听两遍郝院长的讲座，尽管举例典型，通俗易懂，也是吞咽不下，形不成真正的系统思考。临近期末，事务繁杂，心绪不得安宁，或许也是其中原因吧。其实，总起来看，仍然是自我认同和自我完善不能很好推进的缘故。我也只好将一点浅薄的见解记录下来。

一、关于帕尔默提出的教学困境的问题

走进我们很多老师的课堂，经常遇到类似的情况，或者整个课堂如一潭死水，掀不起一丝波澜，每当老师提出需要回答的问题时，便只看见低下的头和躲闪的眼神，这一般会出现在中、高年级，而且随着年级的升高，这种态势越加明显，即使在以思路活跃闻名的南方某省会城市学校，我也亲眼见过在一节小学六年级的语文课堂上，一位全国有些名气的老师愣是被学生们逼得声嘶力竭，浑身冒汗，勉强上了一节课，远没有达到自己预设的教学效果；或者是一片"欢腾"，每当老师提出问题，下面都是一片小手举得高高的，甚至有些学生举着手站起来，几欲要登高一呼，但等到老师叫起来回答，有的孩子居然会问："老师，问什么？"表面火热的气氛下，是浮夸式的浮躁；或者是老师一板一眼地教导，孩子亦步亦趋，看似行云流水，实则应付差事；或者老师讲得云山雾罩，孩子听得一头雾水，一节课老师和孩子都不知道收获了些什么。尽管随着教学改革的推进，这样的课堂已经有所改变，很多老师开始进行课堂追问，但是，浮躁、浮夸式的表演课堂仍然大量存在。即使是在现在的课堂上，

由于对于教学问题的理解不深刻，我们也仍然会遇到这样的境况。这样的现象，势必成为制约教育提升的重要因素，必须进一步研究和改变。

二、对于教学现象背后的教育问题的判断

对于出现的教育问题，郝院长从两个方面进行了梳理，一是大众通常认为的三种原因：教师学科知识积累不够，教师对学生身心发展规律认识不够，学生基础弱、学习习惯差、智商低、家庭环境不好。对于这样的分析，其实我们在实践中经常遇到，从管理层来分析的话，往往是这三个方面都会涉及，而且前两个方面是重点。但是从事具体教学工作的老师则往往会聚焦第三个方面，很少涉及前两个方面。也就是说，老师们普遍会抛开自己去找学生的问题，并对自身之外的因素采取埋怨、抱怨的态度。帕尔默的论述以及郝院长的分析都明确指出，之所以会出现这样的现象，主要还是因为教师专业化程度不高，而又缺乏对自己的内省和审视。事实也确实如此，长期以来，在考试指挥棒的指挥下，老师们忙于上课、批改、讲评、补救的循环，对于自己该具备什么样的知识结构和素养缺乏深度思考，又不愿意拿出时间来用于他们认为毫无用处的理论提升，导致教师与学科、知识以及学生之间产生了精神割裂，教学的过程成为完成任务的过程，而不是与学生命交融的过程，无法实现教学双方的"共舞"。二是如何来改变，这需要增强真正专业基础上的"强烈的自我意识"，让"老师就是学科"。其实，想想自己的教学过程，也存在为教学而教学，为完成任务而教学的情况，在课堂上，仍然有急躁、不耐烦的现象，这是与优秀的老师存在很大差距的。从"教什么""为什么教"和"怎么教"的理论和方法的探讨，转向于对"谁在教""谁来教"的关注，才能真正把教师的专业问题列入日程，让教师明确身份，形成主人意识，走向专业发展之路，以形成真正的教学对话与课堂交流。

三、关于自我认同和自我完善

对于自我认同，我觉得首先是要完全接纳自己。每一个人都是一个独立的个体，都有着与其他人不同的地方，不可能按照一个标准来衡量。同理，对于学生，我们要首先承认他们的差异，然后才能帮助他们成长自我、完善自我。我们老师也要正确认识自我，不管是优点大于缺点也好，还是不足大于优势也罢，只有先承认自己、认识自己、接纳自己，才能明确自己发展的方向和路径。对于这样的问题，帕尔默在他的《教学勇气》一书中，通过对起点和成长路径相似的两位教师——艾伦和埃里克——由于对自身认识不同而导致不同人生的描述，为我们提供了参考。就起点来说，艾伦与埃里克都出身乡村工匠之家，都具备了手工技艺的初步技能，都成为各自家庭中考入大学的第一人，并且顺利考上研究生，获得博士学位。但是，对于出身和自己具备的手工技艺，艾伦视为自己的优点、长处并将其发扬光大，让其成为助力自己幸福成长的一种加持。而埃里克则对于自己的出身讳莫如深甚至深以为耻、刻意逃避，只有在工作之外才能找到真正的自己，导致自己生活在严重的苦闷之中而不能自拔，甚至将这种痛苦转嫁到自己的学生身上，造成师生关系的紧张。这让我想起了我们山东有一部经典吕剧曲目《小姑贤》，讲的就是一位从年轻时就被自己的婆婆压制、虐待的农村中年妇女，在婆婆去世后，也当了婆婆，她便也要发挥发挥婆婆的权威，对儿媳妇横挑鼻子竖挑眼，极尽刁难之事，却没有从自己的遭遇考虑，同样的痛苦为什么还要传递下去。其实，这都是对自己的自我认同还没有形成深刻体悟的结果。对于这类的问题，我们的老祖宗早就给出了处理的智慧，那就是"己所不欲，勿施于人"。

我想，自我完善就是在自我认同基础上的不断提升。而这又牵涉到了另外的问题，那就是如何对自己进行改进，按照帕尔默的论述和郝晓东院长的解读，还是要站在整体的角度来看待和解决，就像郝院长所分析的，人都是有个性的，事物之间并非是用非此即彼的方式可以分得清的，优势在某些情势下可能正是劣势，看起来的缺点，在另一个角度也可能是长处。所以，重要的不是削足适履，而是优势互补、各用其长的完满融合。正所谓"尺有所短，寸有所长"，这就像南怀瑾、楼宇烈等国学大师所说的文化包容、太极阴阳理论一样，很多事物都是相互包容，互为一体的，必须用整体的眼光去看问题。所以，曾仕强教授在《中国式管理》一书中在梳理了中国几千年管理文化的基础上，针对西方管理学中的"二分法"提出了"把二看成三"的观点，指出我们老祖宗的管理智慧就是走向情感方向的"合理"标准。这对于我们完善自我来说，同样具有借鉴意义。我们不是要硬性改变自己，而是要让长处更长，短处趋向合理。其实，这应该也是对"悖论"问题的另一种诠释。

教育是一项必须全身心投入的创造性活动，需要我们的老师能够真正地职业觉醒，深度内省，认识自己，形成真正的自我认同和自我完善，才可能创造出教学相长、相得益彰的教育生活。选择，当然艰难，但既然已经选择，即使步履蹒跚，我们也要在踟蹰而行中提升自我认同与实现自我完善，走向理想的彼岸。

共同的志趣走向共同的远方

由于事务忙碌，经常不能完整的观看网师课程的线上直播，回放过程也经常被打断。学生期末考试结束离校后，我终于有时间可以连续完整地观看回放。听了王小龙老师讲的《共读共写共同生活》，进一步理解了共同体的内涵，明白了共同体的特质与共同体的构建，我开始思考打造教师专业成长共同体的路径与方法，探索如何让共同成长的志趣引领大家走向共同的远方。

一、什么是共同体

对于共同体，王小龙老师的标准是"应该具备共同的目的或共同的价值"，并引用了权威的相关论述，进而延伸为一种在"善"的理念支撑下，激发"积极愿望和独立维持"的共同的价值理念。那么，对于我们教育者来说，我们应该具备的共同目的或共同价值是什么呢？一是坚持立德树人的理想信念，共同的良心良知；二是要有专业知识结构下的共同的教育理念；三是在拥有真正的对话、交流与沟通的共同语言基础上的教与学的共生生活。

在我们的教育教学实践中，我们发现，很多人从事教育工作，其实是由于不同的机缘，有的是本来愿意进入教师队伍，愿意跟孩子们一起交流，保持一种青春活力；有的是当年无特定意向的职业选择，比如说像我们当年的中师生，选择师范学校更多的是觉得可以解决饭碗的问题。进入师范学校后，有很多人也有专业导向不明确的问题，所以，有些师范毕业生在毕业几年后跳槽到其他看起来更风光、更有前途的行业，留下来的除了一部分热爱教育或者慢慢习惯于教育生活的人之外，相当一部分人是没有办法或者没有勇气离开这个行业，有的是转行一段时间不适应又回到教育行业；近些年来，随着社会竞争的日趋激烈，教育行业相对其他行业来说，需求量较大，待遇也有了很大改善，教育系统招聘也改变以师范类毕业生为主的现状，各种其他专业的毕业生只要取得教师资格证都可以应聘教师职业。说实话，非师范类毕业生进入教育行业，尽管为教师队伍带来了多元化的知识结构，但是，毕竟是一批没有真正进行过师范类教育系统职业培养的一批人，从学历和学识上来讲，可能不乏优秀者，但是从事教育当老师的基本功却相对匮乏。而且，考教师编的目标很明确，那就是要解决吃饭问题，考试时突击的教育学心理学知识和学科知识仅仅是为了应付考试要求，一旦考过了，就跟我们管理学生的"灌入"和"倒出"差不多，临时抱佛脚的热乎劲也就慢慢消失殆尽。随着时间的流逝，不同的人在教育生活中由浪漫进入倦怠，由新鲜走向失落，埋身于简单乏味的机械式教学和训练中，很难形成统一的价值观。如果说有统一的目标的话，那就是怎样想办法让自己的学生考出好分数，在竞争中胜出。所以说，现在的教师群体，仍然不是我们所说的真正的共同体。

理论上来说，教师和家长之间因为孩子应该成为共同体，因为我们都是为了孩子好。但是在"为了孩子好"这个共同的目标下，老师跟家长之间是一种什么样的关系呢。通常我们的老师与家长沟通的最多的问题是孩子的作业和考试成绩问题，或者说是其他的与分数有关的问题。学校开家长会，大多数老师一般会在班上重点介绍孩子的考试成绩问题，分析哪些孩子成绩提高了，哪些孩子还需要努力，绝大部分的家长会忙着看贴在墙上的孩子的成绩排名（尽管现在不允许公布此类信息，但是大家还是会想办法找到）。入户家访，谈论得最多的依然是孩子的成绩，甚至部分班级老师和学生家长因为孩子成绩的评价问题出现争执和矛盾。这样的一种只指向于单一的关注学习成绩，而不是关注于孩子整体成长的沟通交流，形不成统一的理念和核心价值，当然也不会成为共同体。要形成共同体，就需要真正达成关于孩子教育的共同理念。

我们的老师和学生的关系，好像应该成为一个共同体了吧？其实不然，现在我们的很多老师把教学只当作一种必须完成的任务来对待，满足于怎么想办法达到提高分数的目的，教师的语言出自教师"教"的角度，意图把老师自己会的东西输送给孩子，学生成为接受的容器，师生之间处于一种不对等的状态。所以，我们在实践中就会发现很多老师百思不得其解：我已经讲了很多遍，也纠正了很多遍，为什么还有那么多孩子会出现错误？我觉得已经把该解决的问题都解决了，孩子为什么还是考不出成绩？明明我已经把道理讲清楚了，还是会有部分孩子作出了不该有的反应？孩子也着急，有些提前预习的孩子会想，这么简单的问题，我自己就能学会，为什么老师还要翻来覆去地讲个不停？学习落后的孩子就想，老师讲了这么多，我觉着该懂了，怎么就是做不对呢？我是不是就是真笨得不可救药了？老师坚持着老师的语言和思想抱怨、指责孩子，孩子苦恼地去学习至甚质疑老师。教与学，成了两条路上的车，又怎么能形成真正的具有共同基本立场与价值观的共同体呢？

　　所以，对于共同体的构建，新教育人提出了"共读、共写、共同生活"的构建路径。共读，带来共同的语言，共同的语言带来相互理解和沟通的基础；共写，形成反复交互的交流，达成彼此的了解，通过不断自我反思，加深相互认同；共同生活，通过反思实践，彼此沟通，相互认同，消除隔阂，把教室、课堂、班级、学校打造成生命交汇的能量场和共同生活的心灵家园。就像王小龙老师所说的，我们的新网师就是这样一个共同体，在"过一种幸福完整的教育生活"的核心理念的感召下，以核心书籍的阅读、核心理念的理解和把握、和实践践行的反思促成共同理念、共同价值、共同愿景、共同语言下的交流与倾听，每天将自己的所学所思、所研所做促成我们共同的交流和互学，每天阅读李镇西老师、郝晓东老师以及网师榜样的文章，就是在对经典和实践的一次次再学习。很多优秀的践行者的示范，就是对于我们走向共同生活的一次次启迪。阅读打卡，就是让自己的心灵进行一次次洗礼。"相同的尺码"把我们聚在一起，成为生命互映的精神共同体。

二、为什么要形成共同体

对于这个问题，王小龙老师从社会、学校和家庭三个方面进行了分析：

1. 社会：原子化，人们孤独地埋藏于物质享受；私人化，对自身以外的世界漠不关心，人与人之间交流减少，集体对于成员的凝聚力减少。对于这个现象，其实我们体会很深。随着城市化进程的快速进行以及人们生活节奏的加快，特别是传统文化的衰微，人与人之间的亲密关系被打破，关上一扇门，就是关上了与世界的联系。前几年的小品《装修》《邻里关系》等，反应的就是这样一种由于相互孤立的人际关系而引起的龃龉隔膜的现实情况。王小龙老师把这样的情形梳理为三个方面：（1）人情关系疏离化；（2）个人与公共世界疏离，表现为集体概念的淡化、人情关系的淡化、亲情友情的淡化；（3）道德规范失灵，公德水准下降，道德规范不再对个体形成较强约束。人们总是站在自己的角度看问题、处理问题，没有大局意识和公德意识。要实现中华民族伟大复兴的使命，就必须要改变这种信仰缺失，道德低下的状态，必须依靠建立以社会主义核心价值观体系为统领的共同体。

2. 学校：机械应试，形成了以唯分数论为表征的"拜分主义"，很多学校异化为一手交钱，一手交分数的"贸易市场"。师生的生命价值被异化为对分数的焦虑，师生的价值感和幸福感缺失，造成了教育生活的分裂。这亟待建立一个和谐的、师生共同成长的智慧场，实现师生幸福完整的教育生活，这也必须要通过建立师生共读共写共同生活的共同体来实现。

3. 家庭：随着社会节奏的加快，经济压力的增大和攀比意识的日渐普遍，年轻家长舍弃幼小的孩子外出打工，一方面经受着城市快餐文化和西方娱乐文化的冲击，造成精神缺失；另一方面由于长期脱离正常的家庭交流和生活，家庭意识淡薄，更多的关注于钱，而不是聚焦于人，造成亲子关系的紧张。隔代教育造成的散漫管理，又造成了孩子亲情的缺失，孩子的心灵成了物质满足和亲情淡漠的精神荒芜之地，这亟须通过亲子共读、亲子有效沟通交流，形成具有共同精神特质的亲子关系，形成家庭命运的共同体。

三、如何建立共同体

（一）师生共读，形成共识，构筑共同体

以生命成长为中心，实现知识与生活、生命的共鸣。读懂经典，读懂孩子，引领孩子选择科学的阅读内容和方法，形成正确的阅读习惯。

（二）师生共写

1.核心是反复交互、对话、理解；

2.大量写，注重批注，写打卡，写叙事，真正的写，所有人都坚持写；

3.共写与实践连为一体；

4.反思写作，以"同侪压力"，形成榜样带动力量，坚持跟上不掉队。

要避免为应试而写，要指向班级共同的话题，指向班级大事、热门话题、人生意义、核心价值观的思辨，写与学生生命相关的东西，尤其要重视教师对班级文化的解读、班级规则的守护、探究知识的指导和语言文字的规范。

（三）共同生活

实现学习生活化、生活学习化。

不管是我们选择了教育，还是教育选择了我们，身为教育人，就已经身负了一种使命，一种传播人类文明的使命，一种为构建人类命运共同体而传道授业解惑的使命，一种让每一个生命与我们共同闪光的使命。那么，打造一种教师、家长、学生具有共同的精神、共同的价值观、共同的愿景的教学共同体，便成为一种必然选择。

过有规划的教育生活

每个学期开始前，我们都会组织集体备课，让老师们准备新学期的学期计划、单元计划以及部分课时计划。但是，大家的各种教学和教育计划，往往千篇一律，空话、套话充斥其中，甚至出现"万能计划"，不论教什么样的学科，面对什么样的学生，都可以套上使用。跟部分老师交流，大多都觉得计划的制订无关紧要，大家写计划的主要目的，就是要应对各级的检查，在真正的教育教学过程中，计划就成了挂在墙上的东西。即使是课时计划，很多老师也不是通过自己的思考，在深度理解课标、教材内容，以及真正了解学生的基础上进行精心设计的。之前是手抄教参内容和别人的教案，现在是到处粘贴拼凑教案。备课时一套，上课时是另一套。对于老师们的做法，我们一边通过等级评价制度进行约束，一边反复强调制订计划的重要性，督促大家按要求、按步骤制订。但是我们后来发现，大家依然故我，又回到了原有的状态，只不过表面看计划制订得越来越像模像样，可执行起来呢，却还是"两张皮"。这也成了让我们管理服务人员一直头疼的问题，也是让很多老师叫苦不迭的一项工作，好像制订计划、设计教案成了类似"鸡肋"的工作。为什么会出现这样的情况呢？教师的计划到底该不该写呢？老师们到底要为教学准备哪些计划呢？读到苏霍姆林斯基《给教师的建议》中的第 45 条"教师应当写哪些计划"，我发现，其实是我们的工作方法出了问题，是我们没有针对教学的实践，帮助大家明确要写哪些计划，怎样来写这些计划，这才导致了大家觉得计划是"鸡肋"，而不是教学必须要有的东西。

对于教师的计划，苏翁提出了以下几项建议：

1.儿童在小学阶段应当阅读的文艺作品书目（基于学校图书馆藏书的

内容）；

2. 儿童在学校里应当欣赏的音乐作品；

3. 要跟学生进行谈话时使用的绘画作品；

4. 要求学生背诵的课文和对文艺作品的判断；

5. 最低词汇量；

6. 为了扩充学生的知识面而需要阅读的科学普及书籍和小册子的书目；

7. "思维课"的主题，即带领学生到思维和祖国语言的源泉，去参观的课题；

8. 儿童在整个小学阶段各年级要写的作文题目；

9. 教师和儿童将要制作的直观教具的大致的目录；

10. 小学期间将要组织哪些参观。

苏霍姆林斯基把这十项内容，叫作"远景计划"，我们可以看到，第一项内容是关于孩子阅读的指导准备和阅读习惯培养的准备，第二、三项则指向对孩子的艺术熏陶和美感教育，第四项是关于文学积淀和文学审美的教育内容，第五项是为所有的学习准备最重要的文字储备，第六项是关于科学素养、科学思维的个体学习清单的准备，第七项是丰富孩子的思维训练的实践性活动、拓展孩子思维的训练计划，第八项是关于写作培养的梯度和层次分析，第九项是形成劳动实践和创造性思维的教育，而第十项则主要是开展孩子了解世界、感知世界的教育准备。其核心的理念，还是指向于"活生生的人"的教育。有了这样一个远景计划，我们的老师就可以知道我们在哪个阶段要干什么，可以检视每一个阶段我们还缺少些什么，需要如何补救，就有了一个系统的关于教学的目标。

当然，光有远景计划是远远不够的，还需要用"课题计划"和"课时计划"去落实。对于"课题计划"，苏霍姆林斯基描述为"根据教学大纲分配给本课题的时数，包括好几节课的一种计划"，我想，这可能类似于我们要求老师们写的单元计划，它包含一个目标单元，或者是模块。这样的计划主要是"一种教学论上的预见和根据"，我想，是不是可以理解为是一种体系框架，以及解决这样的框架问题的方法和策略的设计。关于"课时计划"，苏翁没有进一步描述，我想，我们学习新教育的理想课堂时，学习到的"三重境界""六个维度"，应该足以指导我们的课时计划的制订。不论是课题计划也好，还是课时计划也罢，在设计时，都可以遵循苏翁提出的"要以远景计划为目标，不要忘记最终目的"的原则。设计计划书时适当留白，以便于及时调整修改，这在我们的很多计划设计时都已经被注意到，关键在于是不是真正做到了用心去制订计划、执行计划，及时地将计划执行的过程进行反思，并真正将反思成果及时记录在案。

凡事预则立，不预则废。教育是一项极具挑战性的工作，需要我们老师在深度理解教育、了解学生、熟悉教育规律的基础上，制订教育教学工作的远景目标，并形成具体的、科学的实施路径，通过创见性的"课题计划"和"课时计划"，将之落地实施，才可能使我们的教育过程有规划地进行，我们的老师和孩子才可能过上幸福完美的教育生活。

强化反思，提高教学效益

古语说："思之不缜，行而失当。"反思意识人类早就有之，"反求诸己，扪心自问""吾日三省吾身"等至理名言就是佐证。而当今社会反思已成为人们的自觉行为，作为教师，在教学中也应不断尝试形成反思意识，发现问题，消除弊端，"借石攻玉"。

一、课前反思，具有前瞻性

教学前的反思具有前瞻性，可有效地提高教师的教学预测和分析能力。在以往的教学经验中，教师大多关注教学后的反思，忽视或不重视教学前的反思。美国认知教育心理学家奥苏贝尔说过："如果我不得不把所有的教育心理学还原成一条原理的话，那么我将会说，影响学习最重要的因素是学生已知道什么。"这说明了了解学生已有的认知水平，有的放矢地组织教学尤其重要。而且新课程标准同样非常关注学生在已有的知识经验基础上去探求新知的能力，因此，教师在教学前必须充分地了解和关注学生已有的知识经验，对自己的教案及设计的思路进行反思。这不仅仅是教师对自己的教学设计进行审视，再次查漏补缺，吸收和内化的必然要求，更是教师关注学生，"以学生为本"的理念的体现。

教学实践表明，经过课前反思后的教学设计的调整，能够预设到学生在学习中所碰到的困难，教学内容和方法更适合学生，更符合学生的认知规律和心理特点，从而使学生真正成为学习的主体。

二、课中反思，具有监控性

课中反思，即及时、自动地在行动过程中反思。这种反思具有监控性，能使教学高质、高效地进行，并有助于提高教师的教学调控和应变能力。课堂教学是一个复杂、动态的过程，尤其是进入新课程后，教学中所出现的情况越来越有挑战性，结果也常常出人意料。这就需要教师具有较强的应变能力，能及时地反思自己的教学行为，时刻关注学生的学习过程，关注所使用的方法和手段，善于捕捉教学中忽现的灵感，及时调整教学策略，顺应学生学习的需要，以达到最佳的教学效果。因此，教师要学会倾听学生的意见，及时了解学生的困惑。另外，课堂教学是在动态中生成，在动态中发展的，教师要善于抓住契机，开展生动活泼的、积极主动的、富有个性的学习活动。

因此，在课堂教学中，课中反思表现为教师自我检查、自我校正、自我强化，而这一过程又是通过"问题—尝试—反思—新问题—调整—反思"环节得以展开和实现的，贯穿始终的是教师的"反思"。

三、课后反思，具有批判性

课后反思具有批判性，能使教学经验理论化，并有助于提高教师的教学总结能力和评价能力。课前精心备课、撰写教案固然重要，教然后知困，知不足，但课后趁记忆犹新，回顾、分析、反思并记录自己执教的切身体会或疏漏失误，记下学生学习中的闪光点或困惑，也是十分重要的。经常性地课后反思是教师责任心的具体表现，是教师课堂教学自我反馈的一种非常好的形式，更重要的是它还有利于进一步提高备课质量，促进教学内容更全面、教学设计更合理；有利于加强教学的针对性，及时发现问题，查漏补缺；有利于教师积累教学经验，提高教学水平。那么课后具体反思什么呢？我认为应从以下几方面进行：

（一）教材的创造性使用

在新课程理念下，教科书的首要功能是教与学的工具，它不再是完成教学活动的纲领性权威文件，而是以一种参考和提示的身份出现。除了课本，老师还要给学生展示多样的学习方法和丰富多彩的学习参考资料。同时，教师是教材的使用者、建设者和开发者。因此，在创造性地使用教材的时候，可以把这些内容在课后反思中加以记录，既积累经验，又为教材的使用提供合理的建议，使教师、教材和学生成为教学过程中和谐的统一体。

（二）教学可取之处

记录自己本节课的成功之处，将教学过程中预先设计的目的，引起教学共振效应和取得良好教学效果的做法（如巧妙地导入新课，留有悬念的结束语，创设课堂教学情景及激活学生思维、学生自主评价等），详细地记录下来，应用到以后的教学实践中去，并在此基础上，不断地改进完善，推陈出新。

要善于记录教学中忽现的灵感。在课堂教学中，随着教学内容的展开，师生思维的发展以及情感交流的逐渐融洽，往往会因为一些偶发事件而产生瞬间灵感。这些"智慧碰撞的火花"，常常是不由自主、突然而至的。若不及时利用课后反思将其捕捉，便会因时过境迁而烟消云散，令人遗憾不已。当出现了这些意想不到的高潮时，作为教师就要记录下来加以研究，并以教育理论为指导，结合案例分析技术，开展教科研工作。

（三）教学的"败笔"

再成功的课堂也难免有疏漏失误之处。在课后，教师必须审视自己处理不当的环节和安排不妥的教学内容，对它们进行回顾、梳理，并对其作出深刻的反思、探究和剖析，使之成为以后授课时应吸取的教训。同时，教师要对自己所提出的问题，动脑筋、想办法，寻找最佳解决办法，提出整改措施及教学策略。

（四）教学中学生的见解

在课堂教学过程中，学生是学习的主体，他们不时会有"创新的火花"闪现出来。教师应当充分肯定学生在课堂上提出的一些独到的见解。一节课下来，老师们要交流课堂教学中学生所表现出来值得赞赏的东西，共同分享其中的喜悦。这种学生对文本的独特理解，源于学生精神世界的独特感受，是一种无比珍贵的课程资源。教师对这些独到的见解加以赞赏和激励，帮助学生悦纳自己，感受自信和成功的喜悦，同时也是对课堂教学的补充和完善。因此，把它记录下来，能为今后的教学提供新的思路。

（五）再教设计

一节课下来，教师要静心沉思：情景的创设是否有效果？教学环节的设计是否合理科学？问题的提出是否能促进学生自主学习？小组合作是否有价值？有没有关注学生的情感、态度、价值观？学生的创新意识、创造才能是否得以激发？及时记下这些得失，并进行必要的归类与取舍，考虑一下下次再教这部分内容时应该如何做，写出"再教设计"。这样可以做到扬长避短、精益求精，把自己的教学水平提高到一个新的境界和高度。

课后反思贵在及时，贵在坚持，贵在执着地追求。以记促思，以思促教，长期积累，必有"集腋成裘，聚沙成塔"的收获。

总之，一次又一次的反思—提高—再反思—再提高，让我感到如果多一点教学反思的灵感，就能在新课程标准的指导下，不断提高自己的教学水平和科研能力，帮助自己不断成长。

让教学方法成为活水

教学方法是我们落实课堂教学目标的重要手段之一，教学方法的合理选择和正确运用是课堂效率的有力保障。对于这个问题，我们的老师几乎都有这样的认识。可是在教学实践中，老师们对教学方法的选择却过于单一和机械。尽管在他们的课时教案中，会写有几种教学方法，但走进大家的课堂，我们却发现充斥着大量的简单讲授和机械性练习，这样其实并不能完成课堂教学目标。造成这种现象的原因，主要还是来自老师们对教学方法存在的问题没有形成真正地了解和理解，或者对教学方法的认识，仅仅依存于原来在教学论的书上学到的简单概念，没有把教学方法的特点以及内涵真正与学生的"完善的智力教育"达成一致，形成应用于实践的践行性思考。如果要改变这种状态，就必须深入解读教学方法，让教学方法真正在教学中得到恰当的应用。苏霍姆林斯基的《给教师的建议》第71条"教学方法问题"的相关论述，有助于我们形成这样的思考，达到用良好的学习方法改进我们教学的目的。

针对教学方法的问题，苏霍姆林斯基首先进行了两种归类：一类是使学生初次感知知识和技能的方法，另一类是使知识得到进一步理解、发展和深化的方法。我想，第一类教学方法，应该就是我们通常所使用的通过教师的讲解、传授、演示活动，让孩子初步感知和了解相关知识的方法，比如谈话法、讲授法、演示法等，这些方法更多的是指向于孩子的记忆，让孩子通过教师的渠道获得信息。而第二类教学方法，应该就是指导孩子在课堂上针对所学习的内容，进行独立的思考、创造性的理解、实践性的应用，比如演讲法、表演法、实验法、作业法等，这些方法主要指向于孩子自己主动地获取知识和应用知识。而对于在哪节课上需要选择什么样的教学方法，以及如何运用这些教学方法，则又需要进行认真的分析和处理。但是，对于教学方法的选择与应用的根本原则，苏翁提出了"教学方法、课的结构以及课的所有的组织因素和教育学因素，都应当与教材的教学目的和教育目的相适应"的建议，提出以"所讲授的知识将在学生的头脑里得到怎样的理解"作为教学方向，这也应该是我们选择和使用教学方法的一个基本原则。

苏霍姆林斯基和他的老师们在低年级和中年级的语法课上，采用的教学方法之一是"解释事实和现象"，原因在于"学生理解语法规则的长期性和渐进性"，这有点类似于我们常说的预习谈话法以及讲授法，指的是"让学生在独立完成练习过程中解释活的语言事实和现象"，通过老师提前精心安排的预习任务（类似于新教育理想课堂的教学设计中的预学单元设置），让孩子通过独立学习和思考，形成自己的理解和体验。使用这样的方法，要求我们的老师必须真正把握课标、吃透教材、了解学生，列出每个学生的学习清单，并且给予学生足够的等待，这一点恰恰是我们的老师平时不太愿意干的活，因为大家总觉得这样的等待会耽误时间，影响教学进度，延误教学任务的完成。其实，这样的过程看起来很慢，但正是这种慢的习惯培养，能让每一个孩子得到方法、思路和信心，也可以让孩子体会有效的脑力劳动带来的成就感，获得前进的动力，开始时是事倍功半，一旦这种优秀的品质培养起来了，就会事半功倍。为匆匆赶进度而采用的办法，看起来进度快了，但夹生饭再回锅，也很难真正让饭熟透，有句话说得好，"欲速则不达"，而从开始就进行的这种习惯培养则是"磨刀不误砍柴工"。

苏霍姆林斯基认为："教学方法要与智育的任务相适应，这一点也决定着课的结构和课的各阶段之间的相互依存关系。"并据此提出了他们制定课的结构的原则：

1. 把学生完成实际作业跟第一次感知知识，对知识的发展、深化、运用紧密地结合起来。这就意味着每一次作业的完成不但指向了本堂课所学习的内容，又与原来的知识形成了联系，还指向于与新的知识的连接和贯通，使学习的过程成为系统的思考和联系的过程。这也就更加准确地让我们的老师熟知孩子在哪个或者哪些点上出现了问题，每一次的学习既是复习巩固又是联通新知，学习就成了系统的过程。

2. 运用知识（通过各种各样的形式）不仅是使知识得到深化和发展最重要的途径，而且也是检查和考核知识最主要的途径。只通过记忆形成的知识，不是孩子真正的知识，只有真正在孩子身上得到内化和熟练应用的，以至于成为孩子自觉的主观意识的知识，才是真正有用的知识，否则，便是死的、没有活力的知识。我国古代科举制造出的一些迂腐的书呆子，现代应试教育制造出来的一些连生活都自理不了的"高才生"，都是这样的典型。"纸上谈兵"酿成的千古悲剧，不应在今天重演。

3. 掌握知识的过程具有长期性和渐进性。知识的学习是一个漫长的过程，也是一个渐进的过程，需要系统的远景规划来支持。所以，我们的老师要掌握这种系统性，并通过选择各种合适的方式方法和策略来逐步深化。在这个学习过程中，多种教学方法的交叉使用会是常态，使用的落脚点都是"把知识的深化跟知识的检查结合起来"。这样，就需要我们根据不同孩子的状况，设定不同的期望值，形成不同的评价标准。此外，对孩子的评价要有长期性眼光和整体性认识。这一点，在整个社会急功近利的大环境下，做起来其实是很难的一件事，需要我们克服多种困难。

这样的一些原则，在新教育理想课堂构建的"三重境界"和"六个度"中已经形成了新的升华：落实有效教学框架，为课堂奠定一个坚实的基础，使目标更精准，策略更合适，管理更有指向性，评估更具科学性。知识、社会生活与师生的深刻共鸣，让"三重对话"下的学习过程得以实现，师生通过"与知识（世界、文本）的对话""与他者（教师、学生、其他读者）的对话""与自己（反思的、历史性的、生长性的）的对话"，呈现出倾听文本与相互倾听、自我反思下的深度对话的学习过程。"整合度"，使系统完整的知识体系建构成为可能；"参与度"，让能动性、主动性与"被动的能动性"形成真正的相互照应；"亲和度"，为孩子的学习创设出和谐的、能够真正激起充分思考的氛围和环境；"自由度"，让我们更加关注孩子的心灵，形成多样化的，因具体的教学情境而调整的教学策略；"延展度"，让我们试图努力构建起课堂外的、面向课堂核心内容处理、核心目标达成的路径；"练习度"，形成知识的可运用性验证与操演，以及由此产生的及时反馈与修正、巩固与提高。这些都是我们在实际的课堂上进行教学活动时选择合适的教学方式方法的依据和原则。

当然，"教学有方，学无定法"。教学方法没有好坏、优劣之分，具体的课堂使用什么样的方法进行教学，需要根据不同的内容、学科特点、学生实际去综合考量，更要根据教师本人的实际来选择，不可机械套用。只要是真正指向于让孩子得到真正的创造性思维，达到知识、能力、思维和思想共同提高的方法，都是适合的方法。

我们要取得怎样的经验学习效果

对于带校长们外出学习，我们的局长全力支持。但是局长每次都会提出这样的问题："出去学习是对的，但更重要的是学习回来怎么办，怎么样才能把学到的东西落实好。"后来，我就梳理了带大家外出学习的情况。说实话，我不太喜欢走马观花式的学习，因为学习不是游山玩水，随便看看，如果仅仅是简单浏览一遍，是无法真正了解一所学校的真正的办学情况的，因为时间短，参观学习的过程只能是蜻蜓点水，学校展现的往往是一些大面上的东西。所以，几次安排外出学习，我们都是全时段，全程设计，全面介入教育教学管理过程，力求通过浸入式学习取得全貌式学习体悟。比如，我在原来的乡镇工作时，为了学习淄博市临淄区金茵小学"晨诵午读暮省"的童心悦读课程，专门组织了部分管理干部和骨干教师提前一天到位，进行一整天的全程学习。为了打造我们的中心幼儿园，我们也是组织了分管主任、园长和所有教师到潍坊市临朐县东城幼儿园参加从早晨入园开始，到下午孩子离园结束的全天段、全流程的学习。当时确实是打开了大家的眼界，使我们的中心幼儿园发展成全县乡镇唯一一所"省级示范幼儿园"。2017年义务教育均衡化验收前夕，为了提高学校管理水平，我们组织了六名学区校长到我县的崇文小学进行为期一周的教育教学管理跟岗。在跟岗结束的交流会上，校长们激情澎湃，信心十足，大有要赤膊上阵干一场的样子。但是，几年下来，尽管环境有了很大的改善，设施条件也更加优越，校长们好像又回到了最初的样子。为了提高大家的积极性，我们也组织了多轮学校管理现场会，但检查过后，日常管理方面仍然起色不大。今年又先后带领大家到济南市长清区实验小学参加本真教育年会，到乐陵市实验小学跟岗一周，带领两个校长到青岛西海岸新区双语小学跟岗，希望进一步推进学校现代治理和课堂教学改革。但是，在与大家的交流中，仍然有部分校长觉得学习落地很难，很多东西学不来。能学得来，可以做的呢，又有种种理由不能马上落地实施。那么，我们到底要从榜样身上学习怎样的经验？我们的学习到底应该取得什么样的效果呢？其实，我们要学习经验，不是要照搬照抄，简单套用，而是要学眼界，学思想，学理念和做事的方法。由于师资、学生、所处地域、环境、社会氛围、社会资源和家长资源，以及其他软硬件条件不同，一所学校所实行的制度、课程、措施和相关文化及改革举措，不可能完全复制于另一所学校。但是，先进学校的成长也不是没有共性的经验可循，先进的办学理念，创新发展的思维，课堂改革的路径，系统而扎实的学校发展规划，都是决定一所学校走向的重要因素。

对于老师们的学习也是如此，我们听过很多名师的课，看过很多优质课的视频，经常惊叹于优秀教师的杰出的课堂调控能力，惊叹于他们挖掘教材的深度，羡慕于他们扎实的基本功，听课看视频时情绪高昂，可是，当把同样的方法施之于我们的课堂的时候，却发现时常有"邯郸学步""东施效颦"的感觉。对于这样的问题，苏霍姆林斯基根据自己的理解和实践，在他的《给教师的建议》第42条"怎样学习别的教师的经验"中给出了具体的分析和建议。

第一，在众多的教师中，怎样选择学习的榜样？

苏翁的经验是"先看看所有低年级教师的学生作业本"。这让我想起很多年来大家一直在谈论的一个事情，那就是在每次组织批阅期中或者期末试卷时，有些班级的试卷是不需要去看试卷上写的班级和姓名的，一看卷面，就可以初步判断出是哪个班的孩子，甚至可以看出是哪个学校的孩子。其实，孩子的作业本里，藏着教他们的老师的样子！一摞字迹清晰、书面整洁、准确率高的作业里，是一个老师工作状态和习惯的外显特征。

第二，向优秀教师学什么？

苏霍姆林斯基强调要"深刻理解教师所做的全部工作""了解他对儿童所施的影响如何"。为了说明这一点，苏翁指出："要把别人的经验学到手——这首先意味着：要理解一件事取决于哪些条件。否则，既不可能理解也不可能学到别人的经验。"也就是说，我们要学习优秀者的经验，重要的是要研究外在呈现的成果背后的本质性的东西，也就是思想内涵。这就要求我们在学习时真正"带着心"去观察，去思考，去探访，要有沉下心来的耐力，要有放空自己的"空瓶心态"，而这恰恰是最难的。有些人给人的第一印象可能是"不过如此"，就像乐陵实验小学路猛校长所说的，他们所做的工作，我们都曾做过，只不过他们比我们多往前走了一两步而已。然而，正是多往前走的这一两步，就是我们没有达到的高度。教育，真的是没有多少惊天动地的大事，更多的是很多看似微不足道的小事。然而，正是这些微不足道的小事，不同的人采取了不同的方式，人与人之间也就因此拉开了距离。所以，我们在学习先进经验的时候，要善于发现其背后的东西，也就是苏霍姆林斯基所说的"到底良好的教学效果取决于什么"，而不是套用名师的教案和思路，重要的是要学到优秀教师浑厚的教育素养、广博的学科视野和对学生心理现象的深度思考。

第三，向优秀经验学习，我们自己要做什么？

有人说：叫醒一个醒着的人容易，叫醒一个睡着的人也容易，难的是叫醒一个故意装睡的人，因为他压根儿就不想醒来。如果我们在学习优秀经验的过程中，没有想要往前走的愿望，没有下定走出舒适区的决心，那么对于一切优秀的东西，我们都可以找到借口和理由来拒绝。即使在嘴上称赞，甚至在内心里也认可，但自身的惰性，也会将之远拒千里之外。所以，苏霍姆林斯基说："提高教育技巧——这首先是要自己进修，付出个人的努力，来提高劳动的素养，首先是提高思想的素养。没有个人的思考，没有对自己的劳动寻根究底的研究精神，那么任何提高教学法的工作都是不可思议的。"所以，要想从优秀的经验中学到我们可以应用的思想和方法，就需要"自我观察""自我分析""自我进修"和"自我教育"，才能最终形成"自己的教育思想"。

要学会管理不越位

有人的地方，就有管理。需要管理的地方，就需要理清管理的思路，学会管理不越位。但是，在我们的学校管理和班级管理中，却常常出现纠缠不清的管理越位情况，导致管理失效，工作推进不力。我原来在乡镇工作时，我们的中心幼儿园园长是一位非常好学的女同志，经常通过关注幼教的公众号进行个人提高，也不断地外出学习先进的经验，讲起幼儿园工作来头头是道，看问题看得很准，理念也比较先进。而且，这位园长非常敬业，经常加班加点工作。可是，我们到这所幼儿园里调研工作时，却发现很多工作处于迟滞状态，园长讲的园里的工作情况，也给人"一锅粥"的感觉。后来，分管幼教工作的副主任去园里蹲点，调研园里的工作状况，发现这位园长非常负责任，凡事亲力亲为，所有事情都不敢放手，两个副园长也乐得清闲，管好自己的班，其他的时间就是玩了。针对这种情况，我跟这位同志沟通，问她的工作安排情况，结果发现，在她眼里，她什么都懂，其他人懂得很少，工作交给别人不放心，只有自己亲自去做才放心。但是，人的精力是有限的，一个人完成幼儿园所有的事情是不可能的。于是乎，她一边忙得要死，一边抱怨别人不干活，很多事情即使她喊破了嗓子，下边人也都无动于衷，或者是简单应付，达不到预期的效果，自然也就把工作搅成了一锅粥。一位业务精干的园长，带出了一群混日子的教师。我当时分析之所以出现这种状态，一是因为她对别人不信任，认为别人都不如自己，别人干什么自己都不放心，这是我们管理者自己出现的问题，因为培养和提高教师的业务能力，促进大家专业成长，是我们作为教育管理者的分内责任。你凡事包办，别人永远不能干，就永远成不了骨干，你就只能永远自己干。二是因为对自己不信任，或者说是一种内心的恐惧，就像原来的师父带徒弟一样，师父总想留点后手，留点绝活，怕教会徒弟饿死师父，怕别人发展好了超过自己，威胁到自己的位置。可是有能力的人总能找到自己的发展途径，靠压制是解决不了问题的，相反，你自己发展的同时，带着大家成长，大多数人还是会有感恩之心的，至少不会与你为敌。你防着别人，压着别人，别人不舒服，你自己也累，人家一旦有机会超过你，记住的恐怕只有你的不是了，这又何苦呢？还有一个原因就是觉得自己是全面手，什么都能干得了，碰上不听招呼的下属，能用也不用，凉着他，自己干。短时间内采取这样的措施，让大家明白地球离了谁都能转，给个警醒是可以的，但是不能长期坚持，否则就从普通矛盾转为长期矛盾，不利于长期工作推进，是不可取的。经过我们的多次疏导交流，那位园长终于慢慢放开手，试着让别人分担一些工作，幼儿园从此逐步走向正轨，在之后不长的时间内，在园幼儿从不足一百，发展到近三百人的规模，成为我县唯一一所乡镇承办的省级示范园，多次代表我县学前教育迎接各级参观和检查。

来到现在的乡镇，我也遇到了这样的情况。一所规模较大的小学的校长，是一位心思缜密、工作严谨、执行力很强的同志，在没有进行义务教育均衡化验收之前，管理的是一所只有中高年级二百余名学生的学校，由于他的认真、执行力强，一直是管理规范、威信很高。均衡化验收后，学校规模迅速扩大，这位校长虽然进行了工作分工，把一些日常管理、物品购置之类的事情交给了分管各项工作的班子成员，但是，基本的决策，仍然是亲力亲为，亲自上手。也就是说，在管理上，校长只给了班子成员权力，而没有真正交付责任，没有真正形成责权的统一。班子成员们依然按照原来的模式工作，只做好自己认为该做的事，其他的事都是校长的。结果，后来我到学校去，就发现很多事情不规范，比如说校长不在的时候，校园里的垃圾桶飘出了纸片和塑料袋，大家对此视而不见；班级文化评比结束后，班级里乱糟糟的现象没人管；课间孩子们顺着楼梯护栏溜下来的危险动作，没人发现和制止。也就是说，对于这所学校来说，只有校长一个人在主动地工作，而其他人则是事不关己，高高挂起。后来，我几次与这位校长座谈交流，他暴露出来的都是对其他干部教师的不信任，一是担心干不好、干不到位，二是觉得有些人不愿意干，不想担责。其实，认真想想，谁不愿意成为被别人尊重的人？大家都想发挥自己的才能，没有一个人不想好好发展，只不过我们总是不信任别人，或者一有问题就指责他，没有给他好好准备和表现的机会，没有在他出现失误的时候提供必要的理解和帮助，结果就没人敢主动承担责任了。有时候在别人出现失误时，直接把他扒拉到一边，自己冲上去了。当然在特别紧急的情况下，这样做是必须的。但是，很多时候并不是非要我们替代所有人冲上去。这样的情况，反映出来的就是帕尔默在他的《教学勇气》中所说的"恐惧"的产生，我们因为担心被管理者不能胜任，担心被管理者消极怠工，担心被管理者"恃功而骄"而不敢放手。被管理者担心自己不能胜任，担心出错担责，担心领导猜疑，担心"功高震主"被边缘化，与其费力不讨好，干脆一切都上交！这样习惯了，大家当然就认为能者多劳，既然您校长有本事，又不放心我们干，就自己干吧！说实话，我们的校长还是优秀的，经过几次沟通，学校的管理逐步走上规范道路，各部门的责任意识虽然还不能达到理想的状态，但已经开始发生了明显的转变。

学校管理是这样，班级管理也是这样。我们经常会发现，一个好的班级背后，往往会有一个好的班主任和一群志同道合的任课教师。很多老师善于在低年级时就在班级里实行一种自主的管理模式，在老师的引领下，每一个孩子都成为具有主人翁意识的集体的维护者，形成了良好的班级管理文化，而这种文化已经内化于每个孩子心中了。如果我们进入这样的班级，就会发现每一个孩子都是一个汇聚于班级能量场中的小能量场，班里的每一个角落，每一项事务，都有人在主动地管理。在这样的班级里，我们是看不到脏乱差的现象的。比如说，我们到乐陵市实验小学参观，在校园里没有一个垃圾桶，却看不到垃圾，这就是每个人都成为能动的管理者的最好诠释。但是，在很多的学校和班级里，我们却常常发现，即使是保持环境整洁这样的小事情，也会成为管理者头疼的问题。一次我们到一所小学随机进行查看，进入教室，看到"班级文化评比一等奖"的锦旗赫然悬挂，但教室内却是纸片乱飞，垃圾遍地。问孩子们谁是值日生，才知道打扫卫生是老师每天干的活，值日生不管打扫卫生，只管擦黑板！

从教二十五六年，这我还是第一次听说！跟老师交流，他给出的依然是那样的理由：怕孩子打扫得慢，怕孩子打扫不干净，与其干不好，不如老师自己干省心！完全是包办代替！这就养成了孩子手不能提、肩不能挑的习惯。可是，老师这么做，谁来为孩子的将来负责！我跟学校校长和班级老师进行了深入沟通，大家也意识到这样的做法不好，承诺马上整改。后来再去时，尽管还不理想，但看得出他们已经在着手改变。跟对孩子的管理一样，我们也需要耐心等待。

对于这样的问题，曾仕强教授在他的《中国式管理》一书中称之为"上侵下职"，即"上司把部属的事情抢着办了，反过来指责部属偷懒、不负责"，并指出了处理的原则："凡是部属能够办理的事情，上司不可以处理，应该放手让部属去做。因为上司的职责，在于处理部属所不能做的事。甚至部属不会做，上司也要以教导、辅助的心情，帮助部属学会、做好。部属会做而不敢做、不肯做、不多做，上司更应该找出原因，加以矫正、改善，使部属会做、肯做、多做。"而李希贵老师讲的"谁的猴子"的问题，也是对管理者因越位管理，导致"上面忙得团团转，下面乐得抄手看"的现象的形象写照。而对于如何做好管理的工作，我们的老祖宗也曾有过充满智慧的论述，比如老子在《道德经》中说："太上，不知有之。其次，亲而誉之。其次，畏之。其次，侮之。"意思就是说，真正高明的管理者，大家可能并不知道他；低一个等次的管理者呢，大家都很尊敬他，愿意亲近他，对他交口称赞；再低一个等次的管理者，大家都很怕他，离得远远的，生怕得罪他；最低层次的管理者，大家都从心里蔑视他，对他所做的一切都嗤之以鼻。所以，最好的管理，是思想的引领，是方式方法的引导，而不是越俎代庖，一切由自己来做。这样的管理，才能够让大家各司其职，动脑思考，形成解决问题的集体力量，达到"功成事遂，百姓皆谓我自然"的理想效果，否则，只能是一团乱麻，裹缠不清。

其实，对标我们的教学也是这样一种道理。在很多课堂上，老师总是站在自己的角度看问题，站在完成自己的教学任务的角度处理问题，所以只有把自己会的东西全教给学生，才觉得心安理得。在课堂教学过程中，不给孩子足够的思考时间，在任务驱动下，一路急赶。一旦发现孩子出现"卡壳"现象，老师就迫不及待地亲自上场，把答案抛给孩子。这里，也是帕尔默所说的"恐惧"在作怪，为了能够按时完成教学任务，老师产生了焦虑下的"恐惧"，总是惧怕孩子咬不动、嚼不烂，干脆自己掰开了、揉碎了、嚼烂了喂给学生，结果成了没滋没味的、让人无法下咽的"别人嚼过的馍"。孩子呢，在老师制造的紧张气氛下，极易忙中出错，课堂上不敢说话，害怕出现过错，哪敢随便越雷池一步，静下心来思考啊！于是，老师代替孩子思考、老师代替孩子说话、老师牵着孩子的鼻子走就成为常态。从管理上来说，这也是一种包办行为下的学习异化状态。要解决这样的问题，就要把学习的权利还给孩子，给孩子提供"建筑大楼的材料"而不是"现成的建筑"，让他们独立学习、独立思考，孩子能自己解决的问题、通过合作能解决的问题，通过老师的引导、点拨能解决的问题，老师就不要去讲。只有那些在独立学习、合作交流、点拨引导之后还解决不了的问题，才是我们要下大气力亲自上手解决的问题，这也就是韩愈先生《师说》中所指说的"传道授业解惑"的任务。

没有自我的觉醒，就没有主观自觉的行动。管理是一种有规律的活动，需要处理好角色定位的问题。管理者不越位，不"上侵下职"，被管理者才能自主学习、自我磨炼，才能承担起应担的责任，形成和谐的管理氛围，产生管理效应。

对"双减"，我们要做什么

新学期开始，全镇校长办公会强调，必须全面落实规范办学要求，严格执行"双减"政策，这引起了校长们的恐慌。部分校长认为，在现有的考试评价制度下，全面落实规范办学要求，坚决执行"双减"任务，势必会改变学校原有的教育教学安排，不利于学校的稳定，其根据就是，尽管规范办学要求了很多年，但在高考一考定输赢的大形势下，学校在面对来自教育主管部门、社会和家长等各方的现实压力下，在各级政府大多以考试分数为主要依据衡量学校办学水平的情况下，即使省内的名校也会压缩甚至非考试科目的学习时间，否则极有可能因考试学科的学习时间少，而在全县教学质量排名中落后。

说实话，这样的担忧，我也并不是没有。自 2008 年以来，由于各方面原因，我镇小学长期没有寄宿生，跟其他兄弟乡镇相比，刨除晚自习后到早晨起床的休息时间外，我镇的中高年级学生在校学习时间大约比其他兄弟学校少了 40% 到 50%，这也是我镇在全县统考中成绩排名长期低迷的重要原因。但是，从对学生的追踪情况来看，我镇毕业生升入初中和高中后，身体素质远远高于全县平均水平，而且学习后劲足，进步势头强劲，丝毫不差于甚至高于很多寄宿制学校出来的孩子。但是，由于评价是分段计算，小学段在校时间的明显弱势，成为压在我镇小学老师肩上的沉重的担子。尽管我们近几年来通过改变教师教育观念，推行课堂教学改革转型，推动以活动为载体、以生活化教育为主方向的乡土文化课程体系构建实践的研究，改变了师生生命成长的状态，逐步走出低谷，但学习时间上的劣势还是让大家追得很辛苦。所以，面对得来不易的成绩，面对我们必须不折不扣地执行规范办学的要求，面对由于城区学校招考导致我们的骨干教师流失的压力，面对连那些城区名校都在观望的态度，面对城区学校都在无限拉长在校时间和缩减甚至取消非考试科目授课时间以换取考试成绩排名的现实，我们的校长和老师们还是陷入了忐忑之中。

说实话，"全面落实国家课程计划""规范学校办学行为"这样的口号，确实是喊了很多年，但上有政策，下有对策也是一直长期存在的现实。但是，作为教育者，必须要承担立德树人的根本任务，必须把培养全面发展的人作为自己的终极使命，也就必须要遵循教育教学规律来开展自己的教育教学活动。而全面落实国家课程计划，彻底规范学校办学行为，就成为避不开的问题。而且，尽管高考要选拔，就业要选拔，但是高考的方向已经发生了巨大的变化，高考的评测方向越来越趋向于综合性、开放性，我们的基础教育如果仍然停留在靠密集型的知识传授与考察的层面，很难让孩子形成自主学习能力和持续学习能力，即使是我们一向重视的高考成绩，也必将无法保证。"逢进必考"的用人方式，也越来越重视真实能力的考察和人文情感的考量，而不是单纯依靠笔试完成。我们的基础教育承担的是培养二十年后的建设者和接班人的任务，如果我们只满足于学生考出好分数，而不为孩子 20 年后成为一个完整的人去奠基，我们的孩子将为此付出极为沉重的代价。

当然，我们并不能回避分数，毕竟这是现在唯一可以量化的指标，也是孩子必须要用以敲开大学之门的唯一工具。问题是分数从哪里来，成绩如何获得，是靠大量、机械、重复的训练得来，还是靠在充分理解课程标准、教学内容和学生真实学习状况的情况下，为孩子创设一种能够自主参与的学习过程中得来？答案无疑是后者。在这个过程中，孩子学会了发现、思考、交流，进而对新鲜事物产生持久的兴趣，能力和素养得到提升。这一点，是达成规范办学的重要因素。

鱼与渔，取与舍

——一节一年级数学课带来的思考

我们老师常常挂在嘴边的一句话是"授之以鱼，不如授之以渔"。对于其中的道理和意义，大家都清楚，但在实际的教育教学过程中却往往出现"两张皮"现象。我无意间听到的一节一年级数学课，就出现了类似的问题。

周四下午第一节课，我到白麟小学准备找校长座谈。二楼校长室内周校长的手机在办公桌上，人却不在，估计是去听课了。我走出校长室准备转转，了解下学校的情况，走到一楼和二楼之间，听到了上课的声音，从二楼下楼梯恰好能看见一楼教室部分学生上课的情况。

我这个人一贯不爱听推门课，因为这样的突击造访会打乱正常的教学思路，造成老师的紧张，引起老师的反感，老师们往往采取抗拒或者消极应付的态度，不利于真实展现师生的状态，效果大多不理想。如果要听常态课，我倒是更愿意在室外走廊听，一是没有外人在场，课堂自然进行，可以听到原生态的课；二是如果有什么急需处理的问题，可以随时终止听课。而且，一节课上教学过程是否有效，并非在室内完全听下来才可以判断，随机的听课，主要的目的就是通过观察课堂上师生原生态的活动，来判断教学过程的效果。而不期而遇的这个观察角度恰恰满足了我随机听课的要求，既可以看到上课的情况，还避免引起教室里师生的注意，更便于进行课堂教学效果的判断。从观课的情况来看，也确实达到了目的。

这是一节一年级数学课，授课的是一位 40 多岁的女教师，授课内容是：10以内的加减法。我走到楼梯口时，看到黑板的左侧已经写了满满的两排十几道加减法计算题，老师正在用多媒体演示："树上有 7 个桃子，小猴子摘走了 5 个，树上还剩几个桃子？这个题该怎么做？"有些孩子喊道："两个！"老师指着黑板左边的算式里边的"7-5=　"说："对！7-5=2。记住，只要是问'还剩几个、还有几个'就用减法，记住了吗？"孩子们拉着长音齐答："记——住——啦！"接下来的过程就是类似这样的问题和这样的回答。几轮下来，老师让孩子做课本上的练习题，然后我听到不断的训斥声和手指敲桌子的声音："让你做的是这个题吗？我讲的时候你听什么去了？"由于我站在二楼的楼梯口，老师和孩子都不往这边看，谁都没注意到我的存在，课堂呈现了真实的状态。

我从教27年，从来没有教过数学，但对数学的教学，我还是有一点体会的，我觉得至少在数学教学上，我们要培养学生对数学学习的兴趣，形成数学探究的思路和方法，学习用数学思维去解决问题，而不是让学生记住诸如"还有、还剩"和"一共、总计"之类的抽象的词语，然后去套用是减法还是加法的问题。也就是说，小学数学教学也必须要考虑是给孩子死板的"鱼"还是灵活的"渔"的问题，数学老师、数学课堂要舍弃的是把原理、定义之类的死的知识"喂"给学生的教学行为，要取得的是在老师创设的情境下，孩子自主进入情景，自己设计问题，自主解决问题，形成数学语言和逻辑的路径。也就是有些数学老师提出的数学要解决孩子的"数感"的问题。很多时候，我们的老师总是抱着非常"负责任"的态度，总想把要让孩子学会的知识全盘地托给学生，非常勤奋地把知识掰开了、揉碎了、嚼烂了，撬开孩子的嘴塞进去。其出发点是要完成自己的教学任务，求得一个心理上的安慰，却往往因孩子没兴趣学习、不消化知识、不能举一反三而恼羞成怒，指责孩子学习不努力，对不起老师和家长，却没有意识到正是自己的这种"无微不至"的填塞，才导致了孩子的厌学。这也正是很多老师课堂教学低效，而不得不陷入"课上不足，课后来补"的老师累、孩子苦的怪圈。

孩子都是充满好奇心和求知欲的，但这种好奇心和求知欲需要我们学校和老师采用科学的方法去保护和激发。为孩子创设充满挑战的、富于情趣的课堂，让孩子去发现、去探索、去行动、去实践，是所有学科的共同目的，作为培养孩子逻辑思维能力的数学等理科教学更是具有不可替代的作用。所以，我们必须牢记"授之以鱼，不如授之以渔"这条教育箴言，并且身体力行去落实，才能培养出完整的、真正的人。

认识好"鱼与渔"的问题，解决好"取与舍"的问题，这是每一个教育者都要高度重视的课题。

我们要去课堂里听什么

听课，是校长和老师必须完成的工作，除了听本校的课，也需要外出听公开课、观摩课、交流课、研讨课。此外，我们还要听名师的课。有时候我们也会有随堂的听课。对于随堂听课，我喜欢在教室外面的走廊里听，因为这样听到课更原生态，但是，这样的听课也有一个不好的效果，就是不能及时捕捉学生的学习状态，所以只能在平时了解老师课堂的状态时使用。听完课大多会进行课后的交流，由执教者说一说课堂设计的思路，谈一谈课中状况的反思，听课者谈一谈听课的感受和建议。听完课后，参加说课评课环节，总给我一种怪怪的感觉，说课者大多是站在自己的角度来阐释自己的课堂设计思路，始终聚焦于"教"的核心，很少涉及"学"的思考，尽管说得头头是道，我总是觉得缺少了些什么。评课的过程总是充满溢美之词，即使是我们看上去一节并不成功的课，大家碍于面子也是赞美的多，提意见的少，有针对性的意见更是屈指可数。听课的过程，既是学习的过程，又是通过课堂观察和诊断，形成对课堂有效性进行分析借鉴的过程，需要授课者与听课者形成真正的倾听与交流。现实情况是，我们到底要到课堂里去听什么，该从哪些角度去评价，这一直是困扰着大家的听课评课过程的关键问题。

最近，读到苏霍姆林斯基的《给教师的建议》第89条"怎样听课和分析课"，让我对听课评课的问题有了一种豁然开朗的感觉，我也对自己原来的读书方式进行了深度反思。这本书是原来我任学区校长时局长安排读过的，当年还写了厚厚的摘录笔记，但是对我的工作没有产生实际的指导效果。可见，读与读产生的效果是不一样的。跟学生一样，当我们以完成任务、应对检查的心态对待学习的时候，是不可能取得深度感悟的。现在我通过进入新网师后的学习经历，让所学的内容通过实践进行检验，从榜样身上看到力量，再读就读出了感觉，读出了思路。苏翁在对听课和分析课的解读中，首先分析了课的功能和教师在课上的作用，指出："课是学生的智力生活的这样一个主要的领域，在这个领域里，进行着生活经验丰富的教师和刚刚迈出生活的初步的学生之间的精神交往。"而在这种精神交往中，"知识的教育作用在很大程度上取决于，知识究竟跟教师个人的精神世界（他的信念、他的生活的整个的道德方向性和智力方向性、他对自己教育的对象即年轻一代的未来的观点）是否紧密地融合为一体"。因此，"教师的个人榜样在课堂上是非常重要的"。基于以上的考量，我们听课应该指向于"教师集体和学生集体生活的智力丰富性、教师的教学技巧、学生的需要和兴趣的多方面性"的观察和分析。但是，我们在听课评课的实践中，往往会发现，大家大多关注于"教师集体生活的丰富性"和"教师的教学法技巧"，而忽视对"学生集体生活的智力丰富性""学生的需要和兴趣的多方面性"的观察与分析，结果就出现了评课当中对教师的教态、语言流畅程度、对课堂的流程的把控、对教学内容的熟悉程度，以及习题的设计效果的过度关注，大家主要聚焦于教师的教，而不是学生的学。这样的角度，往往只把学生当作单纯的接收者，而不是活生生的、具有学习能动性的、独立的生命个体，形成的当然就不是真正倾听与对话的有效课堂。

苏霍姆林斯基根据听课的对象、时间和角度，提出了几个方面的观察和分析建议：

（一）听谁的课，何时去听，听多少课

说实话，作为学校管理者和老师，很多时候并没有认真思考过这个问题，听课有些时候相对随意，内容的选择、听课对象的选择，往往没有相对准确的计划安排。很多时候的听课主要就是为了完成听课任务，目的性、指向性处于模糊状态，自然针对性就差，思考不到位，分析不具体，研究性、指导性建议就提不出来。

该怎样来选择听课呢？苏霍姆林斯基指出，作为校长，为了了解每一位老师的工作情况，要"经常地、按一定的制度去听课和分析课"，也就是说，我们的听课要提前制订相对严格的计划，这样，一方面我们自己形成了听课的习惯，另一方面被听课的老师不至于临时上阵、手忙脚乱。在这样的情况下，听课者和授课者都在有准备的情况下进行沟通和互动，更容易产生思维的碰撞和提升。

对于要听谁的课，苏霍姆林斯基认为，校长一定要听所有教师的课，不仅要听年轻教师的课，也要听老教师的课，因为"教师的成长取决于他的教育学知识的质变和深化"。在教育教学管理实践中，我们往往只注重去听少数骨干教师和新教师的课，而忽视一些老教师的课，一方面是觉得他们的课相对成形，另一方面考虑有些老师教了几十年的课，不容易改变，如果不评析，达不到听课的目的，认真评析了，又可能引起矛盾。其实，作为教师，都想展现自己光鲜的一面，如果我们真正让听课成为一种常规性的制度，老师们可能就会认真去准备，而为了准备课，会努力去寻找资源和帮助，或许就改变了他原来的一些固化的东西。即使少数的教师，依然我行我素地授课，但经常听别人的课，时间久了他也不可能完全无动于衷。所以，有计划、按制度地听课，是我们及时了解教师状况，提升教学水平的一种重要途径。

关于听课的时间，我们往往选择在刚开学和期中检测前后，而到了学期接近结束时，一般就很少安排专门的听课。对于这样的一种安排，苏翁认为是不科学、不恰当的，因为"正是在教学结束的时候，在上课的最后几天，听课和评课能够提供许多东西，不仅有助于对知识质量作出有价值的概括，而且能够看出教师是否善于制订进一步改进自己工作的计划"。也就是说我们要重视复习课的听课和分析。细细思量，事实也确实如此，我们在实践中经常发现，有些老师特别善于通过复习指导孩子的系统化学习过程，通过指导孩子对所学概念原理的深度理解和内化运用取得不错的成绩。而有些老师在复习的过程中劳心费力，通过大量的刷题让自己和孩子都不堪重负，最后却呈现出了与他们付出的辛劳不成正比的结果。所以，真形成一以贯之的经常性的、制度化的听课和分析思路，才能了解教师教学的全貌，找出课堂教学改进的路子。

在听课内容的选择上，苏霍姆林斯基认为，除了听常规的、按照教学进度开展的不同的授课者和内容的课以外，还要进行专题性听课，集中地听一系列的课（即一个课题、一个章节的好几节课），也就是针对专门内容的听课，连续跟听一个教师关于某一个专题的几节课，以及执教同一类内容的几位教师的课，形成纵向和横向的比较，观察老师们整体系统地处理问题的全角度、全视域的教学过程，以考量老师是否在引导孩子学会分析"教育现象的实质及其因果关系"，形成知识点间的深度连接。

（二）教师的课有没有明确的目的，目的是否达到？

这里就涉及对教师的课堂教学有效性的考量，到底是热闹的、低效的课堂，还是沉闷的、低效的课堂，还是充满思维碰撞的指向于学习成长的形成了真正的倾听和交流的有效的课堂。这就需要运用新教育理想课堂关于教学目标和教学评估的几个原则，去观察、对照听课过程中的目标情况和实现过程，也就是要看授课老师是不是基于对教材的理解以及单元的要求，进行了可描述可操作的目标设置，是不是用目标落实了课程标准的要求，是不是基于学生真实学情对每个学生的教学目标进行针对性的设计；在设计与表述的过程中，目标是否简洁、凝练、指向性强，对教学核心内容的把握是否精准，是否构成了三维目标的层次性和整合系统性；对于目标的达成度，则需要在课堂上观察每一个孩子的学习行为是否及时得到了老师的有效反馈与回应，学生是否"带着自己"进行学习以及是否得到了老师的及时关注与指导；在孩子的课堂作业中，所训练的内容是否与核心目标形成了真正的映照，是否解决了孩子的前置概念与新的学习内容的冲突与矛盾。

苏翁提出这样的观点，基于原来他在听课中发现的"无脑的课堂"的现象，老师的教学不是围绕核心的内容，不是针对孩子真正的学习状况去突破目标，而是仅仅注重于形式上的好看和热闹，把孩子的注意力引向了核心内容以外，而不是关注于内容本身。比如说，苏翁就举到了我们在很多语文老师的课堂上见到的授课形式，即让一个孩子读课文，另外的孩子来找错误，这是很多老师都自以为效果很好的方式，但通过苏翁的分析，我们可以想到，如果学生们的注意力脱离了对教材内容本身的感知，而是关注阅读的失误，那这就是本末倒置。有些老师的课堂上为什么会死气沉沉，我想与这种方法有直接关系。所以说，苏翁当年在苏联遇到的问题，在我们现今的课堂教学中依然存在。要改变这样的没有明确目标的"盲人摸象"式的课堂，就要真正做到以目标为指导，通过听课和分析，让老师们明白，必须要保障每一个儿童有独立的学习与思考的过程，必须围绕核心内容制订学习目标。在这样的过程中，需要观察和分析老师是否"仔细地观察每一个学生是怎样学习的"，是否"教给学生独立工作"，以达到"毫无例外地让每一个学生都从事独立的脑力劳动"的效果。

（三）如何检查学生的知识

对于检查学生知识的环节，就像苏翁所说的一样，我们的很多老师是把它放在上课的开始，作为"复习巩固"的环节来设计的。这种形式也不能说就有问题，关键是这样的检查到底是不是具有明确的目的性，以及实际实施的效果是不是真正达到了预期。实际上，从课堂情况来看，很多老师其实是把这个环节视为必要环节，一般是把上节课的内容让孩子背一背，练一练，有的就直接找几个孩子回答一下，有的老师是分层次提问几个孩子，有的干脆就集体回答，这样做基本上是无法真正判断清楚学生们是否掌握了学习要点的。要想帮助授课者解决这类的问题，就必须看一看课堂上是否实现了"学生的脑力劳动个体化""在检查和评定知识时，学生的知识是否得到了发展和深化"。

（四）是否教给儿童学习

苏霍姆林斯基认为："儿童在课堂上获得的智力发展，具有下列两个方面或两个组成部分：1.关于自然界、社会、人们的精神生活的知识；2.在教师指导下能独立地掌握这些知识的能力。学生的学习成绩、知识眼界、对书籍和科学的热爱，都取决于智力发展的这两个方面的统一与和谐。"反观我们很多老师的课堂，往往是讲得过多，统得过死，老师总是站在自己的角度，唯恐孩子弄不懂、学不会，急于让孩子迅速接收信息，然后进入相应的训练过程。在这样的课堂控制下，孩子来不及对学习的内容进行充分的独立思考，没有消化吸收的过程，知识成为囫囵半片的东西，吞不下，化不了，如鲠在喉。

对于解决这样的问题，苏霍姆林斯基提出：一是要关注孩子阅读的能力，"不仅研究每一个学生的学习内容,还要研究他的学习分量";二是要启发孩子思考,要研究"学生解决了哪些思维的任务";三是要考量是否在课堂上进行了针对性的自我监督、自我检查;四是是否充分利用周围现实资源,提高孩子的分析、综合、抽象和概括的逻辑能力,发展孩子的语言能力。让孩子在课堂上学会独立思考,学会自主学习,形成自主思维。

（五）学生在学习新教材的过程中的脑力劳动

这里的内容,应该就是新教育理想课堂关于前置概念与学习新知的碰撞,苏翁将之概括为"保证反馈联系的问题"。这就要求我们的老师充分了解孩子真实的学习状况,视每一个孩子为"活生生的人"。这就要求我们在听课中,要关注到教师的课堂组织过程是不是真正基于孩子的真实基础,是不是指向于将孩子引向前置概念与新知的碰撞,产生出疑问和探究兴趣,是不是让问题的探究成为每一个孩子独立思考、研究,独立克服困难,体验成功快乐的过程。

（六）知识是否得到深化和发展

苏霍姆林斯基认为, "只有在以后的思维活动中得到运用的知识,可以借助他们作为掌握新知识的工具和手段的知识,才能变成牢固的、扎实的知识。"这就要求我们的课堂,必须通过孩子的不断的应用和验证,真正形成内化于心的活的知识,才会有真正的学习成长发生。对知识的学习和掌握如果仅仅通过简单机械的识记和记忆,即使达到了可以背诵的程度,也不见得就会真正成为孩子自己的知识。所以,在听课和分析的过程中,我们要深入观察和分析"以前获得的知识是否被用来获取新的知识",形成新旧知识之间的有机连接,使知识的学习成为系统的、概括的过程。也就是说,孩子的学习是否是通过前后的有机联系,不断运用和验证知识的过程。

（七）是否让全体学生都掌握了牢固的知识

苏翁指出:"课的效果、教师的工作成绩,并不在于教师喊到的个别学生作出最好的回答,而在于全体学生都掌握了良好的知识。"也就是说,我们在听课时,必须关注老师的课堂是不是真正面向全体学生,形成共性化教学与个性化关注指导相结合的课堂,是不是针对每一个学生的学习情况,制订了有针对性的个体学习清单，并进行了积极的指导支持，也就是苏翁所指出的"让全体学生毫无例外地在独立作业上取得成绩"。

（八）教师怎样布置家庭作业

对于作业的布置，苏霍姆林斯基提出，"不要把课外作业当成课内作业的量的追加""课外作业应当是知识的发展和深化，是学习能力的改善，是掌握课堂知识的准备，应当让学生在课外去观察自然界的事物和劳动现象，发展个人的爱好和需要，满足和发展个人的多方面的智力需要"。苏翁还提出，要通过课内引导孩子对学习内容进行分析、思考，指导孩子"把对理论规律性的思考跟完成实际性作业结合起来"，由课内的学习，指向课外探究。要让分析、研究、比较等"积极的脑力劳动形式"贯穿于家庭作业中。

在我们听课的过程中，已经发现有些老师有这样的作业设计，注重通过课内的指导引向课外训练，但也有相当部分教师仍停留在简单的没有形成梯度的习题，或者重复机械的背记抄写作业的初级阶段。让孩子的家庭作业指向巩固、提升知识，形成新的脑力劳动的思考，并重视作业的分层设计，这是我们在听课过程中对作业布置要求的重要评价标准。

（九）在分析课的过程中进行概括

这就要求我们在听课过程中，要观察分析授课老师是否启动了孩子的真正的对话交流，让孩子在碰撞中形成概括性的知识框架。

听课，是我们对教学情况进行了解和诊断的重要手段之一，也是相互借鉴，总结经验教训，形成集体教学智慧的过程。有计划地、有针对性地、科学地、多维度地进行听课，应该成为学校教学工作的常态。

名师名校长是如何成长起来的

—— 名校长线下培训暨全县中小学校长全员培训的再思考

2021 年 4 月 18 日—22 日，我们组织了山东省第三期齐鲁名校长培养工程人选线下培训暨中期考核，以及全县教体系统中小学校长全员培训。4 月 19 日，与会专家、校长对我镇中心小学的乡土课程体系构建实践路径研究情况和学校发展情况进行了整体考察和指导。4 月 20 日—21 日上午，我们先后聆听了刘德增、李升勇、杨世臣、贾嵘、范勇五位专家、校长关于传统文化、学校文化建设、课程建设、学校管理等方面的专题报告。4 月 24 日，县教体局又邀请了徐军民校长作了学校管理方面的讲座。六位专家、校长从不同的角度给予了我们如何做教育、如何做人、如何办学、如何管理方面的指导，展示了他们倾情教育、深度研究的实践成果，也展现了他们独到的教育管理智慧，对于我们为学、为人、管理育人有着充分的启迪意义。

但是，对于名师名校长的成长过程，以及所付出的艰辛，大家是看不见的，因为从日常表现看，这些名师名校长与身边的其他校长老师没有什么不同，这不免让很多校长和老师怀疑：名师名校长是不是就是靠吹、靠捧、靠宣传包装出来的？于是，便有了很多名师名校长不被周边认可，"墙内开花墙外香"的现象。就比如说我的导师——乐陵市实验小学教育集团总校长李升勇，他用自己的实践打造出了乐陵市实验小学等多所全国名校，乐陵市实验小学走出了 30 多名教育专家型的校长教师。但是，如果不是机缘巧合，李校长做了我的研修实践导师，我对于他的了解大概就只停留在他的几千学生走路队的事迹吧！直到后来，我才知道他也是第二期齐鲁名校长——菏泽市郓城县黄冈中心小学校长杨其山的导师，而杨其山的田园文化课程多次被《中国教育报》《人民教育》

等国家级教育媒体报道，他是我们第三期齐鲁名校长培养工程人选开班时的典型案例解说者。除了杨其山校长，教育部"国培计划"全国领航校长范勇校长，也跟我们师出同门，李升勇校长也是他的实践导师。再后来，我两次进入乐陵市实验小学，才发现乐陵市实验小学已经形成了真正的学校文化，这种文化不仅仅展现在学校的外显文化里，更是深深扎根于每个乐陵实小人的心里！用李升勇校长的话来说就是，他们的学校没有特色，但是把他们所做的每一项内容单独拿出来，都是可以成为特色的！在乐陵市实验小学，处处育人、时时育人、事事育人真的是落实到了实处！谁能让学校在没有垃圾桶的情况下却没有我们常见的垃圾？谁能在没有常规卫生工具的情况下却让每一处角落时刻都保持整洁如新？谁能让"走直线，拐直角"成为孩子每天自然的行为？乐陵市实验小学能！乐陵市实验小学教育集团的大教育、大概念教学、德育一体化、家校合作共同体建设、学科融合建设等各方面的教育管理内容，吸引了全国各地学校的校长和老师反复到此来学习。我们去过的两次，就都遇到了来自省内外的参观学习者，其中不乏来自江苏、浙江等教育发展先进地区的学校的校长和老师。

正如冰心先生的《繁星·春水》中所说："成功的花，人们只惊羡她现时的明艳！然而当初她的芽儿，浸透了奋斗的泪泉，洒遍了牺牲的血雨。"名师名校长，确实与你身边的老师并没有本质的区别，只不过一些特定的因素使这些人走出了自己，走向了成长。套用乐陵市实验小学教育集团副校长路猛的话来说就是："我们做的工作，大家应该都做过，甚至就某项工作来说，大家可能比我们做得都好。只是大家做完就完了，而我们仅仅是比大家多走了一两步而已。"正是多走的这一两步，决定了成长的方向和高度。就如我们县一位校长所说的："其实把我们学校教育的日常进行梳理，本来都是可以写出具有自己特色的东西的，关键是能不能坚持下来，之所以出现差距就是绝大多数人放弃了坚持。"那么，名师名校长到底是怎么成长起来的呢？我们从几位专家校长的经历和讲座中可以看出一些端倪。

第一，名师名校长的成长，是用自己的脚走出来的。这句话听起来像一句废话，谁的路不是用脚走出来的？之所以这样来描述，是因为每一位名师和名校长都有着对教育事业的思考和追求,不甘于按部就班的教育日常,而是始终保持着一种教育的问题意识,始终践行着教育的理念,并形成自己的思考,形成了自己的话语体系。聆听各位专家、校长的报告,我们就可以感受到,名师名校长们是有着丰富的教育教学和学校管理实践经验的,他们始终关注于教育问题的思考和教育理念的提升。他们正是始终站在教育教学和学校管理的第一线,并且扎扎实实地沿着教育发展的方向一路前行,才走出了各具色彩的名师名校长之路。

第二,名师名校长的成长,是逼出来的。为什么这么说呢?这源于对名师名校长的培养过程的思考。凡是能成长为名师名校长的人,是在工作中不挑肥拣瘦的人,也是在入职工作时就被压上担子的人,很多别人怕麻烦不想干、不愿干的活,往往就成为这些人不可推卸、不能推卸、不好意思推卸的任务。而这样的活往往不好干,充满困难和挑战,需要比别人多付出一些努力,逼着自己只能迎难而上,不断突破,就这样他们被逼着成长。进入名师名校长培养工程后,又是一通紧逼,一年要读多少本书,要写多少教育随笔、读书体会,要做什么规格的课题,有时还要承担其他任务,这些都是要实打实进行考核的!所以,每次个人规划、学校规划、课题规划、课题开题、课题和研训考核,导师们都是拿着放大镜找问题的。记得课题开题时,有的校长被导师步步追问,浑身直冒汗,甚至有的课题在被导师们点评后推倒重来。我的研修课题当时就被直接毙掉了,我又重新进行了选题方向的确立和规划,而且中间反复修改七八次,才审定过关。在名师名校长培养中,研修和研究的过程是来不得半点应付的,像课题研究,必须是严格按照研究方案一步一个脚印地进行。我们的乡土课程体系构建实践,虽然经过反复查找资料,反复完善方案,不断地实践研究和分析,不断地改进推进过程,仍然不能让我们满意。在课题研究的过程中,我的导师李升勇校长亲自到学校进行实地调研和指导,推荐我们请山东省基础教育研究中心主任徐洁教授进行指导,推荐我们到首期齐鲁名校长曹瑞敏任职的烟台市芝罘区潇翔小学浸入式跟岗学习,并邀请曹校长到我校实地调研和交流指导。在这次现场考察调研的时候,尽管与会专家和校长给予了高度评价,我们仍然有一种到很强烈的紧迫感，很多东西仍然很稚嫩，需要进一步系统化和提高。对于中期的考核，导师们也是言辞犀利，直指要害，丝毫没有放松要求的意思。而学员们也是静心聆听，认真记录，不断修正自己的工作方向和思路。所以，名师名校长都是被逼着成长，慢慢就变成自己逼着自己成长，不断提高对自己的要求。这个过程，累并快乐着。

第三，名师名校长的成长，是想出来的。当然，这个"想"可不是想象，更不是白日做梦的空想，而是教育工作中的问题，对学校管理的问题进行诊断性反思。教育反思和写作，是名师名校长的必修课，反思材料和读书体悟是要求上传的规定任务。山东省教育厅副厅长戴龙成同志还对大家提出了"日行日知——'五个一'自我提升法"，并建立"日行日知分享会"，倡导大家每日把抄读、体悟、反思、上传，将教育教学和管理反思日常化、常态化，所以，慢慢坚持下来，一年10万字的读书体会与反思，不再被大家视为负担，很多人甚至远远超出规定要求，经常就是一坐下来就捧卷读书，边抄读，边反思，写着写着就有了一种收不住笔的感觉。现代生活的快节奏，学校教育教学和管理的复杂性，注定了很多反思和写作在正常上班时间内是没有办法进行的，是需要牺牲休息时间来完成的。所以，教育部"国培计划"领航校长、山西省实验小学教育集团贾嵘校长说，她每天工作十二个小时以上。跟我师出同门的第二期齐鲁名校长、菏泽市郓城县黄冈中心小学校长杨其山每天工作、读书写作到午夜，而同为郓城人的第三期齐鲁名校长培养工程人选、郓城县南城中学校长谭金辉则是闻鸡起舞，每天凌晨四点准时开始读书写作，反思教育问题。我在泰安参加山东省扶贫重点县校长教师全员培训集体备课期间，在每天晨练时段，都能看到潍坊诸城市文化路小学王洪珍校长在院子里，边慢跑边拿着书背记教育经典。正是这样的日积月累，名师名校长们才获得了成长。

第四，名师名校长的成长，是学出来的。这种学，既有对教育经典书籍的研读，对专家报告的聆听，更有亲临现场的浸入式学习和体验。带着问题去学，带着思考去实践，每一次线上线下的交流，大家都在休息的空当进行思想的碰撞和沟通。每一次跟岗，大家又重新变成了小学生，认真地听，认真地记，虚心地问，深入地思考，将思维的过程变为文字和图片，记录自己的心路历程，形成适合本地本校的落地思路。"读万卷书，不如行万里路。"正是在这样的平台，一次次历练，打开了名师名校长的眼界，让每一个人看到了差距，获得了启迪，更看到了前行的光明之路。

第五，名师名校长的成长，是考出来的。齐鲁名师名校长的培养，要求所有的导师和协作组成员都要到本组每个人所在的学校实地调研和考察，其实就是对大家所做工作的考验和考核，这可来不得半点虚假，因为这样的考察是现场蹲点，所有的造假行为都会被戳穿。所以，要想得到理想的效果，就必须扎实开展日常工作。而这样的考察，也倒逼着名师名校长所在学校的所有教职员工凝神静气，齐心协力，无形中就提升了教育教学和管理的水准，提振了教育队伍的士气，让所有师生都有了尊严感和自信心，无形中提升了学校的发展品位。这样的考，考的不仅是名师名校长个人，更是全体师生，学校慢慢走上了良性循环的高速发展之路，与名师名校长的成长同频共振。

其实，名师名校长的成长，正如徐军民校长所讲的非洲尖毛草一样，在漫长的日子里，人们只看它到长了一寸，而它却可以在一个大家以为它永远长不高的日子里，突然以每天一尺半的生长速度，迅速成长到一点五米至二米高，远远高出周边的草。人们不知道，就在那最初的半年时光里，尖毛草从没放弃努力生长，只是这种努力是人们看不见的，它向下深深地扎根，让自己获得更多的营养储备，为最后生命的爆发提供强大的动能。这也像极了我国南方的毛竹，它们在生命的前四年里生长极其缓慢，四年的时光只让它们露出地面三厘米，而就在第五年，竹子却会以每天三十厘米的速度拔地而起，六周时间长出十五米的高度，而且是"千磨万击还坚劲，任尔东西南北风"。毛竹所可以依赖的，就是向下生长延伸数百米的竹根。同样，名师名校长的成功不是偶然的好运气，而是日积月累之功。名师名校长的成长，相比其他的人，少了些应酬，多了些付出；少了些牢骚，多了些坚守；少了些浮躁，多了些自省。成长，非一日之功，每个人的起点没有多大差距，决定最后结果的，往往是我们自己选择的行走方式。想成长，逼自己一把，或许是最好的选择。

校长要做有人情味的管理者

有幸结识陵城区第七中学王国海校长，是在他们学校集中研训的第一天，那天，王校长一直忙到晚上十点半，才得以抽身与我们交谈。

王校长消瘦、干练，脸上始终洋溢着真诚的笑容，对我这个初次见面的陌生人，也仿若是熟识的老友一般，他给我的第一印象是真诚、热情。在交流过程中，王校长始终在谈他们的学生，谈家长的需求，谈老师们的困难，谈他们在进行的学校课堂教学改革，谈话过程自始至终充满着浓浓的人情味。王校长说："我从来不认为老师和学生家长来找我就是要找事，咱是校长，人家有事肯定是找咱。"

好像是要证实这件事一样，在交谈过程中，有人敲门，进来的是一位中年女教师，她见到我们微笑点点头，然后转向王校长："校长，我能跟你说一句话吗？"王校长站起来笑着说："在这里说还不行啊？"一看那位女教师开门出去，王校长也跟着出去了。一会儿王校长回来，笑着跟魏副校长说："咱说的那个缺化学老师、老师负担太重的事，开始起反应了，得想办法调一调。"魏副校长也点头认可，也认为确实是应该解决的问题。王校长感慨说："因为缺教师，老师们确实负担太重，一上午好几拨儿人来我办公室说这个问题，有的老师说着说着就哭了。在这哭，我是真受不了这个！要是硬压着接受也不是不行，可是平均每天四节课再加早晚自习，确实负担挺重。老师们心里不痛快，耽误孩子，那就得不偿失了！"言语之间充满了对老师们的爱护和对学生的负责。

在交流过程中，我们了解到，这所学校今年的招生计划是十八个班九百名学生，结果报名的孩子达到了一千二百多人，学校容纳不了，只能将超出的三百余人退出，结果来自各个层面的电话几乎要将王校长的手机打爆，有些家长直接找到校长办公室，恳请王校长将自己的孩子留下。一所建校才五年的中学为什么会产生如此大的吸引力呢？

在接下来的交谈中，王校长笑称自己在教育领域这些年没干过什么大事，自己最大的长处是善于鼓动，用他的话来说叫"瞎白话"，再往后听，原来是他经常在学校的宣传视频里"煽动""白话"，我一看他那眉飞色舞的样子，就可以想象到他跟学生的讲话肯定也是既诙谐幽默，又极富思想性，让学生如饮甘泉，如沐春风。

言谈之间，约我到场的友人惊奇地发现，在王校长的笔架上插了一本红色的证书，封面上赫然印着"好老师证书"几个字，翻开内页，竟然还盖着鲜红的"中国好老师评审委员会"的章。当我们说第一次见到这样的证书时，王校长会心一笑，原来他教孩子们数学，孩子们学得高兴，童心大悦，不知在哪里寻到这样一份"好老师证书"，并有模有样地给老师们发奖，也给他们的校长和数学老师颁授了一份！这是王校长极富人情味的教育换来的回报。

在与学校班子其他成员的接触中，这种人情味也体现得淋漓尽致。午餐时，几位副校长和管理人员一直在探讨教师课节安排问题，气氛融洽，看上去就像家人般的沟通与交流。而且就在这种看似很随意的交谈中，已经找到了问题的解决方案。

在很多的学校，我们见到的是校长严肃的脸和老师们远远躲避的情形，有些校长往往"金口玉言"，听不得半点违拗之言，动辄以严苛的制度条框压制。甚至在学校领导班子面前，也是"一言九鼎"，特别是在一些规模较大、等级观念严重的学校，校长可以掌控着很多人的切身利益，这就使得很多老师不得不屈从于校长的权威。殊不知，学校是创造师生幸福的地方，长期处于压制之下，缺乏人情关怀的教育环境，哪里会有幸福的老师呢？连老师都没有幸福感的学校，又怎么会培养出幸福的学生呢？

陵城七中王国海校长把自己放在一个大家长的位置，真心关怀每一个老师，体会体谅老师们的困难和需求，以真性情的处事风格和富有人情味的方式管理学校。管理的过程既有着制度的刚性，又有着浓浓的情分，用情感编织起集体的情感纽带，管理的过程也就有了幸福的味道。老师们舒心幸福，自然也会将这种幸福感传递出去，形成师生共同幸福的力量。

只有爱可以培育爱，只有幸福可以衍生幸福。教育面对的是活生生的生命，只有有人情味的教育，才能培养有真感情的人，这是每一个教育管理者应该铭记于心的道理。

干事、懂事、不惹事

——基层校长工作的原则

基层校长是教育干部队伍中重要的组成部分，是各级教育行政部门与广大教职员工联系的纽带和桥梁，肩负着贯彻落实各级教育行政部门的政策法令，联系带动广大教职员工落实教育方针、推动教育发展的重任。因此，基层校长的工作态度、工作能力和基本道德素养直接影响着基础教育的发展。基层校长如何更好地做好自己的工作，也直接影响着教育行业的形象。所以，笔者以为基层校长要做好自己的工作，必须遵循干事、懂事、不惹事三个原则。

一、干事

所谓干事，就是说作为基层校长，要做到以事业为重，做敬业的楷模。这主要从以下几个方面去考量：一是要树立终生学习意识，不断学习先进的教育教学理论，武装自己的头脑，提升自己的知识和理论储备，做先进教育教学理念的推进者和带头者。也就是说，基层校长应是学习型学校的创建者和领头者。二是要做干事的楷模，有人说："一个好校长就代表一所好学校。"校长的工作能力、业务素养和工作态度决定着其是否能真正担负起领导基层教育工作、完成学校的各项教育教学任务。也就是说，校长的业务水平和素养决定着学校发展的高度和深度。因此，基层校长应该带头实践和推进先进的教育教学经验和做法，敢于探索，勇于创新，积极研究教育教学工作的途径和方法，带动广大教师结合自己的实际情况创新发展，办出学校特色。三是要精通业务，进得了课堂，上得了讲堂。基层校长每天直接面对的是广大教师和学生，如果自己在教育教学上没有"两把刷子"，仅靠"口头吆喝"，很难对教育教学工作起到正确的领导作用，也很难得到大家的信服。这就要求基层校长要勤研业务，努力提高自己的业务素养，能经常深入课堂，能准确、科学地评价教师的工作。同时，基层校长还要敢于"亮丑"，能在课堂上一展风采，积极投身教育教学一线，成为教学上的行家里手，带动大家共同敬业爱岗。

二、懂事

说基层校长要"懂事"，主要是指作为基层校长要有大教育意识，在工作中要识大体，顾大局，不搞各自为战，不拉帮结伙搞小团体。这一点说起来容易，做起来较难。在工作中，作为基层教育干部，容易为了个人或本单位的小利益意气用事。有些基层校长凡事必争，往往为了维护自己小范围的利益而缺乏维护大局的意识，导致工作中出现一些不必要的麻烦。因此，基层校长在处理各类事务时，要有大教育意识，应从教育的大局着眼，从教育的大环境着眼，做人做事要大气，多做有益于教育大局发展的事，不做只对小集体有利而妨害教育大局的事，更不可意气用事，影响团体的利益，造成不可挽回的后果。

三、不惹事

一说"不惹事"，给人的感觉好像是让基层校长们做事小心翼翼，如履薄冰，好像就是要明哲保身，故步自封不干事。其实，我们说的不惹事，是说作为基层校长，直接与教师、学生和家长打交道，直接代表的是教育干部的形象，其工作作风、工作方法直接影响着人民群众对教育队伍的评价。因此，作为基层校长要严于律己，必须严格遵守法律条令，严格履行教育干部的职责，在课程开设、办学思路、办学规范、教育收费等敏感问题上，绝不越雷池一步，要不折不扣地执行有关政策规定，不走板，不改样，办好领导放心、学生快乐、群众满意的教育。特别是在一些敏感的热点问题上，要做到令行禁止，不搞上有政策下有对策，不给教育事业抹黑添乱，不损害教育行业形象。

干事，是立业之本；懂事，是和谐之源；不惹事，是为人、干事之则。基层校长坚持好这三项原则，必定能办好我们的教育，使我们的教育事业更加发展壮大。

第二篇
培育心灵

暖心，从心底的融化开始

奥地利精神病学家、人本主义心理学先驱、个体心理学的创始人阿德勒说："幸运的人一生都被童年治愈，不幸的人一生都在治愈童年。"武志红老师在《为何家会伤人》一书中也论述了这一观点。童年形成的人格印痕会影响一个人的为人处世、婚恋和生活，以及自己组建家庭后对孩子的养育和教育模式。

一个生长在幸福的家庭里的人，往往会形成健全的人格，并且能用这种健全的人格去抵挡生活中的种种磨难。而一个生长于畸形家庭环境中的孩子，有可能形成畸形人格，这些孩子的心底已筑成坚冰，需要很长的时间与精力去融化。而这种融化，始于自己内心的向上、向善的自我认同，仅指望来自外界的化解，很难取得良好的效果。

武志红老师认为每个人至少要经历两次"诞生"，一次是从母体脱离，成为一个独立的人，这样的一种以出生为路径的"诞生"，是我们无法选择也无法改变的。另一次"诞生"，则是恋爱的过程，是我们可以付出感情，花心思来进行判断和抉择的，尽管判断的标准不一，选择的方向和目的各不相同，但作出选择的过程，是对生命的另外一种体验。

在选择的过程中，按照武志红等心理专家的观点，恋爱双方或多或少都会受原生家庭的影响，都带有父母的影子，或因家庭幸福对父母的信任、崇拜而选择趋向于按自己的父母形象寻找另一半；或者正好相反，因家庭关系的残缺，选择与父母有较大差异的人做另一半；或因为缺乏父母之爱而对父母亲情的渴盼，而希望另一半能做相应的补偿。

在日常生活中，我们可以发现，很多家庭的矛盾和争吵，甚至大打出手，直至分离，并非是出于什么大事，而恰恰是由于生活中的鸡毛蒜皮的小事，比如家务开支、穿衣打扮、甚至是扫地、洗碗这样看似根本不可能发生矛盾的细节。其实，这很可能是两个人成长环境带来的观念、习惯、态度等的相互冲击和碰撞的结果。一个人在童年的遭遇，正是这些问题背后的深层原因。童年的不幸和挫折，往往会给孩子内心深处带来伤害和恐惧，这种伤害和恐惧需要时间和感情去疗愈，治愈的过程，必须有来自内心的深度觉醒，才可以让外面的阳光透进来，形成融化的力量。但阳光可以融化坚冰，却无法融化冰冷的石头。童年的不幸造成的伤害，如果不能通过夫妻双方的自我的认同、完善，形成相互谅解、相互包容的力量，是很难得到改变的。

武志红老师在《为何家会伤人》一书中还讲到，开始时的恋爱，不管是出于对自己父母的爱还是对父母的不满，在选择自己恋爱的对象时，往往以自己的原型特征去选择和对待另一半，并且因为最初对方有求于己而极力配合，表面上看关系很是亲密，而形成对双方的误判。而当双方真正熟悉起来时，便开始不满足于现状：其实对方并不是自己的父母的样子，而是另外的一个可能完全不同的独立个体，不可能成为自己追捧或者是求偿的对象。试图通过恋爱和婚姻去对童年的遭遇进行补偿，是不可能实现的事情，不管是一见钟情，还是旷日持久的情感纠葛。

电视剧《半路夫妻》中的经典台词是这样说的："这婚姻啊，一男一女，挺像俩刺猬一块儿过冬，离近了，扎！离远了吧，冷！非得是一人去一半刺儿，再贴一块儿，不扎了，也不冷了。就是得忍着点疼。"婚姻双方在童年时期形成的性格和行为、思维习惯，让彼此产生了执念，在恋爱前期未能及时暴露的这种以自我为中心的规则，形成了双方"自己的尺子"，指向于对对方的测量，也形成了刺向对方的巨刺，将对方刺得血肉模糊，只有"一人去一半刺儿"，才会减少伤害，成就彼此。所以，在与恋爱对象相处的时候，必须要正视自己，正视对方，以理解促进亲密，以包容形成共识，以自醒自励促成最美的相遇，才会走出美好的一生，才能以和谐的家庭关系对自己的孩子产生正向的影响。

关于家庭对孩子成长的影响，阿德勒进行过系统的分析，苏霍姆林斯基更是提出要按照"培养未来的父母"的目标来教育每一个孩子。与其被动地对恋爱期的男女进行心理纠偏，不如发挥教育的力量和家校合作的功能，对孩子在童年期就进行自信心、信任感和道德感的培养，帮助其建立真正的自我认同，形成健全的人格，这更有利于形成完满的家庭关系与和谐的社会环境。

有人说：距离产生美。而现实生活，也往往会验证这个观点。保持合适的距离，亲而不腻，亲而不昵，亲而不密，往往会促成和谐的关系。

在生活中，特别是在亲人间、朋友间，很多人往往会由于一个"亲"字，而过度关注，过度亲密，过度紧张，令对方有种被监视、被管理的感觉，产生出诸多的矛盾和冲突，成为伤害彼此的开始。都说"小别胜新婚"，在一对恋人或者夫妻适当分开一段时间后，由于思念会产生久别重逢的亲密。而两个人长期形影不离，看起来应该更亲密，反而会经常出现不和谐的摩擦。当夫妻之间、父母子女之间、亲密朋友之间在保持独立性的基础上进行交往，往往能产生亲密的关系，而真到了"亲密无间"的程度，反倒容易产生矛盾和分离。

有的人用手抓沙子的比喻来形容夫妻之间的关系。其实，这样的关系，也适合于父母与子女之间、亲密朋友之间。许多人总想用控制的手段来维持一种亲密的关系，却不明白真正的爱是要放手。风筝有时会脱线而飞，再也不见踪影。同样飞得很高的雄鹰，不管飞出多远，总会按时归来。信鸽，可以飞越万水千山，依然可以回归家园。越控制，越挣脱；越放手，距离越近。

现实生活中，很多人以"爱的名义"，打着道德的幌子绑架亲人、爱人、孩子和朋友，一个原因是人们总"拿自己的尺子量对方"，总是从自己的感觉出发"爱对方""管对方"，一旦对方反抗，便满腹委屈，甚至歇斯底里，不肯静下来站在对方的立场上想一想，更不会意识到问题的根源就在自己身上。所以，揣测、怀疑、责难便成为常态。

另一个原因是掌握不好家庭跟工作之间的距离，因而导致了职业习惯下的紧张家庭关系和亲朋好友关系。这一方面，我们当老师的尤为突出。很多老师分不开家庭与工作的关系，带着家庭的情绪进入学校和课堂。在与家庭和朋友的交往中，又"好为人师"，总喜欢用在课堂上教学生的口吻对待家人、孩子和朋友，总想教育人、改变人，甚至教训人，结果造成对方的反感和反抗，拉大了彼此的距离，甚至变成冷漠和敌对的关系。很多家庭矛盾的产生和家庭关系的破裂，以及朋友间的决裂，都始于这种不分距离、不明角色的自以为是。后果就是在"爱的名义"下，亲人和朋友间相互伤害。

除了这种以"爱的名义"，自以为是地保持所谓的"亲密距离"而造成的伤害，还有一种情形正好相反——拉开距离却产生了伤害。这表现在家庭"爱"的角力行为中，在家庭中，亲子关系明显好于夫妻关系。在武志红老师看来，这都是对婆媳关系不和谐和严重恋子情结的进一步复制。事实上，我们传统的家庭确实是一代代人的传承，即年轻时依靠父母，听从父母，一切围绕父母要求来处事，建立新家庭后，有了孩子，又围绕孩子转，很少人会有自己的生活，会从自己的角度考虑问题。如果家庭成员间都有着各自合适的角色定位，就会相互理解、信任和支持，形成和谐的家庭关系，而如果每个人都抱定自己的观点和定位，产生一种控制和支配的心态，就会发生争执和矛盾，甚或发展为家庭"战争"。这是武志红老师在《为何家会伤人》一书第一章阐述的一个观点，也是我们每一个人在处理家庭关系时需要注意的问题。

家庭关系和谐与否，往往影响着孩子的成长，我们教育者一方面要熟知这些道理，处理好自己家庭的问题，又要在观察分析孩子的问题时，寻找孩子产生问题的家庭根源，从而有针对性地进行整改。通过改变孩子，影响孩子的家庭，形成良好的家校合育关系。

放开对孩子的精神绑架

家庭中，家长的言行往往会成为束缚孩子精神成长的枷锁。武志红在他的《为何家会伤人》一书中，就把成年时的精神症结，归结为幼年时期受家庭精神绑架隐忍于内心而受到的伤害的深度再现。

我们的国家一直有着"忠孝"的传统，特别是在"百善孝为先"的理念被过度解读的情况下，家庭强权在相当一部分家庭里仍然以不同形式存在，以"为了你好"为理由的过度管理，以为孩子付出为要挟，甚至不惜以伤害自己的身体为手段，绑架孩子的精神。

其实，对于"孝道"一事，古人也并不赞成那种完全服从的"愚孝"，在《弟子规》中，就有"亲有过，谏使更""谏不入，悦复谏"的主张，而并非后来被异化解读的"父要子亡，子不得不亡"。很多父母总是用自己为孩子的付出从精神上对孩子进行控制，表现的是一种交换性质的爱，可是，我们发现，真正的父母之爱是根本不需要回报的，是以希望孩子的好为目标的。但恰恰是那种出于真正的爱的付出，才会获得孩子真正的爱的回馈。出于控制之下的、以获得等量回报为目的的"爱"，往往会收获敌对和矛盾，造成父母和孩子共同的痛苦。

更可怕的是，精神上的控制和要挟使孩子处于紧张的情绪之中，往往会造成孩子心灵的压抑和扭曲，导致孩子正常的情绪无法得到释放，造成精神的极度伤害，最终形成精神上的疾病，并可能会使孩子在将来的家庭中复制这样的模式，造成新的悲剧。

我熟悉的一位德高望重的老校长，就是这样一种大家长作风极重的典型。由于工作上的强势和威望，这位老校长创造了多所学校的辉煌。而工作中的习惯，也被带进家庭中，形成了职业强权惯性下的亲子管理模式，他的几个孩子在家庭中不敢发表自己的意见，结果最后都发展得不好。最可悲的是，他唯一的儿子因为父亲的严厉管理，在参加工作一年后，精神出现异常而出走失踪，幸亏被数百里外的一户人家收留，多方求医问药后治愈，并招为养老女婿，才得以获得新生。

所以，武志红认为"感受被看到，就是最好的治疗"。做父母的除了给孩子提供必要的物质基础，更重要的是要能够感受到孩子的内心世界，看到孩子真正的情感需求，才从精神上支持孩子成长，而不是以精神控制绑架孩子的成长。

家庭，是社会的基本元素，也是孩子成长的基础空间。家庭关系是否和谐，家庭成员角色定位是否合理，往往是影响孩子能否健康成长的决定因素。

在孩子成长的过程中，健康和谐的亲子关系，会作用于孩子人格的形成过程，孩子成长过程中的人际关系呈现，是"内心的小孩"和"内心的父母"之间的关系投射。家庭成员间的角色定位以及相互关系处理是否得当，往往成为家庭是否幸福的指向标，也是孩子能否成长为具有健康独立人格的先决条件。正如武志红在他的《为何家会伤人》一书中所分析的，在无法形成健康的夫妻关系的情况下，家庭往往出现无限伤害，在"爱的名义"下，孩子往往会成为受害者，失去独立成长的机会，甚至成为不幸生活的延续。我们需要通过真正的心灵觉醒，通过完整的自我认知和完善，通过改变每个人的精神和行动，来避免家庭带来的伤害，让家庭中充满智慧的、温馨的爱，让家成为每个人成长的温馨的港湾。

要建设这样一个温馨的成长港湾，首先要确立夫妻关系的核心地位，要形成相互理解、相互沟通、心灵共鸣的和谐夫妻关系，因为这往往决定了家庭的走向和孩子的成长方向。要建立和谐、亲密、温馨的夫妻关系，首先就必须做好各自的角色定位，处理好亲密与独立的关系。

有人说："恋爱中的男女智商为零。"我们在生活中也发现，很多人选择的恋爱和结婚的对象会让大家大跌眼镜，好像真的是"智商为零"。其实，看完武志红的《为何家会伤人》，也就不难理解这样的行为和现象了，因为恋爱也好，择偶也罢，潜意识中的标准其实就是"理想中的父母"，是对童年时期父母形象和处事方式的复制与修正，是对父母处理家庭关系的复制与修正。生活中经常会出现模糊的过度亲密的角色定位，而不是形成相对独立的定位。如果我们不能正确认识这种模糊定位，就会无限索取对方无条件的爱，无法合理处理爱与分离的关系，导致糟糕的夫妻关系，又成为自己孩子新一轮爱与分离的反面教材。

要建立和谐、亲密、温馨的夫妻关系，也要有正确的处理方式。既然夫妻双方是既亲密又相对独立的关系，我们就必须避免用自己的眼光去看问题和处理问题，也就是武志红所说的"从自己的坐标系出发，去推测、揣摩、评价甚至抨击另一个人"，这样的一种处理方式，正是一种以自我为中心的表现，这只能会产生出低效甚至无效的沟通，而真正的倾听和交流才是家庭关系和谐的润滑剂，因为真正的心灵交流才是爱意的最好表达。要建立和谐、亲密、温馨的夫妻关系，还要形成一定的边界，就是要把工作与家庭的关系处理清楚，不能把家庭中的情绪带入工作，也不能把工作的规则植入家庭。"职业病"式的权力规则，往往是破坏家庭和谐，形成家庭霸权主义，伤害家庭关系的一剂毒药。因此，我们必须学会用不同的方式对待工作和家庭，用理解与相互感受、相互接受的爱来打造温暖的家庭关系。

要建设这样一个温馨的成长港湾，也要形成合宜的亲子关系。什么是合宜的亲子关系？就是要形成合理的角色定位，在孩子不同的成长时期，采取亲疏合宜的距离，既为孩子获得充分的安全感提供足够的条件，又要让孩子们合理对待与父母的分离，为孩子的独立人格的形成提供合适的成长环境，让他们成为他们自己该成为的样子。

按照心理学理论，一岁半之前是孩子安全感确立的决定期，我们必须给予孩子充分的陪护、关注和呼应，为孩子准备安全的成长环境以及无条件的爱，这同样需要和谐的夫妻关系和良好家庭氛围的支撑。一岁半到三岁，是孩子自主能力初步发展的时期，需要我们尊重孩子自主探索的意愿，给予孩子充分的自由去自主探究世界，并在孩子需要帮助时提供必要的支持。这个时期，需要避免的是家长的角色越位，担心孩子不能做好，凡事亲力亲为，代替孩子成长，或者是无条件满足孩子一切要求，这是包揽包办下的溺爱。而在实际的亲子关系中，往往会出现两种不和谐的现象：一是在孩子的安全培育期，视孩子为没有思想的白纸，忽视与孩子的有效沟通，形不成无条件的爱与关注下的安全联系；二是在孩子本该开始独立认识世界的时候，又给予孩子无边界的宠溺，凡事包办代替，让孩子失去独立成长的机会。武志红在他的《为何家会伤人》一书中，根据心理专家们的分析，将之归结为"溺爱的父母是在满足自己的需要"。这种模糊了亲子边界的以"爱的名义"形成的亲子关系，忽视了孩子是一个个独立的个体的事实，于是，在"爱的名义"下，家长总是希望孩子避免吃自己吃过的苦，避免受自己受过的累；在"爱的名义"下，家长习惯替代孩子去作决策，习惯以自己的眼光取代孩子的眼光；在"爱的名义"下，家长把自己曾经没有实现过的理想，寄希望于在孩子身上实现；在"爱的名义"下，家长为孩子的成长扫平障碍，唯恐孩子受到伤害，而使孩子成为"温室里的花朵"，再也经不得风吹雨打；在"爱的名义"下，家长无限度地满足孩子的一切要求，直至精疲力竭，使孩子陷入无法自拔的命运之厄。在"爱的名义"的一路陪伴之下，孩子最终失去了"自我效能感"，成为无法独立成长的弱者。当他们必须自己面对困境的时候，需要承受的失败和挫折会让他们陷入无法自拔的痛苦。所以，建立合宜的亲子关系，父母能认清自己的角色定位，给孩子提供无条件的爱支撑的安全感，而又让孩子成为他们自己成长的主人，才可以培养孩子独立应对人生和世界的能力。

　　家庭，有时候也是社会的一面镜子，焦虑往往成为这面镜子里的映像。我们生活在纷繁复杂的社会环境之中，难免被社会的浮躁影响。而在家庭、社会、学校都把这种焦虑一股脑儿转嫁到孩子身上的时候，无形的心理控制就给孩子带来不堪忍受的重负。武志红认为，正是这种焦虑的传导和积累，才造成了孩子心灵的焦虑和扭曲，孩子被外部评价控制，无法形成自己的独立的认识和评价体系，而不得不以沉溺网络等形式来逃避现实，通过虚幻的精神支撑，保护自己的脆弱内心，走向叛逆甚至毁灭的深渊。而这一切依然可以从孩子童年的成长历程中找到背后的原因。因此，作为家长，我们必须智慧地处理孩子的焦虑，学会为孩子减压，学会与孩子共同面对生活和学习中的问题。家长有智慧，孩子才能智慧地成长。当我们无法改变外部环境带给孩子的焦虑和压力的时候，我们必须有勇气与孩子共同面对。

总之，家是一个讲爱的地方，家庭中的夫妻关系、亲子关系是最重要的人际关系。一个人的成长，总会或多或少的受到原生家庭关系的影响，童年的遭遇往往长期左右着孩子的人生。如何让爱和理解每时每刻充满家庭的每一个角落，如何让孩子在安全的爱中独立成长，是我们不得不面对的话题。

读《为何家会伤人》的过程中，我也一直在反思自己的家庭生活以及亲子关系，发现自己也确然有着书中的影子，比如拿自己的尺子量别人并因此产生矛盾，比如把自己的理想加之于女儿身上而与女儿产生龃龉，按自己的思路预想设计孩子的人生而引起孩子的逆反，在管理孩子和学生中曾经因急功近利而造成双方的对立。说实话，自揭其伤是痛苦的，但是也只有鼓起勇气自揭其伤，才可以真正破除脓肿，长出新的结实肌肉。读书的过程也是自我改变的过程，我原来看待孩子的眼光悄然改变了，原来的抱怨也变得释然了。几次与孩子对话，即将习惯性产生的争吵也戛然而止了。我学会了倾听与沟通，学会了缓解孩子的敌意。这样的阅读是幸运的，因为它直触内心；这样的阅读是幸福的，因为它足以融解心灵的坚冰。

作为父母，我们常常把自己被父母管理的经历复制到孩子身上，总是希望孩子按照我们的要求来生活。一旦出现"不听话"的叛逆，我们总会忘记自己曾经在叛逆期的表现，而将强制性的措施施之于孩子身上，却没有从自己叛逆期的伤痕累累的经历中，总结出可以与孩子和谐相处的办法，从而避免新的伤害在孩子身上发生。

武志红认为"青少年太听话不是好事"，因为青春期的叛逆是一种必然，由于不同的处理方式，孩子们的表现相对平和或激烈，叛逆是一种意欲脱离控制的独立意识的觉醒。但是，我们不得不承认，从孩子出生开始，相当多的家长就有对其进行控制的强烈欲望，希望孩子按照自己的意愿成长，做一个让家长省心、放心的"好孩子""乖孩子"，而不是具有独立意识的"不听话的孩子"。一方面，很多家长为孩子提供了自己认为足够的物质条件，一方面又以"心里的小人"的意愿塑造孩子、管理孩子、指挥孩子，以自己的强势左右孩子的成长，甚至代替孩子去完成本该孩子自己完成的任务。直到孩子慢慢长大，他们发现已经控制不了孩子了，就因此产生了恐惧，这促使他们加大控制力度，在自己和孩子之间展开挣脱与反挣脱的博弈，也就是叛逆期的直接冲突，其结果往往是两败俱伤。

在学校里，也同样发生着这样的冲突。老师对于孩子成长中出现的问题，过度重视、小题大做，对于孩子之间的简单矛盾，本可以适当点拨，让他们自己寻找更好的解决办法，却由于过度重视、过度管理而导致各方矛盾升级。相当多的老师不能理性看待、分析、疏导男女学生之间产生的好感，而是心里装着一把锤子，看谁都像钉子，想用锤子砸过去，结果不但没有使问题得到解决，反而激化了矛盾，造成了更大的麻烦，甚至导致恶性事件的发生，毁掉了孩子的一生。

对于孩子的叛逆，以及因之引起的抑郁情绪，武志红归因为青春期的不断"丧失"，因为"我们心理世界的任何一部分重要内容的丧失，都会引发或轻或重的抑郁情绪"，而对于这种情绪倾向所采取的不同对待方式，则决定了结果的不同。一个善于处理的人，会用积极的心态进行化解，达到"平衡和抵消"的效果；不善处理的人，则将这种矛盾积郁在自己内心，形成"内伤"，导致精神受到伤害。

武志红认为，那些被强权压制下的"好孩子"，没有自己的正常"叛逆期"，易造成两个恶果。一是易造成这些孩子的"叛逆期"推迟，在被强力控制情况下，他们的自我意识长期被压制，最终在某一个适当的时期被激发，而导致冲突的产生，造成无法挽回的局面。二是"缺乏生命力"，由于长期习惯于被安排，习惯于逆来顺受，习惯于被动接受，长期处于完成任务式的生活中，孩子对生活无法产生真正的激情，缺乏情感的深度体验，维持一种冷漠的情感状态，甚至产生厌弃生活和遁世避俗的倾向。

对于如何防止青春期孩子抑郁症的发生，防止孩子产生由于"向外的愤怒不能表达"而导致"攻击自己"的倾向，关系心理学家胡慎之给出了六条建议：

第一，理解孩子的叛逆心理，懂得一定程度的叛逆心理是非常正常的，是孩子走向成长和独立的必然阶段。

第二，给孩子充分的独立空间。

第三，父母应正视孩子对于家长的依附感减弱、家长对孩子影响力减弱的现实，明白孩子这种心理转变背后的积极意义。

第四，理解孩子偶尔出现的激烈叛逆行为以及背后的心理，适当反思是不是对孩子控制得太厉害了。

第五，孩子进入青春期后，要适当调整自己的教育方法，把孩子推向独立的世界，减少他对父母的依赖。

第六，谨防孩子陷入严重的抑郁状态。

所以，作为家长，我们要深入了解孩子出现叛逆行为背后的心理原因，学会智慧地进行应对和处理，帮助孩子消解叛逆情绪。而作为教师，也需要换位思考，理智对待孩子的成长问题，并因势利导，帮助孩子规划好自己的人生，让他们成为他们该有的样子。

对于孩子出现的问题，特别是成长过程中的情绪波动问题，我们往往会采取说教的方式，习惯站在自觉不自觉的道德审判的角度来进行处理，用过来人的身份，给孩子提供一种经验性指导，而忽视了孩子内心真正的感受和需求，让孩子产生更大的挫折感和叛逆情绪。所以，武志红认为"孩子有问题，大人先自省"，特别是在孩子的青春期，尤其需要重视。因为孩子身上出现的很多问题，往往是家长处理不当的反映。

孩子是独立的个体，会有自己的思想，对于问题和现象有着自己的理解和判断，尽管可能会是一种不成熟的见解。在经历长大的变化中产生出的压力感，常常会使孩子产生情绪的波动，他们渴望独立，渴望长大，渴望证明自己。而大人则总是沉浸在对孩子心智成长忽视不见的状态里，还把他们当作"小孩子"，实行"密不透风"的管理方式。孩子出现问题后，他们是有着自己的判断的，会用不同的方式寻找宣泄的方式，如果大人成为良好的倾听者，与孩子形成感同身受的情感共振，使孩子的情绪找到良好的出口，孩子就可以平和地处理问题。而如果大人总是用一些道德评价的大道理来回应孩子的倾诉，用自以为是的智慧者的态度来指导孩子，会导致孩子倾诉的出口被堵塞，孩子就会寻找另外的宣泄出口。有的孩子会用写日记的方式藏起自己的小秘密，有的孩子会寻找同龄人的进行倾诉，而这又被大人冠之以"早恋"的名号，将孩子推向情感的深渊。更有孩子会采取寻找刺激的方法去宣泄，去寻找证明自己的力量，如采用吸烟、喝酒甚至打架的方式。

所以，做家长的要具备真正的智慧，在对待孩子的问题上，同样要做到"别拿自己的尺子量对方"。对于孩子的抱怨和倾诉，一定要做到及时回应，学会认真倾听孩子的心声，了解孩子真正的感受，用同理心达成亲子间的情感融合，打开孩子的心结，化解孩子的成长问题。认真倾听，感同身受，永远是纾解孩子心理问题的一剂良方。

"望子成龙""望女成凤"是中国人对于孩子普遍的心态。但是，不得不承认，人是有差异的，不仅孩子与孩子之间有差异，家长与家长之间也是有差异的，家庭成长的环境也同样存在差异。很多家长无视家庭环境的差异，无视自己在对待孩子的问题上采取的方式方法是否合适，只是一味追求让孩子在学习成绩上出类拔萃，不惜牺牲孩子的身心健康，让孩子生活在痛苦之中。更为可怕的是，部分父母总是以自己的成功来比对、逼迫孩子必须成功，或者因为自己已经无法实现梦想，而将实现自己梦想的希望寄托在孩子身上，甚而采取极端的手段。曾经出现的"虎妈""狼爸"，就是典型的代表。还有的家长，自己满足于庸庸碌碌的生活，不去奋力进取，但又希望孩子可以奋发有为、光宗耀祖，改变自己的生活。还有一部分家长，自己过着浑浑噩噩、醉生梦死的生活，却不断指责孩子不努力成长。对于这一切怪象，武志红归结为是父母将自己的焦虑转嫁给孩子的结果，但这又常常被冠之以"爱"的名号。这种病态也是社会焦虑通过家庭产生的一种反射，这往往会造成孩子扭曲的人生，甚至付出生命的代价。由于"孩子不急父母急"，近些年不断出现了各类学校孩子自伤、自残，甚至不惜轻生的惨剧，实在应该引起我们足够的重视。

对于家长因为自己的心理需求得不到满足，而将焦虑转嫁给孩子的情况，徐浩渊博士认为主要有四种：

第一种，有劲全往孩子身上使。由于自己不努力，缺乏生活进取的勇气和行动，自己停止成长而完全寄希望于孩子取得成功，以满足自己的虚荣心和成就感。

第二种，把"理想自我"强加给孩子。家长自己通过不断的努力，得到不断成长，希望孩子也可以得到更好地成长，并拿自己做例子，对比、刺激所谓不努力的孩子，潜意识是觉得自己通过努力比其他人优秀，孩子就应该比别的孩子更优秀。为了这个目标，家长对孩子的管理几近苛刻，孩子与父母的关系变成紧张的契约关系，而不是亲密的亲子关系。

第三种，把孩子当作实现目标的对象。一些"怀才不遇"的"过度追求优越感"的父母，为了实现不切实际的目标，让孩子始终处于"被家长设计"的局面之中不能自拔，为了完成家长的目标任务而失去自我意识，一旦完不成家长设定的目标，他们往往就会走向极端。

第四种，家长自己生活不幸，理想不能实现，就用极端的手段对待孩子，或者以极端的手段自伤以刺激孩子，以"爱的名义"，以"为了你好"为招牌，对孩子横加干涉和指责。在这样的方式不能奏效的情况下，他们又往往走向另一个极端，也就是以自伤自残的方式，对孩子实行道德绑架。

在生活中，我们会发现，之所以这样的现象会不断发生，就是因为这样的方式往往非常奏效，被很多家长推崇。

为什么会这样呢？徐浩渊博士认为有两个原因：一是个人原因。家长担心被社会淘汰，但自己又缺乏成长空间，于是将成长的压力全放在孩子身上。二是社会原因。现代社会的确缺乏保障，这严重加深了父母的焦虑。也就是说，这种现象背后的原因来自生存的压力和社会的浮躁。用一位领导的话来说，就是："千方百计让老百姓的孩子考上好大学就是硬道理！"因为在现实的人才选拔机制中，"重点大学毕业"仍然是进入绝大多数单位的"敲门砖"，而有的人往往因为一分甚至半分之差，就会被挡在大门之外。

这样的结果是使孩子失去独立成长的空间，让孩子形成于极度焦虑和扭曲的心灵，出现严重的心理问题。徐浩渊博士分析了三类影响：一是加剧了孩子的学习压力，使孩子承受着巨大的干扰。二是侵犯了孩子的个人空间，使孩子"缺乏心理疆界的概念，成人后要么容易依赖别人，要么容易控制别人"，这种心底的不安全感，往往是孩子将来工作和家庭生活不和谐的诱因。三是令孩子依赖外在评价系统，因过度重视外界评价而失去自我。

要改变这种局面，家长必须与孩子一起成长。对此，徐浩渊博士给出了三点建议：一是要给孩子空间，促进孩子形成独立人格；二是自我成长，让孩子从家长身上汲取成长的力量；三是进化爱的方式，与孩子心灵相通，达到生命的共鸣。

自从有了网络，就有了令家长头疼的"网瘾"问题，尽管家长和老师严防死守，仍然无法解决这个制约孩子健康成长的问题。为了上网，孩子逃学、撒谎、举债，甚至不惜采用盗窃等手段换取上网之资。在上网的孩子眼里，好像这个充满情感的真实世界已经无法满足自己的需求，只有那个虚拟的网络空间才是自己的唯一。对于这样的问题，如果不能深入了解背后的根源并采取针对性的改进措施，是无法把孩子拉回现实生活的。追寻"网瘾"背后的真相，也成了心理教育专家们的专业课题。

武志红在他的心理学专著《为何家会伤人》一书中，就结合一些心理学专家的研究，指出了"网瘾"背后的原因，那就是"网瘾"往往是孩子的家庭因素造成的，与孩子在关键的成长阶段安全感的长期缺失有很大关系。因为"幼童时代，父母无条件的爱是在打造一个安全岛。心中有了安全岛，孩子才会信心十足地探索世界，和人交往"。家庭的"安全岛"，就是孩子永远可以依靠的港湾。反之，如果孩子被父母、学校"遗弃"了，孩子就会没有现实的安全感，而不得不向虚拟的网络世界里去寻求"安全"和"温暖"，或者向家庭以外的地方寻求安全感，最终成为人们眼里离经叛道的人。可惜的是在原生家庭和学校这两个最重要的"安全岛"上，孩子往往没有得到足够的温暖和安全感，孩子行为背后的真正的情感原因被忽视，孩子成长过程中的问题被以生硬的、冷冰冰的态度来对待，孩子正常的心理安全需求无法得到解决，他们无法形成及时的心理调适，就无法走出心理阴影，也就无法走出网瘾的束缚。

由于生存的压力和心理的浮躁，在广大农村，一些年轻的家长在孩子幼小的时期就选择将孩子托付给老人抚养，远离家乡外出打工。即使是在本地打工，很多父母也是需要披星戴月，早出晚归，缺乏与孩子的亲密互动与交流。分离的痛苦，给孩子带来了心理上的恐慌。与孩子聚少离多，给父母心理造成了很大歉疚，但他们也没有更好的办法，只能竭尽全力地满足孩子的物质需求，却没有注意到孩子真正的需求是什么，不知道孩子物质需求背后的心理安全危机。一旦生育二胎，老大几乎就成了必须与父母分离的"大孩子"，这又会进一步加重孩子的"被遗弃感"，于是他们不得不采用一些看似捣乱、无理的行为，以引起父母的关注。当捣乱也不能得到及时的回应和关注时，孩子就会向外寻求安全感。对于这样的现象，很多家长并没有意识到问题的症结所在，而简单地认为是孩子的一种无理取闹，这只会进一步加剧孩子的心理恐慌。

孩子进入学校学习本来是进入了一个安全堡垒，但是，在现有的教育观念和教育环境下，很多地方都将学习成绩作为评价孩子的标准，很多老师为了竞争往往忽视孩子的行为问题背后的深层原因，对于听话的、学习好的"乖孩子"，老师往往是青睐有加，而对于习惯不好、学习有问题的孩子，老师往往会采取简单责罚和管制的方式，这样本来应该作为"安全岛"的学校，对某些孩子而言反倒是充满了风险的"无人岛"。这样，无论是在家里，还是在学校，孩子已经完全无法找到自己心灵成长的"安全岛"了，他们便只好在家庭和学校之外的网络上去寻求"安全岛"，在那里。孩子们不需要面对面的情感互动和交流，看起来没有纷争和压力。如果这样的"安全岛"也不存在的话，那后果将是非常可怕的。网络出现以前的少年犯罪现象，就是血淋淋的事实。而发生这一切的真正原因，正是家庭中爱的缺失以及学校对孩子心灵的漠视。

要预防这种现象的发生，武志红提出一定要把"妈妈最好亲自带孩子到三岁"这个观念落到实处。孩子在良好的养育环境下，到三岁才能形成两个概念：客体稳定性与情感稳定性。客体即孩子身外的世界。客体的稳定性，在良好的养育环境下，孩子在一岁半即可形成。情感稳定性，即一个人只要确认对方是爱自己的，就不会因时间和空间距离而无端产生怀疑。情感稳定性，在良好的养育环境下，要到三岁才能形成。如果父母在孩子的这个成长关键期远离孩子，没有应有的客体稳定性和情感稳定性，就会令孩子一生缺失安全感，这也是孩子出现网瘾现象和其他品格问题的始作俑者。父母的短期轻松，换来的将会是孩子终生的遗憾，他需要用一辈子去承受和弥补。

绝大多数孩子不愿选择父母所从事的职业，这种现象背后折射的是孩子对父母"职业病"行为的心理抵触，是孩子对将家长角色与职业角色混搭在一起的父母的一种无形的心理反抗。对于这样的问题，武志红在他的《为何家会伤人》一书中作了具体的分析。

武志红在《孩子总考砸，可能有内情》一文中，举出了因为父母和孩子之间缺乏有效沟通而导致的"被动攻击"的例子，即孩子通过有意无意的、看起来极其容易避免的错误激怒父母，使之作出攻击的行为，换得自己内心深处的受虐式的快感。对于这样的现象，武志红讲述了两种典型的模式，即"医生的孩子常生病，教师的孩子不学习"，用以说明和验证。认真想想，确实很有道理。

为什么会出现这样的情形呢？就是因为我们很多人总是沉溺于自己的职业角色，习惯用自己的职业眼光来看问题、处理问题，甚至在家庭中，也总是"拿自己的尺子量对方"，总是习惯"把权力的规则带回家"。

对这样的心态，马季先生有过一段传统相声叫《请客》，请客吃饭的整个过程被医学术语"包围"，让被请的人胆战心惊、食欲全无。在我们教育行业，一直存在"老师的孩子不学习"的现象，从心理专家曾奇峰的分析来看，背后的原因并不简单。

我们有一个成语叫"好为人师"，其实很大程度上已经说出了背后的原因。我们当老师的习惯了自己的职业语言，"心里装着一把教育的锤子，看哪都像教育问题的钉子"。所以，进入家庭，仍然把当老师的那套东西，用在自己家人身上。又因为自己的老师身份，自然认为自己的孩子在学习上就该是优秀的，否则，就是丢面子的事。于是，拿老师的态度管孩子，过分关注孩子的学习成绩，使学习成绩成为对待孩子的晴雨表。同时，由于身份感以及"师道尊严"，往往对自己的孩子严于对自己的学生，对学生还能做到不过度批评和惩罚，而对自己的孩子，却打也打得，骂也骂得。

当我们总是以成绩来衡量孩子的成长，以压制来代替孩子的独立行为的时候，孩子一方面不敢采取明显的反抗行为，一方面又需要释放自己的不满情绪，就只能靠看似无心的错误来激怒家长，靠故意考砸来刺激家长的自尊，因为这些正是家长最在乎的地方，最能让家长感到不舒服，而家长在这些方面的不舒服，正好满足了孩子内心报复性的情绪纾解。对于这样的问题，曾奇峰归因于三点：一是家长对孩子的控制欲极强，生怕孩子遇到任何挫折，希望尽可能完美地安排好孩子的一切，以防他们遇到麻烦；二是家长对孩子的期望值过高；三是不允许孩子表达对父母的不满，要求孩子必须听话。也就是说，这些家长只希望孩子永远都是孩子，希望孩子按照父母安排的道路生活，使孩子失去了自己长大的机会和做自己的可能。

所以，曾奇峰认为，要避免这样的事件发生，父母就要了解背后的起因，在"认真生活不做坏事"底线的前提下，学会适当放手，让孩子自己去决定自己的人生，只提供孩子关键时候需要的必要帮助。要尊重孩子，让孩子自己去经历和思考生活，而不是监视和监督。适当的距离、相对自由的独立空间，是解决孩子"被动攻击"问题的一剂良方。

压力往往是人生失败的开始，这样的例子不胜枚举。世界著名的走钢丝演员、美国人瓦伦达，一生从未出现失误，却在最后的告别演出时摔下悬崖。这本来是最后的收官之作，为什么却成了生命最后的悲剧呢？其实，就是对结果的过度关注使他的心理失衡，注意力涣散，进而导致其在关键时刻一命呜呼！西楚霸王项羽，一生勇猛，所向披靡，在兵败垓下之际，本可回到江东，重整人马，东山再起，却因"无颜见江东父老"，自刎于乌江之畔。我们很多的孩子平时的学习非常优秀，却在大考之时遭遇人生滑铁卢，这都是心理负担过重所致。近些年不断出现的高中生、大学生自杀事件，也无不凸显巨大心理压力的影子。

所以，在生活压力日趋加大的今天，为孩子减压就成为当务之急。武志红在他的《为何家会伤人》一书中列举的考试压力现象，也是我们曾经经历过的现实问题。当年，我们为了跳出农门，也是在这样的压力环境中长大的。我所熟识的很多人，为了能够考上中专，不惜以青春为代价，抱持"水大泡倒墙"的信念，有些人经历"初十一""初十二"实现了梦想，有人却在经历"初十一""初十二"后仍然折戟沉沙。曾听一位老师说过他的一位女同学的故事，当年，那位女同学经历了"初十一"的磨难，被告知考上师范的时候，居然推着自行车一路跑回家，这让我一下想起了疯癫的举人范进！

经历"初十一""初十二"却仍然折戟沉沙的人，也有我的几个同学，当年我上初三时，他们已经"初五""初六"，甚至"初八""初九"了，有的还是"高三""高四"返回来复读的，还有的一边复读，一边给初一初二的学生代课。说实话，那时候，我觉得在他们面前压力很大，因为好像他们已经对初中的知识无所不知了。所以，我几乎毫无悬念地落榜了。而到了"初四"，因为最后两次"冲刺考"考得不理想，班主任又给了我"也就是试试手"的断言，直到我们的物理老师跟我说我没问题，我便重新鼓起勇气，才取得了中考488分的成绩，仅次于"高四"回来复读的一位远房表哥，成为当时全乡第二，并因高分而被划入师范就读。其实，那一年我确然是抱着试试看的心态考的，因为在那个时候，复读一年考上的几乎没有。这也引起了几个平时比我学习扎实的取得委培录取资格的同学和没有达到录取分数线的同学的不服气。但是，后来那几位比我早几年的同学在又坚持了几年后仍然没能在考学上取得突破。现在看来，或许正是当年较小的压力救了我吧。

看看现在的孩子，真的是从出生就生活在压力之中。一句"不让孩子输在起跑线上"的断言，让社会的压力、家庭的压力、家长焦虑和浮躁带来的压力，全部转嫁到了孩子身上。在充满竞争的氛围里，家长对于孩子的成长特别是对于孩子学习成绩的关注，达到了前所未有的程度，最终演化为家庭、社会、学校对于孩子考试分数和排名的过度关注，好像考试分数成了衡量孩子的唯一标准。于是各种看似合理的牺牲孩子的时间、精力和健康的行为，成为一种时尚。孩子成为社会压力、生存压力、考核竞争压力的最终受害者，"多考一分，干掉千人""只要学不死，就往死里学"这样血淋淋的口号，赫然出现在本来是丰富孩子精神生活的学校文化墙上。于是，魔鬼式训练、精英式培养变得无处不在；于是，跑操端着书、吃饭抱着书、上厕所拿着书、睡觉放着书成为一种"别样的风景"；于是，当高考结束，漫天飞舞的撕碎的书页，成了一种别样的讽刺。学习奥数的孩子，终生不想再碰数学；拿到理化生奥赛成绩的孩子，终生不想再进实验室！压力带来的焦虑和心理失衡，让孩子出现失眠、抑郁与自残的情况，让孩子的生活了无生趣！

而当孩子走向社会，却发现通过压力换来的好成绩，解决不了现实生活的问题，压力带来的心理扭曲让他们走向了毁灭，让他们对给予自己压力的父母和学校，再也没有了感激和敬畏，而这一切只能成为他们内心抹不去的伤痛！

所以，我们的家长要学会做给孩子减压的智慧家长，我们的老师要学会做给孩子减压的智慧教师，这样才会帮孩子成为自己人生的创造者。

当孩子出现失败和挫折的时候，家长该做什么？这样的话题，或许很多人都可以马上给出理想的答案，那就是与孩子共同面对。可是，我们如果认真观察就可以知道，很多家长在孩子出现失败和挫折时，不是对孩子进行适当的安慰和理解，而是采取了责难的态度和批评的行为，甚至比孩子更焦虑，使本来已经心存愧疚的孩子，由于逆反而产生抵触，这也往往是孩子与家长情感冲突的开始。家长对孩子的否定让孩子更多地关注外来评价，而不是事件本身。这样的一种状态势必会影响孩子对自己行为的判断，甚至会影响到他们终生的成长。这种情况如果发生在高考阶段，极易导致孩子患得患失，以至因不能取得与自己预期的成绩而引发情绪的大爆炸。对于如何避免这样事件的发生，武志红在他的《为何家会伤人》一书中提出的建议是："父母真诚地和孩子一起承担责任。"

其实，我倒是认为，孩子之所以会有这样的挫折感，并不能仅仅归因于学习的压力，而是在过去的岁月里，孩子任何独立的行动带来的失误都会受到家长的指责和冷遇，甚至是生活中的小失误，例如洗杯子洗碗时手滑打碎杯碗，换来的都是一通不分青红皂白的劈头盖脸的指责，于是孩子便有了一旦做不好就会被责难的心理。如果不是斥责，而是暖心的问候和安慰，或许孩子会在以后做事时更加认真。

这样的一次次的经历，让孩子活在了家长、老师和同学的目光和评价里，每到关键时刻，孩子考虑的不是怎样做好自己，而是万一失败了怎么面对周围的目光。孩子心里会形成一种挫败情结：越怕失败越想把事情做好，自己在做事时越会走神。如果从小到大，孩子都是活在这种歉疚的心态里，总是惧怕因失败而被轻视，甚至为了避开别人的眼光，宁愿选择逃离人群。如果孩子不能在恰当的时机重新形成自我认同，正视自己的存在，就会慢慢感觉周围都是窥视自己的眼睛，认为所有的人都会向他投来鄙夷的目光，他就会走向偏激，走向忧郁，甚至走向精神分裂。正如武志红所说："他们怕的其实不是失败，而是被人否定。"

所以，作为家长，需要做的不是对孩子做的某件事情的好坏进行评判，而是在孩子的整个成长的过程中为孩子提供心灵的慰藉与安全感。对于孩子出现的失败和挫折，不能一味去呵斥指责，而是要心平气和地与孩子共同面对，给予他们适宜的理解和帮助，允许孩子有试错和自我修正的过程。这样的过程，是孩子在亲情陪伴下真正地独立成长的过程，也是孩子健康心智的形成过程。

丧失信心是问题孩子走向深渊的根源

【摘】如果进一步考察这些孩子（被家庭过度溺爱的孩子），我们总会发现，他们对获得哪怕是最小的学业成功都不抱希望。他们这种自我低估并不完全是自己的责任。周围的环境对他们走入这条错误之途也起着推波助澜的作用。他们在学校感到似乎是在证实这些预言或谩骂，他们也缺乏判断能力和分析能力（他们的长辈也同样缺乏这些能力）来纠正这种错误看法和预言。因此，他们甚至在做出努力之前，就已经放弃了努力。他们把由他们自己造成的失败视为不可克服的障碍，并把它们视为自己无能和不如别人的证明。

——阿德勒《儿童的人格教育》

【思】家庭过度溺爱的孩子，习惯了衣来伸手，饭来张口，极易因被动接受而形成懒惰的行为习惯，畏惧挑战困难，不愿主动作出改变，为一切不可能寻找借口，而且常常语言大于行动。同样具有这类特征的孩子，还有来自比较封闭、父母相对懦弱的家庭的孩子，这样的孩子也是容易出现不愿与人交往，遇事容易退缩等现象的。这些孩子的表现，其根源应该是自信心的低落，大多受家庭环境氛围影响，或者受挫时没有得到适当的鼓励和引导所致。

来自家庭、学校、社会的判断与指责使这些依赖性较强、性格懦弱、自信心缺失的孩子处于挫败感的包围之中，对一切向好的努力失去信心和动力，转而寻求一种暂时可以逃避的环境和氛围。而这种逃避的行为与家长和老师的期望产生了冲突，又进一步引起老师和家长的打击与惩戒，使孩子转而绞尽脑汁地找借口逃避，甚至出现撒谎、逃学等行为。在这样一个过程中，家庭是始作俑者。家长开始是过度溺爱，大包大揽，以爱的名义让孩子成为被动接受者。家长渴望孩子出人头地，实现改变命运的梦想，对孩子寄予厚望，一旦发现孩子达不到自己的目标，就转而斥责和打骂，让孩子由极度的受宠转为极度受挫，进而选择逃避或者对抗。家长生性懦弱，孩子则会潜移默化地形成谨小慎微的做事习惯，遇事畏缩不前，不敢寻求突破，往往被判定为难成气候，如果没有特殊的际遇，几乎很难提振他们的自信心。在这些孩子的成长过程中，教师如果不能体悟这些孩子的心路历程，及时予以引导和纠正，让他们逐步恢复自信，而是一味指责和忽视，极易成为他们走向失败的助推手。

基于以上的理解和认识，我也在教学过程中对每一个孩子进行了细致的观察，确实发现了这样的典型。如在二年级《道德与法治》的课堂上，我让孩子们认真想想假期里的生活，并用自己的方式表达出来。一个长得壮壮的小男孩立刻应声："我不用想，现在就能写出来。"我示意他可以马上完成，只见他撕下几张纸，一会儿就用铅笔连着画了三张，然后就与周围的孩子打闹起来。我走到他跟前，指着一张图片问他画的是什么，他回答说是爬千佛山，问他看见了什么，他指着斜线上的几个直角说看见了石道。问他还看见了什么，他说没有了。问问他为啥不写下来，他回答说他不会。其他两张画如出一辙。教授关于国庆节和中秋节内容的课之前，我安排了预习，并提示了几个方法。课堂上，我让大家一起交流预习情况，这个胖胖的男孩什么都没有做，问他情况，他说爸爸妈妈没在家，爷爷奶奶不知道，附近没有熟悉的高年级的哥哥姐姐，家里没有电脑，也没有手机，我问不是上学前还用手机上网课吗，他回答说手机坏了，反正就是不具备完成预习任务的条件。这次我没有像原来一样放弃他，而是拍了拍他的肩膀告诉他，只要他想去做，肯定会有办法解决，下节课要让他讲讲查到的资料。这孩子虽然还是表示不敢讲，却在接下来的一节课里，把自己查到的不多的资料由别的学生代替展示了出来，迈出了他独立学习的第一步。但愿这样的改变会激发他走出懒惰与自卑的心理状态，成为自己的主人。

丧失信心是问题孩子走向深渊的根源，我们要始终牢记这一点，始终保持清醒的头脑和足够的耐心，深入孩子的内心，采取合宜的方式，让孩子获得成功的体验，激发孩子向上的信心和决心，从而改变他们的生命轨迹，过上幸福完整的生活。

让孩子把生命的意义融入社会意义之中

【摘】由于人们不能从一种逻辑的和客观的观点来审视自己的生活结构，他们中的绝大部分不能理解自己行为模式的关联和一致性。一旦出现问题，他们就会陷入恐慌，而不是想去面对和解决问题。他们会认为自己走错了路，所以才会出现问题，才会犯错误。对于孩子来说，必须记住，如果他们偏离了对社会有益的方向，他们就不能从消极的经验中获得积极的教训，因为他们完全不理解问题的意义。因此，有必要把自己的生命视为一种贯穿所有相互关联的事件的线索。任何事情都离不开他的整体生命的背景，而且只有参照所有既往的事件才能得到理解。儿童只有理解了这一点，他才能够了解他偏离正道的原因。

——阿德勒《儿童的人格教育》

【思】我们每个人都不是活在真空当中，今天的学生，就是明天的建设者和接班人。一个孩子不能在童年和青少年时期形成社会责任感，不能正确认识自己是社会的一分子，不能为自己成为一个合格的公民而具备必需的公德意识，将来就不可能很好地融入社会，成为有所建树的合格的社会主义事业建设者和接班人。培养这样的社会公德既是学校的职责，也是家庭的责任。孩子成长过程中出现的社会感偏离和信心缺失，甚至是精神的疾病和错乱，很多时候都是由在他们成长关键期，科学的家庭教育理念和学校管理理念缺位造成的。或失于苛责之严，或失于爱之过溺，这是我们必须要重视的，这样的管理过程，给孩子带来的是极大的心理伤害。

有一个女孩子，家中排行最小，父母都是高考落榜生，生性要强，家教极严，所有的孩子必须在同龄人中做到最好才能被父母认可。女孩子长大几岁，父母安排单独分床，由于依赖性强，这个女孩子非常害怕，但她的哭叫换来的是父母的严厉呵斥。女孩躲在被窝里，黑暗中不敢闭眼，也不敢出声，怕被父母责骂，整晚处于恐惧之中。后来，上了小学，睡眠不好，精力自然不集中，学习成绩也就不突出，对她而言，每次考试都是胆战心惊的经历。上了初中，孩子越来越孤僻，睡眠依然不好，不愿与人交往，开始神经衰弱。这样的状态，换来的是父母更多的责骂。初中毕业，这个女孩子没能考上高中，当时县里为了补充教育人员的不足，分配委托培养名额，收费招了几批初中毕业生，她通过学习，成为一名教师。但是，她依然长期处于精神紧张之中，最后几至酿成大祸。

所以，我们必须要让孩子拥有社会责任感，只有这样，他们的人生才更有意义，才会应对社会上各种无法预料的问题，真正成长为有用的人才，而不是社会和家庭的累赘。

绅士和淑女是怎样炼成的

在日常生活中，我们越来越发现一些值得担忧的问题，那就是孩子的性别差异好像在很多孩子身上越来越不明显。有时候我们走在大街上，看到一个长发披肩、耳环闪耀的孩子，以为是一位淑女，走近了却发现是一个猛男！留着寸头、步履矫健的身影，也有可能就是一位姑娘！

男孩女性化，曾经成为被社会诟病的问题，有些人把它归因于以女性为主的教师结构，原来被人们讥笑的"娘娘腔"，现在好像已经见怪不怪了，与此同时，"女汉子"也成了一种对女强人的欣赏之语，并认为是生存竞争环境下的必然。男孩女性化、女孩"汉子化"，使很多家庭的关系失衡，也让孩子的培养成了新的问题。这一切除了社会分工出现的职业化和学校教育中女性教师比例过高的因素外，更重要的是家庭夫妻关系的失衡，造成孩子关键成长期的不和谐。武志红的《为何家会伤人》就用案例的方式给出了这样的解读。

武志红认为，三岁以前的孩子是没有性别概念的，孩子大多会与母亲形成较亲密的关系。从三岁开始，孩子开始有了性别概念，这种性别概念，使孩子在家庭中的关系得到认同。夫妻关系作为家庭中最主要，也是最关键的核心关系，直接影响着孩子的性别认同和人格成长。

不难发现，正常的、和谐的夫妻关系，不仅支撑着一个家庭的幸福状态，也影响着子女的健康人格的形成。而一种不和谐的夫妻关系，不仅会影响家庭的幸福指数，还往往会让孩子重蹈父母的覆辙，制造出不和谐的家庭和人生。我们在生活中见证了太多这样的例子，在近年的电影、电视剧中，也多有这样的角色和场景出现。我们如果不去深入分析背后的东西，可能也会导致同样悲剧的出现。所以，家庭中父母对孩子要施加正确的影响，先要从夫妻之间的正确定位开始。

对此，武志红老师坚持认为，在家庭中夫妻关系要有优先权。孩子是夫妻之间爱的结晶与纽带，也应该是夫妻之间矛盾的溶解剂。但是，在实际的生活中，却有些父母总是将孩子作为攻击对方的武器和胁迫对方屈服的工具，甚至以伤害孩子的健康来逼迫对方屈服，造成亲子间的矛盾。这样的经历，会在孩子的心灵深处留下深深的伤痕，成为孩子终生挥之不去的痛。而这样的痛，可能也会造成孩子将来家庭中的问题。所以，智慧的家长会给孩子提供一种健康的、和谐的家庭关系，让孩子在爱与责任的感知中成长为具有独立意识的个体。

绅士和淑女从哪里来，首先是从家庭中和谐的、充满爱与责任的健康关系中来。

陪伴是心理成长的一剂良药

在我们广大的农村，迫于家庭生存的压力，年轻的夫妻共同外出打工，而将年幼的孩子抛给爷爷奶奶或姥爷姥姥抚养管理，造成了人为因素的亲子分离。很多年轻的父母，由于工作性质的原因，经常早出晚归、加班加点，孩子很小起就必须独立面对很多问题。劳碌的父母由于没有形成正确的亲子观念，以忙碌为借口忽视了与孩子情感上的及时沟通，甚至在孩子出现情感渴求时，对之加以呵斥，过后又由于内心的歉疚而给予孩子无限度的物质满足，却没有意识到，孩子看似无理的、不断攀升的物质追求，其实是合理亲子关系缺失下的一种补偿需求。孩子追求物质满足，背后只是一种意欲引起父母关注的情感需求，只不过孩子不会表达，或者是表达时受到了父母的呵斥，只能用不断的物质要求来验证父母对自己的爱。

可惜的是，很多父母没有意识到，这种物质要求背后到底是什么在支配，孩子不断变换物质需求，以验证父母的爱，其实是亲子关系的缺失下孩子对爱的渴求。当父母家长无法满足自己的需求时，这些孩子仍然没有学会真正的情感交流，这种物质追求便进入疯狂的状态，甚至不惜损害自己的身体和灵魂，成为大人眼中的"问题孩子"，成为父母挥之不去的痛。而直到这时，这些孩子的父母依然不明白，自己已经这样爱孩子了，满足了他们从小到大的需求，孩子为什么还这么不懂感恩，不知足，太没良心了！家长不知道的是，正是他们对孩子心灵陪伴的缺失，才造成了孩子现在的心理问题，自己正是孩子出现问题的始作俑者！对照武志红的"对物质的追求是对爱的渴望"的理论，便不难找到孩子成长问题背后的根源。而避免孩子们出现这样的问题，就是要给孩子真正的陪伴，特别是对孩子心灵的精神陪伴。

在生存压力日趋加大的快节奏的今天，对于父母因为生存而外出打工现象，我们不能简单地进行道德上的评判，也不可能要求父母放弃工作去全职照顾孩子。对于由于职业原因，经常早出晚归、加班加点、不得不与年幼的孩子分离的父母，我们也不能要求他们违反工作规定而成为工作制度的破坏者。作为父母，重要的是要正确处理好由于分离而带给孩子的心理压力，身体的分离，必须要用及时的心理陪伴来进行补偿，特别是在今天网络、通讯极其方便的情况下，亲子间的沟通和分离后的心理调适都不再是难事。但是，这也带来了另外的问题，那就是沟通的简单化、物质化。在原来以书信为通讯载体的时代，对于双方交流的内容，我们往往会字斟句酌，认真思考，形成双方思想上、情感上的充分共鸣，信件也可以留存下来，根据需要被不断地重复阅读。而现在的网络沟通，在增强了及时性、便捷性的情况下，也失去了思想交流的深度，取而代之的是简单嘘寒问暖式的沟通。这就让孩子的心灵陷入了用不断的物质要求弥补情感需要的怪圈，父母则由于对亲子关系没有正确的认知，对孩子提出的各种要求，都一味满足，却不采取合适的方式来处理孩子因父母情感缺位而产生的怨怼情绪。所以，恢复书信，让富有情感和温度、字斟句酌的文字带给孩子们情感和心灵的陪伴，或许是一种不错的选择。

我认识一位智慧的母亲，她在孩子很小时因为生存的压力，到离家几十里外的地方上班，由于交通不便，不得不一周回家一次。那个时候手机还不普及，这位母亲不能做到与孩子天天沟通。但是，这位只有初中学历的母亲却采取了智慧的处理方式，每次回家，她都会跟孩子进行亲密的交流，认真倾听孩子的倾诉，也跟孩子分享自己工作的点滴。每次离家上班之前，这位智慧的母亲会征求孩子的意见，想要什么东西，但是不能超过两样。在物质不是很充足的年代，孩子往往会选择糕点和水果，她就会把东西分成六等份给孩子放置好，并告诉孩子，他可以自己选择处理这些东西的方式，可以一次把六天的东西吃完，也可以每天吃一份。她还会给孩子留下每一天的信，告诉孩子，如果想妈妈了，就读一读信，自己读不了，可以让爸爸读给自己听。于是，小女孩每天控制住想要全部吃掉妈妈留下的糕点和水果的欲望，只享受妈妈留下的带着浓浓爱意的那一份，这样就好像每天都有妈妈的陪伴，孩子吃完的时候，就是妈妈回来的时候。孩子也会想妈妈想得哭鼻子，这时候，读妈妈留下的信，就像妈妈在身边一样。她的孩子长大后充满阳光，充满亲和力，学习成绩优秀，乐于与人沟通，也乐于帮助他人，与人分享。孩子还能够按照自己的计划进行学习和生活，面对暂时的失利，也会迅速进行自我调整和修正。在这个成长过程中，分离并没有给孩子内心造成疏离感与伤害，对于孩子来说，母爱从未缺失。

作为老师，我不喜欢让孩子去上各类的文化培训班，在学校里老师安排的学习内容已经很多了，课外再让孩子不停地补习功课，我觉得没有必要。我因此还被女儿的数学老师训过一顿，尽管我那时候已经是一名农村学校的校长了，那位县直学校的老师还是当着她办公室里几个学生的面，把我训出了一身汗，最后我不得不让孩子去上了一学期的培训班。除此之外，我女儿再没上过文化课的辅导班。

当初选择让女儿学习书法，是因为她好动，总是一不注意就会连蹦带跳。本来孩子是想学舞蹈，我和妻子都理所当然地认为，本来就稳不住，不能再学舞蹈，还是学书法比较好，坚持让她学了书法。开始的时候，孩子还不错，书法老师也夸她有灵性，慢慢练得像模像样了。可是，一天练好几张毛笔字，对于本来就不是自己选择的任务，女儿终于还是感到了厌烦和不适，她从小学四年级开始学书法，练到初二，终于爆发，坚决不去练了。高二下学期，女儿跟我们沟通，想学艺术类的专业课，因为觉得可以上个好一点的学校。她自己选择的是美术。我们觉得孩子没有美术基础，靠突击根本就没法达到要求，而她原来的书法已经具备了一定的功底，也曾经获过几次奖，还是走书法这条路比较靠谱，就又做工作让孩子重拾书法，最终她进入南京师范大学泰州学院美术学院五年制书法篆刻本科专业学习，并同时选修小学教育本科专业。毕业后，女儿取得了小学语文教师资格证，应聘到省内一所民办公助体制的学校任教。毕业后，我们仍然希望她发展自己的特长，不放弃对书法的练习。每逢过年过节，我也希望她给家人和朋友写点对联，为此还专门网购了一小箱对联纸，让她带到班上，有时间时写一写，也是想借此对她进行一下督促。

那个寒假前，孩子自己报名参加了初中美术学科教师资格证的学习，妻子问她对联的事情，她却一副都没写，给的理由是没时间。我只好让她把对联纸全带回来，回家写。农历腊月二十四，我弟弟把女儿接回来，尽管我们一再嘱咐一定要督促她把对联纸全部带回，她仍然只带回了一小部分。好在我正在读武志红老师的《为何家会伤人》，否则肯定会大发雷霆。这次，我没有声张，只是在回到家看到女儿铺开纸，写了几副对联后，说了一句："开工了，写得挺顺畅。"便没再多加催促。

第二天早晨，我正在准备回老家的东西。妻子随口对女儿说了一句："你送给你那个姨的对联，人家都认为是买的呢！"我就又犯了职业病，随口跟了一句："你可以把写书法当作一种休息，累了就写几幅放松一下。把写对联当作练字，也是一种劳逸结合。"闺女接过话来说："练书法可不是不用脑，哪能有休息。我倒是觉着你也该练字。"接下来的一句话即将出口，突然意识到什么，我又给咽了回去，她脑子里其实想的是"我哪有时间？每天要处理忙不完的工作，还要读书、写东西，还得参加各类会议培训，还要上课，练书法是需要有静下来的时间的"。这些天读武志红老师的书，我突然意识到我的话，其实就是给自己和孩子设立了双重标准啊！

晚上，跟女儿聊天，我有意识地梳理这个问题，问女儿："你们孙老师（书法老师）当时让你们写几张报纸的毛笔字？"孩子已经忘了。继续交流："你们书法老师当时方法有问题，一天练好几张报纸的字，太多了，都没兴趣了。"女儿回答："其实不是，主要是本来就不想学。""当时你愿意学舞蹈，我跟你妈都觉着你站不住脚，怕你学舞蹈更不站脚了。其实，现在看看，我们还是有偏见，练舞蹈也是需要坚持和毅力的。"这时候，练过舞蹈的小女儿搭话了："练舞蹈也是需要吃苦的，练时间长了，也需要专注力。"小女儿本来想学美术，因为我们觉得她太内向，不爱说话，让她去学了舞蹈，好在孩子后来自己慢慢喜欢上了舞蹈，并一直坚持到上高中。是啊，我们当家长的往往让自己活在对孩子的担心之中，习惯用自己的眼光去看问题，却没有形成对孩子独立成长的尊重，没有让孩子有自己的选择，并为自己喜欢的事情去付出努力。

所以，在孩子成长的问题上，我们需要的是理解和信任，需要的是换一个角度看问题。明白这些，越早越好。

用智慧的眼光，应对孩子的优越与自卑

【摘】渴望优越是与一些明显的性格特征联系在一起的。我们可以通过观察一个孩子对优越的渴望来揭示他的全部野心。如果这种自我肯定的愿望过于强烈，那么他总会表现出一定的嫉妒心。这种类型的儿童很容易染上希望其竞争者遭受各种可能厄运的心理。他不仅怀有这种阴暗心理（这经常会引起精神疾病），而且还会给对手制造伤害，带来麻烦，甚至表现出十足的犯罪特征。这样的孩子会造谣中伤，泄露隐私，贬损同伴，以抬高自己的价值，特别是有他人在场看着他的时候，他误以为没有人能够超过他，因此，他是抬高自己的价值，还是贬低他人的价值，这并不重要。如果这种权力欲望过于强烈，他就会表现出恶毒和报复心理。这种孩子总是表现出一副好斗和挑衅的架势，他们眼露凶光，突然发怒，随时和想象中的对手搏斗。对于这些渴求优越的孩子来说，参加一场考试是非常痛苦的事情，因为这会轻而易举地暴露他们的无价值。

——阿德勒《儿童的人格教育》

【思】追求优越感和成就感的过程，实际就是形成自尊的过程，这样的一个过程与极度自卑形成的过程，有时候很难区分，因为"追求优越和自卑感是同一心理现象的两个方面"。极度的自卑，表现在时刻强烈维护表面的坚强，甚至对来自外部的轻视表现出极大的攻击性。而真正具备自尊的人，有些时候表现出来的恰恰是类似于自卑的一种谦卑。所以在我们的教育生活中，我们一定要对追求优越和成功的真正自尊与强烈对立和叛逆的自卑，进行认真的观察和分析，以采取应对措施，调适学生心理的变化。

在我的工作实践中，就曾出现过这样的事情。二十六年前，我师范毕业成为一名农村语文老师，从一位代课老师手中接过毕业班，兼任班主任。那时候的农村小学，一个班有六十五六个人，担任班长的是一个男生，母亲是贵州人，是被人贩子拐卖到了我所在的乡镇的，孩子是随母亲一起带来的。可能是由于这样一种经历吧，孩子有些早熟，个性极强，穿着虽然平常，却留了一个很时髦的分头，颇有一种社会青年的派头。原来的老师在任时，对这个担任班长的孩子很宠信，这也导致了他我行我素的习惯。我接过这个班来以后，可能是与原来的老师管理风格不一样，也不再事事按照原来的做法，这个担任班长的孩子出现了明显的不适应。开始时是消极对待班里的工作，后来干脆对我安排的工作直接不执行。为了与他沟通，我软硬兼施，甚至让原来的女老师到学校来一起交流，这些都不奏效。情形变得越来越糟糕，这个孩子开始由消极对抗，升级为故意捣乱，最后坚决辞去班长职务，并选择了退学，即使我采取多种方式挽留，他仍潇洒地甩头离去。现在看来，这个孩子当时是渴望有一番成就的，只不过由于特殊的经历，在家里他的心灵是孤独的，得不到真正的温暖。在学习上，他只是中游的学生。在他的内心深处，其实是充满自卑的，唯一能让他找到自信、可以凭恃的就是他潇洒的发型和自以为良好的管理能力，而这些却因为老师的更换失去了意义，因而他觉得失宠了。他开始心理失衡，自以为通过威胁和捣乱就可以挽回面子，但发现这样根本不可能，从而觉得颜面扫地，内心的愤怒和失落让他最终失去理智，选择"潇洒地"放弃了学业。这既是他的失败，也是我初为人师、缺乏教育智慧的失败。

教育是育心的工程，我们需要用智慧去关注孩子的成长，正确判别孩子表现出来的自尊现象，到底是追求优越和成功的表现，还是自尊现象掩盖下的极端的自卑，从而恰当调适孩子的心理，让他们远离心灵的伤害，让他们拥有幸福完整的教育生活。

救救孩子：警惕"棒杀"，更要警惕"捧杀"

近日看到两则新闻，一是说汶川地震中救出七人的小英雄雷楚年，如今已因诈骗罪锒铛入狱。另一则新闻是刚刚宣布的，平均年龄只有八岁的"天府少年团"组合因社会质疑而宣布解散。

很多年来，我们一直在强调关注问题孩子，但很多时候我们往往关注的是学习困难的孩子，把过多的精力和指责投到那些令老师头疼的学习成绩不够优秀又不断制造麻烦的孩子，对于那些学习成绩优秀，平时表现很乖巧的，看上去非常聪明懂事的孩子，却是偏爱居多，甚至忽略掉这些孩子成长发展中的一些隐性问题，以至于以学习成绩评价代替学生综合成长评价，造成唯学习成绩马首是瞻而"一俊遮百丑"的现象的发生。

在这样的理念之下，学习成绩较差的孩子处处受到指责，"一丑遮百俊"，一路被很多老师批评，被压得抬不起头来，部分学生因之失去学习信心，出现了"破罐子破摔"的现象，成为"杀威棒"下的失败者。而学习成绩拔尖的孩子，则一路被各科老师宠溺，有点问题也往往被认为"瑕不掩瑜"，可以忽略不计，致使这部分学生恃宠而骄，目空一切，受不得半点委屈，而被"捧杀"。无论"棒杀"也罢，还是"捧杀"也好，对于孩子的成长，都是一种严重的伤害，"棒杀"打掉的是前行之志，"捧杀"毁掉的是学生的真实。近些年来出现的超级明星、网红达人更是日趋低龄化、恶俗化，成为毒害青少年成长，扭曲孩子的人生观、价值观的凶手。这样的教训屡见不鲜，却唤不醒痴迷之人，所谓的"天府少年团"的出道，就是这样一出闹剧。

千年前，宋代政治家、文学家王安石以与其同龄的方仲永生来便出口成章，而被其父"日扳仲永环谒于邑人，不使学"，最终"泯然众人矣"的成长悲剧向我们揭示了"捧杀"带来的恶果。可悲的是，历经近千年，这样的事情依然在不断发生着。中国台湾童星王欣逸七岁出道，八岁在电视剧《海豚湾恋人》中出演男二号徐泽亚的童年角色，因为过人的演技而被观众喜爱。王欣逸出演过《八号当铺》《斗牛，要不要》《悄悄爱上你》等热门电视剧，并凭借在《阳光下的足迹》中出色表演，十二岁就入围了台湾电视金钟奖最佳男配角。就是在这样的光环下，王欣逸迷失了人生方向，高中时学着别人文身，直至成为一名逞凶斗狠的社会人，二十一岁在哥们儿义气的不良思想驱使下，与多人联手将一名未满十六岁的少年打成重伤，他也因此锒铛入狱。可以说，正是来自各方面的"捧杀"，导致了王欣逸人生天平的倾斜。

再看看曾经的汶川地震少年英雄雷楚年，他因偶然的机遇被捧红，换来了聚光灯下虚荣心的满足，由此动摇了人生理念，从天而降的不劳而获的无上荣光、丰厚的物质利益及享受，使得他成为忘乎所以的、私欲膨胀的极端个人主义者。欲望，最终将他带入无底的深渊。同样是因荣耀而膨胀，同样是因无知而无畏，同样是因四面八方的"捧杀"，这些人重蹈着近千年来的"伤仲永"式的人生悲剧。

好在，并不是所有的孩子都会迷失，也不是所有的父母都无原则地为利而动。同样童年出道，因饰演红孩儿一炮走红的赵欣培，其父母坚持拒绝蜂拥而来的影视和广告邀约，他也潜心求学，最后考取了北大计算机科学技术系，并获得中科院博士学位，成为北京一家公司的首席技术官。跳水世界冠军全红婵，父母是当地三十八家低保户之一。全红婵成功后，各方赞助铺天盖地而来，有人一次就奖励她二十万，有企业还准备赠送房产和商铺。可是，全红婵的爸爸，一位朴实的农民，却坚决拒绝消费全红婵的荣誉，拒绝接受所有的赞助，继续在家务农，种植橙子，这也必然会使全红婵更能清醒地认知自我，保持清醒的头脑，走向更大的成功。

如果说"棒杀"使人沮丧，让心灵经受折磨，但至少还有可能激励人们在受挫后砥砺奋起，如卧薪尝胆的越王勾践。而"捧杀"则正好相反，它让人从一开始就陷入错误的幻象，消磨了斗志，如温水之煮青蛙，糖衣炮弹之慢性毒药，腐骨蚀肌，待到病入膏肓，已经无药可治。所以，对于孩子，我们要提供适合成长的环境和土壤，既不可过于苛责，一路"棒喝"，更不可虚浮以待，过分地赞扬和吹捧，以至于让孩子们迷失人生的发展方向。"捧杀"的危害，作为教育者，我们更当清醒地看待。

谁刺痛了孩子的纯真

——听李镇西老师写作里的故事

我的教育生活里值得回忆和记住的绝不仅仅是鲜花和掌声，还有对于教育失误的反思与修正。

曾经听李镇西老师讲过一个事例，说一个初中男生和一个女生本来是纯真美好的正常交往关系，但李老师想当然的、较随意的干涉举动，导致学生心灵受到了伤害。这也唤起了尘封在我脑海里二十多年前的记忆。我和学生之间发生的这个故事，尽管跟李老师所讲的不同，并不是男女生交往的问题，却同样是因为老师的随意评价而引发的矛盾。李老师在发现了问题后抱着诚恳的态度进行了纠正，我却因为当年不具备这样的智慧，或者说是因死要面子而没能及时纠正，失去了补救的机会。

那应该是我从教的第二年，仍然在学校里承担六年级的语文和社会学科教学任务，同时担任班主任。班里当时有接近六十个孩子，其中有一个女生长得文文静静，是一个在学校门口开小卖部的店主的孩子，不爱说话，学习成绩一般，只是因为个头不高被安排在了靠窗的前排位置。因为经常和孩子爸爸在学校门口见面，他一直嘱托多关注他的女儿，开始我还是对这个孩子的学习督促了一段时间，但是她一直是不紧不慢，学习不见什么起色。当时学校每年要应对全乡的考试竞赛，工作压力较大，时间长了，因为要完成培优的任务，也就慢慢失去了关注这个孩子的耐心。我本来以为，把她送入初中就完成任务了。结果，一次考试带来了一场意想不到的风波。

为了应对全乡竞赛，学校每学期都要组织摸底考试，而且考试时要把不同班级的学生混编。当时为了竞赛排名，老师们都暗中较着劲，自己出的训练题目、购置的训练资料老师每天都是要收起来的，不允许学生透露给其他班的学生。因此，不同班级学生之间也很少沟通。但一次考试打破了这种局面，在查看考场时，我发现我班的那位女生跟我初中非常要好的同学的侄女靠在了一起。因为我同学的关系，我知道他们家跟我们班女生家是世交，我班的女孩子和我同学侄女私交甚密，但是考号是随机编的，这时候再通过学校调整考号显然不合适。尽管我担心那个学习成绩较好的同学的侄女可能会在考场上对我班女生提供"帮助"，但是此时我也已经无可奈何了。

当考试成绩出来，我依照自己的判断，认为按照我班那个女生的学习情况，她考出的成绩有问题，并且直接在没有充分调查的情况下，很随意地问孩子这次为什么考这么好，是不是让别人帮忙了。孩子低着头不说话，既不承认，也不辩解，只是毫无表情地站着。这让我很生气，按照我当时的想法，她好好承认就是了，然后我就表扬她诚实，以后改了还是好学生。看到这样的情形，我气呼呼地回了办公室。

大课间时间，我同学的侄女找到我，站在我面前铁青着脸，眼里分明已经有一团怒火。孩子直视着我："老师，你说××抄我的试卷，有什么凭据？"我以长辈的口吻回答她："你这孩子，我就是觉得这个成绩跟她平时学习情况不符，问了一下，她也没说就是抄你的，你着啥急？""你是老师，你当然不着急！××下课去找我，都哭了！老师就能冤枉人啊！"这孩子知道我跟她叔叔的关系，更是不顾学生身份！我的火"呼"的一下就蹿上来了："你又不是我班的学生，有什么资格质问我！别说我没犯什么错误，就是有错误也轮不到你来教训！有没有作弊，你俩心里最清楚！不做亏心事，不怕鬼叫门！你们这样闹，就说明我说的问题是真的！要不是我跟你叔关系好，你也不敢跑来跟我这样！这事我跟你讨论不着，出去！"孩子被我的气势震住了，抹着眼里流出的泪，嘟囔着"你不讲理"就走了。我心里这个火啊！本来想跟我同学以及他大哥（侄女的父亲）说这事，最后还是忍住了，毕竟是孩子幼稚的行为。但是，后来我再去孩子爷爷家串门，她一看到我就远远地扭头而去。

本以为这事就这样过去了，接下来的事情却让我受到了深深的震撼。就在同学的侄女找我吵闹的第二天早晨，我班的那个女生没有来上学，家长请假说是孩子感冒了。我估计她是在闹情绪，也没有很在意，只是让班里其他孩子把学习的内容带给她，认为过几天就好了。可是，三天后，这个孩子还是没来。我这时候开始有些后悔，觉得不应该采取这么急躁的做法，而且说实话，我也确实拿不出两个孩子作弊的证据。课间休息，我溜达到学校门口，到孩子家里询问情况。孩子父母说，他们怎么劝都劝不动。我试图跟孩子沟通，她依然是低着头一言不发。几天后，孩子转学去了三公里外的一所小学，后来听说初中没读完就退学了。

我知道，对于这个女生，或许我的这一次草率的随意性评价和处理方式不是她过早结束学业的全部原因，但我的缺乏爱心和耐心，却可能是刺痛孩子内心的一把刀剑。正是这样一些看似随意的举动让孩子逐步丧失了成长的信心。所以，我们要学习李镇西老师，在教育学生时时刻保持爱心与责任，多一些理解，多一些爱心，多一些耐心给孩子。唯如此，才可以避免刺伤孩子的心灵。

幸福瞬间，撑起爱的风帆

在教育的长河里，有时候幸福来得就是那么突然，就在一瞬间，爱意涌满心间。而这种教育的幸福感，城外之人，很难体会。

调来这个乡镇工作五年，我与二百多名教师都多多少少有过交流，尽管和有的老师只是匆匆的几句交谈。我并不清楚老师们对我有什么样的评判，只是感觉老师们跟我几乎没有什么不融洽的距离感。直到今年上半年，因为要筹备省级现场会，我在导师推荐下，带着中心小学的部分骨干教师到烟台市芝罘区潇翔小学，进行为期一天的全方位蹲点考察，没想到竟有了意外的收获。

为了能够全面考察潇翔小学传统文化课程建设的情况，我们在星期天下午出发，赶赴四百多公里外的烟台，在潇翔小学附近的酒店入住时已经是晚上七点多了。我看大家乘车很劳累，就在附近找了一个小店吃晚餐。吃饭时，大家一直在讨论第二天的考察，探讨一些细节问题，气氛随意而热烈。我也给大家鼓劲，谈自己对明天考察的思考。话题越来越深入，说话的方式也就越来越随意。

突然，一个年轻的女老师笑着问我："主任，你知道我们背后怎么叫你吗？你猜猜！"听到这话，我心里咯噔一下：难道说老师们关于我有什么原来不好当面说的难听的话，今天在随意的状态下就要说出来了？但是，我还是一脸微笑着回答："这个我可不好猜！大概会觉得我很不近人情吧。"她回答："不是。你再猜猜。"我心一横：反正人也不多，咱也从来不怕别人提意见，而且几百里外，就这几个人，说就说吧。我依旧笑着跟她说："我真猜不着！没事，你说就行，我这人脸皮厚，挺得住！"这位开朗的女同事哈哈一笑："你知道吗？我们私下里都叫你天庆哥哥！"啊！我一愣，这可真是出乎我的意料！看到我的反应，她又笑起来："真的，不骗你！我们背后真叫你天庆哥哥。"在座的几位骨干教师也纷纷点头。

听到这样的评价，想想自己常常板着的脸，好像一副要教训人的样子，我不禁汗颜！"天庆哥哥"这样一个亲切的称呼，出自我管理下的几所学校的普通老师之口，这让我深有触动，我禁不住跟大家说："我平常是不喝酒的，今天，为了这个'天庆哥哥'的称号，我要去买瓶酒来敬大家！因为再也没有比这个称呼更高的荣誉了！一个人在一个举目无亲的地方工作，因为工作收获了兄弟姊妹般的感情，这种信任让我受宠若惊！这是对我工作的最大肯定，也是我今后同大家一起做好教育的巨大动力！"有时候，幸福来得就是这样突然，还有什么比大家的信任更值得铭记呢？

这样的幸福瞬间还来自身边的孩子们。除了负责全镇的教育管理工作，我还给中心小学二年级的两个班的孩子们上道德与法治课。孩子们只知道我是一个老师，从来没人告诉他们我还是管着他校长的领导。而且，孩子们大概还从没见过像我这样可以让他们在讲台上自由发言的老师，可以在他们胆怯的时候拉他们一起坐在讲台边聊天的老师，可以在他们讲得精彩的时候和他们一起手舞足蹈的老师，可以在他们忘记带课本的时候，告诉他们没有书也可以学习知识的老师。所以，每到我的课，孩子们总是在教室门口瞧着，看到我走到教室门前时就一片欢呼。所以，当我因为开会或者其他事务不得不调课时候，孩子们总是天真地问我："老师，你怎么那天没给我们上道德与法制课啊？"上课前，下课后，孩子们总是围在我周围喊喊喳喳，说个不停。

有一段时间，管理工作比较忙，我自己没觉出什么来，这群小机灵鬼居然发现了。因为中心小学对老师们的要求是前后两节课的老师必须形成衔接，课间教室里也是必须有老师在的。作为一个任课老师，我也一直严格遵守这个规定，上节课的下课铃声一响，我就会赶紧赶到下节课要上课的教室门口。那天也是这样，上节课有课的老师见我来接班，收拾了一下打个招呼就离开了，我进入教室提醒孩子们："孩子们，下课时间，需要出去活动，特别是需要上厕所的同学赶紧去，别在上课期间憋不住了再请假。"尽管已经是二年级，还是有部分学生会因为要着急完成上节课的任务或者贪玩忘记了在课间上厕所，而在课上到一半时要求去厕所。而且，孩子们的这个动作往往会引起心因性反应，一个孩子举手要去厕所，往往会引发更多的孩子提出同样的要求，从而打乱上课的秩序。所以，当发现这个问题后，我在上课前都会提醒孩子们去上厕所。

大概是我有些嘶哑的嗓音引起了孩子们的注意，一群孩子正围着我喊喊喳喳诉说的时候，前排的一个小男孩搬着他的凳子过来了，拉着我说："老师，你累了，坐着歇会儿吧！"我笑着拍拍他的肩膀，按照他的吩咐落座。刚坐好，觉得后背被人轻轻地敲了两下，一回头，是一个腼腆的小男孩，平时话很少，这时候拿他的小拳头在敲打我的后背，看我回头，他脸一红，还有点不好意思。我微笑着点点头："谢谢你！"这句话可了不得了，好几个小男生女生一拥而上："老师，你累了，我们也给你捶捶！"一双双小拳头雨点般轻轻落在我的背上、腿上、胳膊上，也落在了我的心上。还有一双小手在轻轻捏我的肩头，孩子们用他们的纯真回应着老师的付出。这个瞬间，幸福感油然而生，并快速充满心间。但是，我也很清醒，这样的一个场景如果让某些标题党看见，恐怕又是一个老师虐待学生的新闻，于是在孩子们表达了爱意后，我也马上起来告诉他们："孩子们，你们真厉害！几下就把老师的疲劳给打跑了！看，老师又充满了新的活力！谢谢你们！我们赶紧进入状态，准备上课！"还夸张地举起拳头，做了一个奋斗的姿势。

有时候，从教的幸福就是这么简单。当我们用充满感恩的心去感受，总能遇到这样的幸福瞬间。正是这些瞬间，撑起了我们对教育事业的爱，就如李镇西老师所说，其实我们做教育，就是在报恩。在教育的过程中，只要有心，我们总可以温暖我们自己和孩子们。

雪后，快乐的时光

一场大雪突如其来，教育系统上下一起积极应对，学校停课，单位组织扫雪，学生居家学习。看微信朋友圈，一位外县的男同学发感慨：小时候，这样的日子，是我们最快乐的时光，哪里有人为我们扫雪开路，我们都是自己带着铁锹、扫帚开路，全体同学到了学校，各村通往学校弯弯曲曲的小路也就被打通了！

小时候，雪后的时光是最快乐的，尽管寒风与冰雪冻透了孩子们身上的棉袄，尽管大家的小脸、小手冻得通红，但是人们很少见到孩子哭丧脸的样子，看到的都是一个个透着兴奋，一边哈着手，一边挥动铁锹、扫帚、筲帚的孩子，嘻嘻哈哈结伴前行，仿若不是在进行扫雪的劳动，而是在进行着快乐的游戏。扫雪的间隙里，不时有调皮的孩子抓起一把雪，洒向其他人，于是相互打起雪仗，校园内四处可闻欢声笑语。奇怪的是，那时候的扫雪活动，印象中并没有人要求和组织，不知道是从谁开始，大家都会不约而同地聚到一起，参与扫雪。

学校所在村的孩子们更厉害，他们早早就把自己家通往学校的路和学校里的路都清扫了出来，有的孩子还从家里弄来了平板车，把扫起的雪装上车，跑着、笑着运往学校旁边的水塘，在离水塘岸边不远的地方调皮地加速，"一、二、三"吆喝着同时撒手，于是，那车便猛的一戳，一车的雪便到达水塘边倾泻而下，换来孩子们的欢呼雀跃。有时，一下失了手，连车带雪滚入水塘，欢笑声中，孩子们在老师带领下，一起"嗨呦嗨呦"地把车子从水塘厚厚的冰面上连拉带拽地弄上岸来，继续后面的清运工作。在扫雪运雪的过程中，总有调皮的孩子攥起一把雪团掷向同学，一下子就引来一场相互对攻的雪仗。更有调皮的家伙，抓一把雪从其他同学衣领上塞入，结果被一路叫骂追赶。厚厚的雪地上，到处是杂乱的脚印，好多孩子脚上的棉鞋都湿透了，沾满了泥，就算回家被母亲责骂，孩子们也乐此不疲。堆雪人、打雪仗、吃雪团，孩子们一边劳动，一边"嘘嘘哈哈"地哈着双手，一边欢声笑语不断。这样的童年时光是快乐的、幸福的，这样的雪天劳动是发自内心的、自觉的行动，没有人想着逃避，大家都乐在其中。

现在生活条件好了，好多家长因为自己吃过苦、受过累，不愿意再让孩子去经历自己过去受的苦，很多的孩子被父母关在家里，不问外面的炎热与寒冷，家长们只求孩子去读书学习，去考个好分数。学校和老师也因为怕被投诉，而免去了孩子们参加扫雪、运雪这样的劳动，更不允许孩子用雪团互击嬉戏，以免被怀疑存在校园霸凌现象。被污染了的空气和水形成的落雪，也再没人敢尝试将它藏在衣袖里，更别说塞进嘴里了。孩子们只能在窗户里看雪花飘落，他们早已失去了看雪、玩雪的兴趣。尽管有心的家长和老师还会为孩子堆几个雪人、塑几个雪象，可这哪有孩子亲自从雪中嬉戏、雪中劳动、雪中打闹中获得的感受来得酣畅淋漓呢？

苏霍姆林斯基在他的《给教师的建议》里说："儿童的好奇心的根源，就在于我们成年人不断地把物品、事物、现象展现在儿童面前。我们在儿童面前展示的物品、事物和现象越多，他就会产生越来越多的疑问，他就越加感到惊奇和高兴。在儿童的意识和下意识里，也会产生对于美的惊奇和赞叹，对于人的智慧和双手的技巧的赞赏。"想想我们童年的雪后时光，家长和老师是都是充满宽容地看待我们在雪中劳动、雪中嬉戏，尽管也会对过于放肆的我们稍事惩戒，但那也往往是在关爱的基础上的疏导和管教。在那样的一个年代里，孩子与大自然充分拥抱，留下了终生难忘的深刻印象，所以很多人至今回忆起来都还是津津乐道。当我们忘记了过去这样的童年时光，把孩子关在封闭的空间之内，让他们只能对皑皑白雪隔窗而望；当我们以安全为由、以不干净为借口，剥夺了孩子们拥抱大自然的机会，孩子便失去了感受力，减弱了好奇心。所以，当我们抱怨孩子不会观察、不会思考、语言匮乏的时候，最该审视的恰恰是我们，我们提供给了孩子什么样的成长环境？我们是否给过孩子亲身观察和感受世界的机会？

下雪，是一种体验。下雪，更是一种考验。雪后的快乐，需要孩子们亲自到飘落的雪花中去寻找，需要在扫雪、玩雪的过程中去体验。是该好好想想我们的学校和老师，我们的家庭和家长，我们的社会和大众，该为我们的孩子做些什么了。

超越自卑，走向美好的人生

——对自卑情结的理解和应用

一、自卑

什么是自卑？自卑就是指自卑感或者自卑心理。其实，应该就是人的一种负面心理反应。从阿德勒的《自卑与超越》和《儿童的人格教育》两书中，我们可以看出，自卑感就是由于内心的不自信而对自己所处的环境及事件产生的逃避、对抗、转嫁、突破的心理。从行为上来说，有的表现为极力追求优秀，有的表现为失望和软弱，有的表现为强烈的反击与愤怒。自卑，既可以成为人失败的动因，也可以成为人走向成功的动力。

二、自卑情结及特征

什么是自卑情结？阿德勒认为："自卑情结是一种过度、过分的自卑感，它必然促使人去寻求可以轻易获得的补偿和富有欺骗性的满足。"

自卑情结的第一个特征，就是由于好胜心过强而产生的控制欲，也就是阿德勒所说的支配——统治型生活风格："倾向于支配和统治别人，缺乏社会意识，很少顾及别人利益，他们追求优越的倾向过于强烈，甚至不惜利用或伤害别人达到自己的目的，他们想通过控制别人来显示自己的强大。"那些在家庭里唯我独尊的"小霸王"式的孩子，以自我为中心，希望成为核心人物，控制欲和占有欲极强，一旦不能满足自己的要求，他们就会产生报复性心理和行为，成为社会秩序的破坏者。其实，这只是他们内心里惧怕失败的自卑情结的一种表现。

自卑情结的第二个特征，就是生活态度极度被动，这些人不去努力解决自己的问题，而总是依赖别人的照顾，这也就是阿德勒所说的索取型生活风格。他们很少意识到自己有多大能力，对自己缺乏信心，总是希望周围的人能满足他们的要求，比如电视剧《都挺好》里的苏家老二苏明成，仗着苏母的宠溺养成了自私的性格，面对妹妹苏明玉受到的不公平对待，他幸灾乐祸；他极力讨好苏母，得到了最大的利益，成家立业后仍然啃老，苏母去世，对他来说最大的痛不是失亲之痛，而是再也得不到照顾与偏心的痛，是不得不断奶的痛。他一边敌视明玉，一边在出现问题时，又让明玉出面解决，始终缺乏男人的责任和担当。

自卑情结的第三个特征，就是夸大困难，消解勇气，也就是阿德勒所说的回避型生活风格。其主要表现是缺乏解决问题或危机的必要信心，不敢面对生活中的问题，试图通过回避困难避免任何可能的失败。又如电视剧《都挺好》中的苏父大强，年轻时，生性懦弱、相貌平平，娶了个强势的妻子，时时处于被统治、被鄙视的境地，大气不敢出，唯唯诺诺地过了一辈子。甚至当女儿受到不公平的待遇渴望他出来说句话时，他却如一只把头埋进沙堆的鸵鸟，不敢吭出一声。

自卑情结的第四个特征，就是依赖心理补偿，寻求低于既定目标的，可以轻易获得的看似成功实则自欺欺人的满足，如《欢乐颂》中的樊胜美，虽然貌美如花，才华出众，收入颇丰，却因为无底线周济原生家庭而成为月光族，不得不靠打肿脸充胖子来掩饰自己身心的疲劳。她为了得到魏渭许诺的礼物，不惜欺骗好友，甚至在与王柏川的交往中，希冀通过王柏川的努力代替自己以后的努力，希望通过嫁得金龟婿而一夜脱贫。而当发现王柏川所开的豪车是借来的时，她因失望选择愤而分手，几乎不给王解释的机会。其实，我们认真想一想，以樊胜美的才华和能力，如果有足够的信心，脚踏实地投入到创造性的工作之中，是应该可以收获成功的，可她却选择了懈怠工作，追逐虚荣，希望人生走捷径，却导致自己无法真正取得事业和人生的成功。这样的结局，其实就是樊胜美自卑情结导致的。

三、自卑情结产生的原因

孩子自卑情结的产生，既有先天或者遗传的生理方面的原因，又有后天环境中因失败得不到及时调适的原因，既有家庭教育管理不当的原因，也有学校方面管理不当的原因，当然也有社会原因，社会大环境的压力、偏见对孩子的个性爱好、性格和情绪缺乏善意，造成了孩子们的自卑。具体原因对应不同的解决办法，我们必须在孩子的成长过程中认真分析和判断。

（一）先天缺陷是形成自卑情结的重要原因

阿德勒认为，自卑大多是由先天或遗传的生理的缺陷而产生，也包括人所处的大环境对人的压抑，如《一支出卖的枪》中的人物——豁嘴莱文，他由于天生兔唇，小时候手术又缝得不好，上嘴唇留下一个疤痕，成为大家耻笑的对象。后来，父亲死于监狱，母亲绝望自杀，小莱文被送进孤儿院，仍然是被歧视的对象，以至于养成了孤僻、冷酷和自私的性格，他对任何人都不抱信任，最终成为对人生充满仇视和悲愤的杀手，被人利用刺杀某国国防部长，引发了世界大战。在这个过程中，从小的生理缺陷和遭受的歧视和后来的被骗遭遇，都是形成莱文自卑情结和悲剧性格的重要原因。

（二）来自家庭的不正确管理也是自卑情结形成的重要因素

家庭环境和管理方式在自卑情结的形成过程中也是不容忽视的因素。阿德勒认为父母过度溺爱，过度追求操控力和追求孩子的完美，对孩子的个性化情绪和行为予以忽视与拒斥，对孩子过度强迫或惩罚，都会导致孩子产生自卑情结。

溺爱主要有两种类型。第一种是以爱的名义，实施无原则的宠爱，不考虑孩子的实际需求，事无巨细，全部包办。有些家长怕孩子吃不饱，穿不暖，一天到晚嘱咐不停；有些家长为了让孩子专心学习，从幼儿园到大学包办了除写作业以外的所有事情，使孩子成为衣来伸手饭来张口的巨婴。这样的溺爱，导致孩子失去了进取心，严重缺乏主动投入生活、创造生活的动因和能力，对别人的帮助心安理得，不懂感恩，无情冷漠，把大人视为自己快乐和舒适的天然和供给者。这种孩子一旦失去来自外部的支持和帮助，生活和工作便会出现困难和挫折，他们就会变得无所适从，失去对人生的信心，极易产生自卑情结。

第二种溺爱形式，就是过于顺从。对于孩子提出的要求，不论是否合理，家长一律满足。这往往出现在隔代教育管理的留守儿童家庭或者没有原则的父母身上。在这样的家庭环境中，孩子成为家庭的中心，是家中的"小霸王"，会无限度地提出他的要求，要求一旦得不到满足，他们就会使用哭闹、摔东西，甚至离家出走等方式来达到自己的目的。总有一天家长无法满足他们的要求，这些孩子就会产生严重的挫败感，就可能为维护自己的仅有的自尊而产生破坏行为。不断的挫败，也会产生源于失望的自卑情结。

对孩子的过度操控和严苛要求，是孩子自卑情结产生的两个重要诱因。这两种表现，其实都是对完美主义的过度追求。完美主义者"只认可孩子的成绩，设立学习标准，对孩子的成就永远感到不满意。孩子永远只是个行者，总想走得更快，永无休止。父母设定的终点总是在变化，孩子从来达不到要求，没有了价值感，他们有可能会放弃，或产生身体的疾病"。这种现象往往发生在一些性格比较要强，或者一些自己曾经有很大梦想却未能实现的父母身上。他们望子成龙，望女成凤，总希望孩子能出人头地，希望通过孩子的成绩实现自己没能实现的愿望，所以，他们容不得自己的孩子落后于其他孩子，事事要求自己的孩子跑到其他孩子前头，每次考试，他们关注的不是孩子已经取得的成绩，而是孩子与别人相比未能达到的目标，孩子永远活在失败里，长此以往最终形成挫败感，极易导致自卑情结的产生。

家长对孩子过度操控，也是源于他们对完美的过度追求，为了达到家长的理想目标，家长"不断地指导和监督孩子，无穷无尽的指示和不断地提醒孩子。倾向于严格的训练而不是教育自己的孩子。孩子就成了一条驯服的狗或固执的驴子。父母和孩子会进入到一个强迫和抗拒的循环"。像曾经出现的各类"虎爸虎妈"和"狼爸狼妈"，以及前一阶段网上出现的冰天雪地里扒光孩子衣服，还美其名曰"锻炼孩子的意志"的行为，就是一种对孩子过度操控的悲剧。这样一个过程对孩子幼小心灵的残害是难以估量的，最终养成的会是"要么顺从别人的指示，最后形成温顺窝囊的性格，要么消极抵抗，磨磨蹭蹭做白日梦，健忘，阳奉阴违"的具有自卑情结的人。

孩子在家长身上感受不到爱的体验，是孩子自卑情结形成的又一原因。这表现为三种形式：一是忽视，二是拒斥，三是无原则的惩罚。忽视是一种对孩子伤害非常大的行为，特别是在婴幼儿和童年时期，如由于生存等原因，一些年轻的父母长期把孩子舍给老人，自己外出打工，他们关注更多的是孩子的腹饱衣暖，而缺少对孩子心灵上的关爱。还有一些孩子在幼年时期就被送去寄宿，一周一次，甚至两周一次回家，父母能给予的只是经济上的满足，给孩子一种被舍弃的感觉，缺乏与别人建立亲密关系的能力。父母的远离造成了孩子自信心的缺失。

拒斥是另外一种极易造成孩子形成自卑情结的因素。拒斥是一种由于自己童年的不幸遭遇形成的悲剧人格，或者由于对孩子的缺陷的厌恶，或者由于对生活的不满意而归咎于孩子的行为，如电视剧《都挺好》中的苏母，由于对自己悲剧人生的不满而产生的对苏明玉的苛刻行为，就是这样一种表现。苏母来自一个重男轻女的家庭，为了解决弟弟的户口问题，被迫嫁给苏大强为妻。同样的悲剧又在苏明玉身上重演。为了儿子，苏母不断挤压女儿的生存空间，最终导致苏明玉离家出走，使苏明玉产生了深处喧嚣却无法摆脱孤独的感觉，她强势的外表掩饰下的其实是心灵深处的脆弱；与高档公寓中的豪华大床相伴的是她的彻夜难眠；工作中的拼命，极度理性而冷血的表现，映射的是她与人交往的孤独和寂寞。其实，在苏明玉心灵深处潜伏的就是那种深深的自卑情结。

无原则的惩罚也是一把毁掉孩子自信心，使孩子产生自卑情结的利剑。面对来自亲人的无端指责，孩子会产生深深的罪恶感，他们会认为自己有罪，是坏人，为了逃避惩罚，他们往往选择说谎，常常因感到无助和受到不公平的待遇而对生活产生怀疑，失去生活的自信心，如有的孩子为避免父母责罚而出现的涂改考试试卷分数的行为就是这样一种表现。其背后的原因，还是父母的过度的惩罚带来的失败感和恐惧感。电视剧《欢乐颂》中，樊胜美母亲在樊胜美哥嫂和侄子问题上，对樊胜美采取的就是一种以道德为外衣的心灵责罚。

（三）学校与教师的忽视与不恰当管理，以及社会大环境的调适机制的缺失，是儿童逐步深化自卑情结的助推力

学校和教师作为孩子成长路上的重要一环，如果不能正确认识孩子的自然成长规律，缺乏对孩子心理发展的正确认知和判断，不能及时发现孩子行为背后的心理特征，就会忽视孩子心灵的成长，失去与学生家长协同防止孩子自卑情结恶化的良好契机。近些年来出现的大学生投毒，以及针对老师、同学和亲人的戕害事件，还有对自然和社会的伤害事件的发生，足以说明这一点。

四、正视自卑感的存在

通过关心关爱提振孩子自信心，形成对自卑的正向疏解系统是帮助孩子走出自卑，走向成熟人生的有效途径。

阿德勒认为，在我们每个人身上，自卑感和追求优越是密切相关的。那么，我们可以认为，自卑感是我们与生俱来的一种心理特征，这种心理特征一方面可能会促使人走向真正追求优越的道路，一方面也可能会导致挫折和失败感，成为打击自信心、形成自卑情结的推动力量。如何认识和运用自卑感理论，采取合宜的调适措施，并联合家庭、社会预防和干预孩子自卑情结的形成，是我们学校和教师的责任和使命。

首先，我们要正视孩子自卑感的存在，正确探求分析自卑感产生的原因，通过孩子的行为表现，发现孩子内心深处自卑情结的萌芽，是预防自卑情结形成的必要条件。

自卑感的产生源于内心的不自信，但却以不同的行为方式出现，产生的具体原因也不尽相同，我们学校和教师要善于拨开迷雾寻真相，并引导家长增强对应的意识，才能对症施治，取得良好的效果。比如说，过度的自卑常常以敏

感的反应、对于自尊心的极度维护为外在表现，这与真正的追求优越有着类似的特征，不易辨别。我们必须善于以儿童的视角，通过对孩子外在表现的观察和深度体察，准确判断深藏于孩子内心的自卑感，并制订针对性的疏解方案。

其次，我们采取以正向鼓励为主的教育管理措施，激发和鼓励孩子去取得成功的体验。

我们要相信孩子都有积极向上的取向，要善于通过适当鼓励，激发孩子通过努力取得成绩的自信心，要以同感心与孩子进行心灵的交流，以温和友好的态度，激发和鼓励他们不断争取更好的成就。

第三，我们要正确对待孩子因自卑而犯的错误，及时通过指导修正，让孩子的思维和行动回到正轨上来。

对于因自卑、多疑、嫉妒、自私等原因导致的错误行为，我们必须及时作出分析和反应，引导孩子明白他们错误的根源，培养孩子爱别人、理解别人的能力，从而让他们对未来充满希望，充满勇气。

第四，要耐心应对自卑感的反复出现，善于引导孩子正确对待暂时的失败。

孩子自卑感的形成，是一个复杂的过程，对孩子自卑感的疏解也不可能一蹴而就。在与有自卑感的孩子的交往中，我们要及时发现孩子的心理波动，耐心对孩子进行正确的引导，让孩子清楚，任何事情都不是可以轻易实现的，是需要通过不断树立勇气，通过克服面临的困难来实现的，唯其艰难，这个过程才更加有意义，要相信通过自己的努力，可以取得理想的成就。同时，要善于设定小段目标、分解目标，让孩子不断突破，强化和巩固自信心。

第五，要引导社会体验，形成社会责任感。

阿德勒认为："父母或教师的任务就是把这种追求引向富有成就和有益的方向。教育者必须确保孩子对优越感的追求能给他们带来精神健康和幸福，而不是精神疾病和错乱。"也就是说，我们要把孩子走出自卑、追求卓越的过程，引导为对社会做贡献的过程，让孩子通过社会体验，了解自己的努力必须要与社会需要和社会利益相关联。而这一切，都需要足够的勇气和信心才能实现。

总之，自卑情结的形成，是一个复杂的过程，受多个方面因素的影响。我们的教育者要善于运用教育智慧，准确判断孩子的自卑情结产生的原因和特征，用爱心和耐心应对和干预，并通过与家庭和社会的共同努力，帮助孩子树立自信，克服自卑，超越自我，成就自己美好的人生。

遵循生命规律，真正看到儿童

看了朱永新教授在宋庆龄基金会主办的第十六届中华青少年生命教育论坛上通过视频所作的《生命教育，让每个儿童幸福成长》的主题报告，我体悟到了先生关注未来、关注儿童、关注教育发展方向的炽热情怀，也进一步深化了对新教育关爱生命，尊重生命，筑起中华民族未来脊梁的意义的理解。

朱永新先生的报告共分三个部分，其基调就是尊重生命成长规律，真正看到儿童。在报告的第一部分"教育回到常识，从看见儿童开始"中，朱永新先生梳理了人类历史上对儿童教育问题关注的概况，指出"重视儿童，是一个社会一个国家文明进步的标志。儿童是一个国家的未来，是世界的未来"，并分析了"为什么要关注儿童，为什么要儿童优先，为什么要对儿童友好"的三个原因：对于成年人居多的社会而言，儿童是弱势人群；童年生活是否幸福影响到一个人的一生。今天的幼儿将成为什么样的人，起决定性作用的是他们如何度过自己的童年；童年的长度反映了一个国家的高度。看到这三个原因，我们必须认真审视我们的学校、家庭和社会是不是真正满足了孩子健康成长的需要，必须对我们是否给了孩子一个真正幸福的童年进行心灵的拷问，必须思考我们是否给孩子提供了一个足够长的童年。当我们把"不能输在起跑线上"的理论无限延伸，让孩子在婴幼儿时期就开始接受枯燥乏味的成人化的学习方式时，当我们的孩子在被老师的作业捆绑后，又被各种各样的"特长班""培智班""提高班"包围的时候，有谁问过孩子幸不幸福？当孩子被以爱的名义圈养起来，成为衣来伸手饭来张口的"小皇帝""小公主"时，有谁问过孩子快乐不快乐？当"一切为了孩子，为了孩子的一切"被过度解读，造成学校老师不敢管，家长管不了的局面的时候，谁站在孩子的角度考虑过，孩子该成长为怎样的人？

当所有人只关注分数，而让"一俊遮百丑"的时候，谁来为孩子品德的问题负责？一句"为了你好"，让太多的孩子失去了他们美好的童年时光，这是我们需要时刻警惕的！学校、家庭、社会需要的是回归人性、回归符合孩子成长规律的人的教育。要眼里真正有孩子，真正爱孩子，真正给孩子提供健康成长的社会、家庭、学校三位一体的抛弃了浮躁和功利的符合人性发展常识和规律的学习和成长的环境。唯其如此，才会有真正的教育，才会培养出真正的人。让孩子被童年温暖一生，还是让他们用一生来温暖童年，这是我们必须认真对待的问题。

对于孩子，朱永新教授充满感情地列举了他们身上耀眼的光芒，他说，"儿童身上保存着人类最珍贵的品质"。他们"好奇好问"，对一切充满探究的渴望，对这世界充满了解的热望，而这正是形成创造力的可贵的品质；他们"纯洁天真"，心地纯良，如未经雕琢的璞玉，亦如洁白的画纸，可以画天下最美的图画，可以写天下最美的文章。他们相信美好，向往美好，这是人间最美的品质；他们"无忧无虑"，保持着真性情。他们渴望表现，只在意现在，可以瞬间号啕，也可以瞬间欢笑。这样的品质，正是培养乐观向上精神的基础；他们"活泼好动"，他们试图去探寻一切可能，试图对所有事物寻个究竟。他们不喜欢按部就班，不喜欢一成不变，不喜欢总是被动接受，他们想要用自己的行动改变一切。而这样一种品质，恰恰是想象力和创造力的来源。试想，如果不是牛顿的奇思妙想，哪有"万有引力"的发现？他们"不惧权威"，对于你说的，他们完全可以凭自己的感觉提出质疑，而这样的不断质疑，正是他们认识世界和展开探索的不竭动力。

可怕的现实是，这些优秀的品质随着孩子年龄的增长和年级的升高，变得越来越少。上小学时，他们是叽叽喳喳的一群欢快的小鸟，到了中年级开始慢慢变成一群小绵羊，直至越来越像把头藏进身体的鸵鸟。怎么办？朱永新先生说：回归常识，看见儿童。我们需要做的是要看见这些作为活生生的人的儿童，蹲下身来去了解他们；回归成长规律和教育常识，尊重他们；创造合宜的环境土壤，唤醒他们；建立充分信任的氛围，激发他们；引领创造发展，体验困难与挑战，成就他们。这才是真正的教育。"让儿童有真正的童年，让成人有真正的童心""让儿童站在舞台的中央,也不仅在课堂里,在家庭里,在学校中,在社会上,在儿童的成长的一切生命场域中,都要能做到"。(朱永新)

在报告的第二部分"儿童幸福成长,从生命教育开始",朱永新教授指出,"教育应该以生命为原点,重归生命的本体,向内审视生命的本质,让生命回归自身价值;向外建构教育的场域,筑造生命的精神家园"。他进一步归纳出了其中的内涵:学校教育应该把关于安全的知识与技能教给孩子,让师生都知道,学会保全生命永远是第一位的选择;应该重视师生的身体健康、心理健康和两性健康;教育还要帮助孩子们懂得感恩、懂得仁爱、懂得尊重,有良好的社会情感;生命教育还要关注人的精神生命,引导学生能够不断进行生命的自我体验和省思,欣赏和热爱自己与他人的生命,体悟生命的意义,并且能够把这种生命的关怀和热爱惠及他人和自然。

在报告的第三部分"面向未来,让我们和儿童建立命运共同体"中,朱永新教授指出"推动和实现人类命运共同体,要从和儿童建立命运共同体开始",并提出了"让我们拉起每一个儿童的手,不让任何一个孩子掉队,和儿童建立命运共同体,共同过一种幸福完整的教育生活"的号召。儿童是未来世界的建设者,儿童的成长,代表着未来世界的走向。真正看见儿童,看见真正的儿童,尊重生命,尊重常识,就是尊重教育的未来。当我们改变了自己对教育的理解,改变了看孩子的眼光,让每一个孩子的生命都实现了幸福完整的成长,未来就将变得不一样。

唤醒每个人的自我觉醒，是教育的根本要义

参观潍坊市广文中学，听王建新校长讲"广文人"的故事，我感受到的是百年老校蓬勃向上的朝气，以王校长为首的广文人致力于唤醒每个学生的自我觉醒的力量，这种从教为人的情怀，深深触动着我们的内心深处。

什么是教育？王建新校长把它定义为"有质量的玩耍"，并通过五个纬度展开说明：党建——领着大家一起"玩"，文化——大家都想"玩"，治理——大家都能"玩"，团队——大家疯着"玩"，专业——大家都会"玩"。在这五个纬度中，党建是统领，决定着学校的育人方向，也就是解决培养什么样的人的问题。所以，王校长把党建工作定位为：办一所有信仰的学校，并列出了六条实现的路径，即以理论思想武装头脑，以宗旨性质凝聚人心，用担当作为涵养精神，用政治纪律规范行为，用党性修养提升境界，用党建思维解决问题。这其中最关键的是人心，通过"人心是最重要的党建，管理的要义就是沟通"来把人心凝聚起来。他是这样说的，也是这样做的，学生的国史、党史、校史教育，班级文化中的革命历史文化精神教育和党员先锋岗带动教育，无不是他的这种理念的体现。王校长说的名师名校长的"名"，首先要体现在"明白"上，体现在践行上，他也用自己的实践作了最好的说明。

王校长用激发生命自觉和激情，来解决大家都想"玩"的问题，践行卢梭的"没有痕迹的教育"理念。他主张通过文化寻根寻找学校文化的来源，构建学校的核心价值体系，从学校的发展历史中寻找力量，从时代发展要求上找到方向，从教育教学特点上寻求突破。"让自我觉醒每天都在发生"赫然出现在广文教学楼的上方，也刻在每个广义人的心里。王建新校长说："教育无大事，都是一些看似微不足道的小事，真正把这些看似微不足道的小事都做好了，就

是教育的成就。"

什么是治理？就是制定人人愿意遵守的规则。王建新校长用"大家都能'玩'"进行描述。怎么样才能让大家都能玩？王校长用了一个词来说，那就是"赋能"，不仅赋予师生能力，还要赋予他们权力，从科层制管理走向扁平化治理。注意，这里的"管理"改为了"治理"，是从行政化管理走向服务型治理，标准是关心人，尊重人；从指导控制走向项目化运行，基本观点是"没有不好的关系，只有不好的沟通"，要"办一所不是校长说了算的学校"。

怎样打造好团队呢？王校长说要让大家疯着"玩"。一是要善于建立各种团队，二要通过赋能激活团队，三要通过真心实意为职工办实事来温暖团队。通过团队精神，办一所令人怦然心动的学校。

专业是什么？王校长界定为：大家都会"玩"，就是要落实课程要求，懂得课程开发，真正实施课程，办一所既能干又会干的学校。

这样一所学校，是一所校长说了不算，大家说了算的学校；这样的一所学校，教学和学习是"我自己的事"；这样的一所学校，"自我觉醒每天都在发生"；这样的一所学校，每个人都笃信"幸福是奋斗出来的"；这样的一所学校，让我们深信"唤醒每个人的自我觉醒，是教育的根本要义"。

"玩"是一种心态，源于对教育、对生命、对人性的深度理解和尊重；"玩"是一种态度，来自对自己与他人的充分了解和信任。这样的"玩"，是一种高质量的"玩"。这样的"玩"，"玩"出了生命的精彩，"玩"出了携手共进的和谐，"玩"出了课堂的笑语，"玩"出了课外的欢歌，"玩"出了家长的掌声，"玩"出了社会的肯定。一个会"玩"的校长，组起了一个会"玩"的团队，带领孩子们"玩"出了他们最美丽的华章！这是一所"不是校长说了算的学校"，又是一所"由校长说了算"的学校，一所人人脸上绽放着灿烂笑容的学校，一所人人眼中有光的学校。

听王建新校长讲广文故事，我深为感动和惭愧。同在农村就业，王校长勇于担当敢于作为，敢为人先，我却荒废了很多年。同为齐鲁名校长人选，相比之下，或许我就是王校长口中的"所谓的名校长"。但是没有比较，就没有差距；

看不见榜样，就不会成长。广文之行，行色匆匆；广文印象，印刻心中。虽难于比肩，却可以远随。

说说"亲其师，信其道"那些事

对于师生关系，我们耳熟能详的一句话就是"亲其师，信其道"。但是很多人对这句话的出处以及本来的意思可能并不熟悉，只是将其简单理解为学生因为跟老师亲近，而愿意相信老师。这样的理解不能说不对，但至少存在一定的偏差，这是站在"师道尊严"的角度理解师生关系，却忽视了学生作为自己学习的主人所应具有的主观能动性。

"亲其师，信其道"出自《礼记·学记》，原文是："安其学而亲其师，乐其友而信其道，是以虽离师辅而不反也。"我们可以看出古人认为，学生"亲其师"的前提是"安其学"，也就是说学生要专心于自己的学业，愿意进行自身的修养。古代教育的过程是怎样安排的呢？据《大学章句》说，八岁开始的小学主要的学习任务是"洒扫、应对、进退之节，礼乐、射御、书数之文"，等到十五岁的大学则进一步推进为"穷理、正心、修己、治人之道"。而学习的具体内容是什么呢，是古人所倡导的乐、诗、礼、艺，是"情志的修养""技艺的修习""居处的严谨"和"交游的端庄"（百度百科释义）。所以，我们看古代的教育，开始时是让学生学习基本的劳动和生活技能和为人处世的行为习惯，在此基础上，推进孩子的全面发展，也就是儒家的"修齐治平"，包括为人处世的道理、经世济民的原则和坚毅弘忍的品格。经此一遭，人也就成了完整的自己，而不是考试的机器。在这样一个过程中，学习是一种自我完善，是一种经世济民的意志修养，即使学习过程可能也是极其艰苦的，却因为内省的力量、积极要求自我上进的愿望而被学习者视为一种不可或缺的人生追求，那么自然可以"安其学"，也自然会敬重老师、亲近同学，愿意相信老师的教诲、接受同学间的相助，学习的过程因为学习者的专心和毅力，而变得有方向、有意义、有价值、有动力，虽苦犹乐。我想，这恰恰是"亲其师，信其道"的真正意义和价值所在。

现在我们的师生关系看起来更和谐了，甚至在相当部分学校，师生看上去已经打成了一片，但是，是不是"信其道"就不得而知了。而观察教育教学的过程，我们的学生身上、手上越来越干净，可劳动能力、生活技能却越来越差；孩子们平均身高增长了，但活动能力却减弱了，爆发力、耐力也明显降低了。在很多家庭里，孩子成为重点保护对象，过惯了"衣来伸手饭来张口"的生活，即使是在大多数农村学校，大部分学生也已经不事农桑，不识稼穑。上学放学，沉重的大书包是背在爷爷奶奶身上的，孩子倒是优哉游哉。到了学校，打扫卫生这样的简单劳动都成了很多孩子的负担。学习"洒扫、应对、进退之节"，几乎被荒废，"礼乐、射御、书数之文"被少数的考试科目一以蔽之。在师生关系看起来和谐、优化的情形下，孩子被关进笼子里保护了起来，缺少了天性的发挥，失去了广阔的田野，没有了自由的快乐，废弃了天马行空、创造探索的机会。于是乎，学校不再是孩子们向往的地方，学习不再是他们喜欢的事情。所有的一切，都被"和蔼可亲的"老师"亲切地"安排就绪了，即使是打扫卫生这样的事情，也因老师嫌麻烦而甘愿自己亲力亲为。这样的"亲其师，信其道"便走了形，变了味。学生不参与劳动，不能根据个性喜好自主安排学习，哪里还会"安其学而亲其师，乐其友而信其道"呢？所以，真正的教育，是对学生生命的激发，是让孩子身体力行去感悟、去主动追求，而非提供保姆式的照顾，甚至是讨好。

创设良好的学习环境，让孩子以生命参与其中，充分展示自己，形成互帮互助、共同进步的机制，激发孩子的生命能量，促进孩子"安其学""亲其师""乐其友""信其道"，这才是教育的真谛之所在。

慎用"爱的名义"绑架孩子

我们经常会听到很多家长抱怨："我那么爱你，你怎么能这么对我！"其实，我们会发现，在原来的家长口中，说的不是"爱"，而是"管"。"管"很多时候是"照顾""照管"，实际上还有"管理"和"管制"。所以，我们往往发现"管"与"被管"之间，更多的是矛盾的纠结，很多被人看作"没良心"的结局背后，却有很多深层次的原因。

我原来对这样的问题并没有其他的理解，也仅仅认为"溺爱"就是家长太爱孩子。对于"溺爱"，我们常常以为是自己对爱的付出过多。读了武志红《为何家会伤人》才知道，"溺爱"表现出的"爱孩子"其实是"爱自己"，甚至是"只爱你自己"，所有的关心和爱护，很多时候是为了满足自己内心的需求，这样的"爱"，其实就是在"爱的名义"下的一种绑架。

认真分析一下就可以知道，家长对孩子的"爱"很多时候真的并非是来自对孩子需要的理解，反而是家长心里的感觉或者说是臆测，说白了就是通过所谓"爱的付出"求得自己的心安理得，比如说，自己从小受过一些苦，就极力让孩子避免吃苦；自己原来没有优厚的物质条件，就极力满足孩子的物质需求；天气冷，怕孩子会冻坏，赶紧给孩子加衣服；天暖和了，就想给孩子减衣服；自己没有实现过的愿望，就寄希望在孩子身上完成；自己喜欢的东西，也无原则地给孩子用上……总之，就是要通过满足孩子来满足自己心里的感觉，觉得这就是幸福。这样的家长忘记了孩子也是一个独立的人，将来需要靠自己走完人生之路，现在对他们的无原则的、无边界的"爱"，会让他们丧失独立性，成为家长的附庸，最终走向家长的对立面。

武志红认为，"溺爱源自父母的自恋""无限制地给予孩子，其实是在无限制地给予自己"。咨询师袁荣亲则认为，"溺爱是一种懒惰的、不负责任的爱"，来源于父母对孩子的控制欲，这也正是造成孩子与父母产生矛盾的重要原因。

对于溺爱，袁荣亲总结为两种类型，即"包办型"和"纵容型"。包办型，是父母完全控制型的溺爱，父母替代一切本可以由孩子来完成的活动，让孩子始终处于被支配、被管制、被替代的状态，对于孩子的真正的需求却采取不信任、不理睬、不接纳的态度，并以自己的感受替代孩子的感受。这样的孩子往往会被培养成缺乏主动、没有主见、依赖性强的"随风倒"式人物，对待事情往往缺乏决断，始终处于被动的接受状态。"纵容型"则恰恰相反，父母为无条件满足孩子一切需求，而处于被孩子控制、要挟的状态，养成孩子骄纵、跋扈的"小霸王"性格。

"随风倒"是遇事唯唯诺诺，优柔寡断，时刻充满自责；"小霸王"是完全自我，经不得风雨，极易因挫败而一蹶不振，时刻指责别人。这样的"爱"让孩子不能独立健康成长，最终导致孩子悲摧的人生，是孩子"巨婴"型人格形成的重要因素。

因此，要做智慧的父母，就要把握科学合理的爱的方式，让爱的光辉始终成为孩子成长之路上的明灯。袁荣亲认为，一岁半以下的孩子，最重要的是培育安全感，一岁半至三岁的孩子，最重要的是培育他们的自主能力。我们很多家庭却作出了相反的举动，在孩子出生后的很长时间内，很多家长没有意识到孩子的安全需要，忽视与孩子的有效沟通，甚至时常远离孩子视线，不能给孩子提供充分的心理信任和安全感受；在孩子可以说话、可以走路后，又过度关注孩子，代替孩子作决策，不允许孩子通过自己的感受去感知世界，让孩子成为被控制和支配的附庸，无法形成对世界事物的真实认知。在这个过程中，"爱"往往成为父母绑架孩子、制约孩子健康成长的"反噬武器"。

父母无法代替孩子的成长，也无法永远保护孩子的一切和满足孩子的一切需求，这就决定了必须要改变这样的以"爱的名义"绑架孩子的状况，做父母的要充分认识溺爱的危害，时时刻刻将孩子作为一个独立的个体来看待。在需要培育孩子安全感的阶段，要给予孩子充分的陪伴和关注，让孩子始终感觉到温暖；在应该培育孩子的自主能力的阶段，要让孩子去与这个世界充分接触，去探索、尝试自己解决问题，我们只提供必要的帮助，让孩子在自我探索、自我经历、自我成长中，形成真正独立和个性化的人格。

家庭教育如此，学校教育呢？我们要给孩子提供独立学习、独立思考、独立探索的空间，让孩子在自我认同、自我体悟、自我完善中，收获身心的独立成长，而不是成为老师包办代替下的只会学习的木偶。

放开手，孩子才会走路

在孩子成长的过程中，家长总是会表现得患得患失，唯恐孩子会受到伤害。即使在孩子长大后，家长也总是抱着担心的心态，不断对孩子进行反复的叮嘱，唯恐孩不能解决生活中的问题。其实，认真想想，孩子的很多问题，必须要他们自己去面对，我们的很多唠叨，并没有真正改变孩子的思想和行为，而仅仅是满足了家长自己的心理需要，这与我们一些老师常说的"我讲过了""我嘱咐到了""我把自己会的东西都教给孩子了"是同一个道理，孩子不需要家长的这种担忧和唠叨，而家长却觉得没有这样担忧和唠叨，好像就没有担起做家长的责任。

在孩子的很多成长阶段，我们当父母的总是站在"我觉得对"的角度来考虑问题、处理问题，甚至替孩子解决问题，常常粗暴地否定孩子自己的判断和思路。孩子的问题也往往成为父母、家长的问题，孩子反而成了旁观者，被剥夺了亲自体悟、试错和纠正的机会，无法体验亲自探究的快乐。这样的过程，往往被冠之以"爱"的名义，结果却是对孩子心灵成长的无穷贻害，因为"爱只会导致好的结果，而不会导致伤害，导致伤害的一定不是爱"（武志红《为何家会伤人》）。

武志红认为："溺爱中长大的孩子容易有一个连环反应：挫折商低，一旦遭遇挫折就容易出现严重的逃避行为，譬如躲在家里不出门；躲在家中后，他们很容易对着父母发脾气，严重的还会对父母拳脚相加。"也就是我们平时所说的"窝里横"。其根本原因就在于，孩子走向自我意识发展的关键期，即袁荣亲所认为的一岁半至三岁这个时期，正是孩子自主能力形成的时候，家长如果没有正确的育儿观念，没有给孩子自由发展的空间，而是仍然把孩子当作自己的附属，当作没有自主能力的、需要全方位保护和管理的人，那么孩子的健康成长必然严重受阻。家长本应该为孩子提供安全的成长环境，适当对孩子予以关注和引导，让孩子自己去经历和体验，而实际上，孩子却在父母的包办、替代之下，成为一个被捆住了手脚和封闭住思想的废物。

在这样的环境中长大的孩子，只能是一个无能者，一个躲在壳后的软体动物。每当遇到问题，都会有人出面解决，所有的事孩子都不用操心。那么，当孩子面对困难和挫折的时候，第一个应激反应就是把头缩回来，让自己藏起来，终致造就出"啃老族"和"巨婴"等怪物，而这一切原因都可归于家长对孩子的过度溺爱。

武志红认为："看不得孩子受苦，其实是自己的问题。"我们在现实生活中也确实看到了这样的现象，很多父母自己内心深处都有一个"内在的小孩"，只不过一般人很少能意识到。他们由己及人，认为自己所受的苦，不应再加于孩子身上，他们努力的目的就是为了给孩子提供一个不再受苦的环境。所以，他们从一开始就一厢情愿地将一种包办加放纵的"爱"投到孩子身上，凡事不允许孩子去体验，让孩子始终处于家长的强势保护和监督下，失去了在成长的关键时期所需要养成的能力。而一旦孩子长大，家长又发现孩子懒惰、无所事事，对生活和学习压力选择逃避，就极力要求孩子去改变，殊不知孩子们这个时候根本没有培养出应对困难和挫折的能力，就如有人所说："家长希望孩子飞得很高，却在开始就剪掉了起飞的双翼。"这种伤害，是孩子要用一生要去补救的，甚至是孩子一生都走不出来的噩梦。

对于孩子的放纵，其实也是一种深藏在家长内心深处的心理不满足的反映。由于家长自己的不幸的童年遭遇，或许是物质需要得不到满足，或许物质能够获得满足但父母的关爱始终缺位，很多时候家长会通过无原则满足孩子的各种需要来代偿自己的心理渴望，于是，便有了机场上留学生弑母的悲剧，便产生出四十多岁留美归国博士回家啃老，让白发老母深度懊悔的事情。当孩子一路攀升的欲望不再能得到满足的时候，悲剧便骤然而至，以"爱的名义"编织出的美丽的幻象，这时就会如巨厦轰然倒塌。这就是武志红所说的"溺爱，会严重伤害孩子的自我效能感"。

　　"自我效能感"，是美国当代著名心理学家、新行为主义的主要代表人物之一、社会学习理论的创始人阿尔伯特·班杜拉提出的概念，"指一个人对自己是否有能力完成某一行为进行的推测与判断"。而对于孩子来说，他们是对世界充满了探究的好奇的，探索世界、在体悟中学习是孩子的天性。正是由于家长的过度干预，以及教师和周围人站在自己的角度而不是孩子的角度上的妄加指摘和惩罚，让孩子失去了判断的能力，成为大人眼中的好孩子，却没有长成他自己，也就失去了"自我效能感"。

　　武志红认为"让幼小的孩子独自探索，是一件无比重要的事。"所以，在孩子成长的关键时期，放开手，孩子才能真正学会走路。

让遭遇与危机成为教育成长的契机

一、关于遭遇与危机的理解

"遭遇"与"危机"，是《教育人类学》中的两个重要概念，描述的是在我们每个人的成长过程中必然会遇到的一些具有突发性的相对于我们的日常来说陌生的造成连续性活动中断的并足以引起我们生活发生重大改变的人与事件。

在这两个概念中，遭遇与生存的概念相联系、相契合，是我们在生活过程中无法提前预测、不以我们的愿望与意志为转移、且无法因我们对其进行有意反对和逃避而停止、而必须强迫通过改变自己的行为来应对的一种实实在在发生的具有相当强的影响力的人与事件。

在我们的生活中，常遇到这样的事，某个特殊的个人、某个特定的环境、某个特别的机会，甚至或许就是一件看似简单却引起心灵共鸣的艺术品，引起了我们的改变和进步，比如说，我在师范学校上学的最后一年，偶然的机会，去观看了"尝试教学法"发起人邱学华老师的一堂视频课（非全员组织），发现通过邱老师的引导，本来要解决两部运算的应用题，居然最后有部分学生可以做到四步，甚至五步运算，一下子让我感受到了课堂教学的神奇，也相信了孩子们的无穷潜力。

人生免不了的失败的甚至是灾难性的遭遇让我们苦恼，使我们气急败坏，比如说，2005 年，我就遇到了这样的情况，本来我被教育局领导点名入围干部提拔人选，由于不善沟通交流等意外原因，本来没在考察范围的一名学校中层顶替我被提拔为乡镇教委副主任，新任的教委领导又认为我已经通过考察，应该会被任命，临近开学时提前宣布我离开中心小学校长岗位，而结果却像一盆冷水一下子把我饱满的工作热情兜头泼灭。我愤怒、狂躁、不甘，情绪如即将喷发的火山，结果因为心神不宁，在骑摩托车上班的路上发生了车祸，导致锁骨骨折和轻度脑震荡，不得不住院治疗。在那样的日子里，家人成为我坏情绪的出气口，我给他们造成了巨大的伤害。如今说起那段经历，妻子尚且愤愤不平。好在，家人的理解和安慰、同事们的探望和交流让我走出了这段低谷，并重新走上校长岗位。这次的遭遇也让我沉下心来远离世间的浮躁和喧嚣，更加努力地读书学习，更加精益求精地钻研业务，最终在七年后通过全县公开竞聘，成为全县唯一一名从农村学区小学校长岗位直接提任乡镇教育办公室主任的干部，全面负责管理乡镇的教育教学工作。所以说，人的境遇并无真正的优劣之分，关键是我们以什么样的方式去对待和处理，很多时候，不幸的遭遇恰恰会成为我们改变自己、提升自己的契机。

其实，危机应该也是一种遭遇，它的出现使我们的日常生活和工作面临困难，甚至感觉遭受了绝望和毁灭性的威胁。危机实际上类似于遭遇类型中的破坏性状态遭遇。危机的发生，同样具有突发性。但是，我们在审视过去发生的危机时可以发现，很多危机的发生既有偶然性，也存在必然性。比如说，学校安全危机是由于学校日常安全管理出现的漏洞造成的，人类生存危机是由于人类自己对大自然的无节制开发利用造成的，经济危机是由于不遵循经济运行规律造成的，等等。所以，危机相对于其他类型的遭遇，具有一定的可追溯性和可预见性。

应对危机首先要建立危机预警预防机制，对危机可能产生的诱因进行必要的干预。当然，有些危机的发生也存在不可预见性，但通过危机处置机制，尽可能减少危害，是我们需要充分考虑的问题。在特定的情况下，危机也可以成为促进我们成长和进步的契机。

二、善用遭遇与危机，落实教育目标

人的一生，经历各种遭遇和危机是必然的事情，特别是对于学生来说，有些经历是必不可少的。应用遭遇和危机理论，给予学生必要的指导和干预，是使他们实现健康成长的重要途径。

（一）善待每一次遭遇，丰富孩子教育生活

很多特殊的遭遇，可能会是触发孩子产生心灵震荡、改变他们人生走向的重要因素，李镇西老师在他的《教育的100种可能》中提到一个叫戢实的孩子的故事，就是一种由于偶然遭遇而改变了一个人的人生观和价值观的典型事例。戢实，一个普通得不能再普通的孩子，其貌不扬，家境不优，学习一般，如果按照很多老师的标准，这就是一个不值得被关注的孩子。因为一次诚实守信的行为，李镇西老师对他进行了表扬，由此他赢得同学们的尊重，被选为他从来不敢奢望的班长，从而改变了他的人生观和价值观，也使得他在后来的各种人生磨难中始终保持诚实正直和积极向上的心态，真正成为"让别人因自己的存在而感到幸福的人"。可以说，在戢实同学的这样一种遭遇中，因李老师的爱与智慧，戢实的生命走向发生了质的改变，形成了他终生受用不尽的人格品质。我们与学生共同生活的遭遇就是一种契机，我们的责任，就是善待每一次遭遇，给予孩子以智慧的启迪。

（二）智对孩子面对的危机，让孩子智慧地生活

危机的产生，既有其突发性，有时又有一定的规律性，可以通过适时适当的干预，让学生合理应对危机，从容度过危机，使危机翻转而成为学生心智成长的宝贵资源。

首先，我们必须认识到，经历危机是一种痛苦的体验过程。在我们的教育教学过程中，要尽可能预判问题的发生，根据已有经验提前防范类似危机的产生，及时为可能发生的危机做出预警，切不可把危机当作调理学生的武器，故意制造和利用，毕竟危机的产生和处理过程是不好把握火候的，把握不好甚至会出现不可控的局面，预置危机也可能会弄巧成拙。

第二，要及时发现危机中的教育契机，及时适时适当采取干预措施。所谓适时，就是指要把握危机干预的时机，过早介入，可能不会起到最好的教育效果，而错过最佳时机，也不能使学生及时得到教育和引导，从而造成学生心灵的巨大伤害。所谓适当，是在危机干预过程中，要结合不同学生的情况和危机出现的特点，采取恰当的方法和策略。学生经历危机时，往往出现焦虑、急躁、懊丧等情绪，甚至出现过激行为。这时候，我们必须保持头脑冷静，认真分析危机的原因和性质，并结合学生的具体情况进行分类施策。有的孩子是需要用"重锤"的方式，我们不痛不痒的做法肯定无效；有的孩子胆小懦弱，我们用"重锤"会把他打怕了，这时候就得多关心多鼓励；有的孩子的危机来自家庭关系的突变，我们就得通过家访等形式，及时与家长进行沟通……在这个过程中，需要我们用真诚的爱与教育智慧善待每一个孩子。

总之，教育生活中的遭遇与危机，是学生成长中无法避免的部分，也是我们可以通过及时的处理和干预，达成教育目的的良好契机。我们要及时捕捉和抓住这样的契机，用爱与智慧影响孩子的成长，使他们有一个幸福完整的教育生活。这是我们教育者的智慧，也是我们的责任和使命。

放开手，会更好

　　到一所管理还算不错的学校转转，发现了一些问题。学校校长是一个工作比较严谨的人，对很多事情都是反复考虑，力求周到，对老师管理也很人性化，具有分工意识，懂得放权给学校班子。但我却发现了一些与这种管理不匹配的地方，一是部分班级的多媒体器材在下午放学后不能及时关闭；二是刚分配来的新教师在不冷不热的天气里，整天整夜开着宿舍里的空调；三是校园里卫生不尽如人意，常有纸片之类的垃圾出现。对于这类问题，校长却没有注意到。

　　大课间活动的时间，我跟这位校长边走边聊，顺便很随意地问起这几个细节。跟我心里预想的一样，他在分权的同时，并没有真正把责任分配下去，而是自己事无巨细亲力亲为，导致所有的工作都是在他考虑好之后，交由副校长和年级组长执行。他原来管理的是一个二百人左右的只有高段班级的学校，现在管理一千多人的学校，依然沿用了原来的管理思路，其他人也习惯了这样的管理方式。其实，归根结底，还是没有形成完整的学校管理体系，没有真正做到明确分工所导致，就如李希贵校长讲过的情形：校长背着学校里所有人的猴子。聊起这样的情形，这位校长自己也承认，确实是担心把事情交给别人不放心，怕办砸了，结果却是很多该做到位的事情没有解决好。过了几天我又去这所学校，发现校园里有了明显的改善，整个学校干净整洁，估计应该是明确了责任。

　　其实，想想我们的课堂教学，很多时候也是这样的。很多老师总怕孩子自己学不会，学不好，课堂上把知识掰开揉碎，翻来覆去讲个不停。结果是，学生总是吃教师嚼过的食物，被动接受，味同嚼蜡。只要学生咽之不下，老师就是一通斥责。课堂上的低效又带来课后大量机械、重复的训练作业，学习的过程就成了一种煎熬。可喜的是，一些教师对这样的问题已经有所觉醒，开始尝试让学生自主探究学习。在这样一个过程中，教师不再是一个控制者和指挥者，而是一个与学生风雨同舟的同行者。学生在这样的课堂上得到了唤醒，教师自己也得到了解放。

管理放开手，解放的是管理的活力。教育教学放开手，带来的是学生真正的成长。

教师要善于培养自信的种子

【摘】在我们的工作中，最重要的是要把我们的学生看成活生生的人。学习——这并不是把知识从教师的头脑里移到学生的头脑里，而首先是教师跟儿童之间的活生生的人的相互关系。

儿童的脑力劳动，他在学习中的成功和失败——这是他的精神生活，是他的内心世界，无视这一点就会带来可悲的后果。请记住：促使儿童学习，激发他的学习兴趣，使他刻苦顽强地用功学习的最强大的力量，是对自己的信心和自卑感。当儿童心里有这股力量的时候，你就是教育的能手，你就会受到儿童的敬重。而一旦这种不能以任何东西相比拟的精神力量的火花熄灭之时，你就变得无能为力了，即使有影响儿童心灵的最高明的手段，它们都会成为死的东西。

——苏霍姆林斯基《给教室的一百条建议》

【思】学校是师生共同成长的舞台，师生之间需要进行充分的心灵交流与对话，我们如果不能成为与学生心灵对话的引领者，就无法达成促进学生生命成长的目的。学习的过程，是师生共同展开创造性思维的过程，不能开启师生之间的互动交流和思想碰撞，便无法开启孩了的自主学习进程。

在日常教育工作中，我们常常以成人的标准和眼光来指导和教育孩子。很多老师以惯有的思路看待孩子的行为举止，而不是深入接触，找到孩子外在表现下的精神实质，总以裁判的身份和标准评价孩子的行为。这些都是由于很多教师只重视知识的传授和训练，忽视对孩子的真正关心与关爱造成的。在这样一个过程中，教师与学生是一种统治与被统治、管理与被管理、监督与被监督的关系。学习的过程，不是基于心灵的对话，而是灌输与接受。而且一刀切的标准，并不能让所有的孩子都体验到成功和迎接挑战的乐趣，从而产生自卑感。

苏霍姆林斯基认为，每一个儿童都是带着想好好学习的愿望来上学的。这种愿望像一颗耀眼的火星，照亮着儿童所关切和操心的情感世界。他以无比信任的心情把这颗火星交给我们这些做教师的人。那么，我们以什么样的态度来对待这份信任，往往决定着他们接下来的教育生活是充满自信的希望，还是遭遇挫折的恐惧。记得二十多年前看过的一个教育故事。一个比较胆怯的女生，对同一个知识点，总是掌握不好，多次受到老师的训斥。在一次做游戏的时候，小女孩对老师提出的题目脱口而出，令老师更惊讶的是，当问到小女孩为什么回答这么快时，小女孩回答是因为这次老师是笑着问的，她不紧张。原来，一直不能过关的原因只不过是来自老师的严厉态度造成的紧张压力。老师的态度发生变化的时候，孩子也找到了自信。幸好这位老师是一个善于反思的人，在以后的课堂上，她一改严肃的面孔，时时以微笑示人，让很多学生感到放松，成绩有了很大进步。

在教育过程中，老师要善于成为点燃孩子自信火花的人，成为孩子愿意信任的人，要善于通过走近孩子，了解他们，信任他们，让每一个孩子都尽其所能得到个人成功的体验。

如何让合作学习真正产生

昨晚回看了郭建珍老师关于自卑与超越的讲座，进一步理清了前一阶段关于小组合作的问题。实际上，不同形式的分组，是基于不同的教与学关系视点产生的，或者说是基于不同的课堂教学文化产生的。平时的小组分工，不管是分层指导下的同组同质，异组异质，还是同组异质，异组同质，不论是小组长负责制的考量，还是兵教兵式的推进，都是基于教的视角设计的。只不过把一个老师的教，换成了分层设置的小老师来教而已，学习者之间仍然是管与被管、教与学的关系。而合作学习是基于学习者的平等身份在互动交流中形成的一种共进关系，优生与差生之间是一种对照互进的关系，尽管也会有克服困难的痛苦，却是基于对自己和同伴的信任而进行的智慧活动。

既然我们明确了合作学习的正确方向，如何真正创设自主合作学习的氛围和环境，就成为我们必须思考的重要问题。对于这样一个环境的创设，其实我们的教育先贤已经给出了回答。孔子说："不愤不启，不悱不发。"何时有"愤"，何时是"悱"？这是基于对学生真正了解的前提下，才能准确判断的。而这种了解，必须基于平等的交流；怀特海用他的"教育节奏说"，让我们感受到他关于了解孩子、信任孩子、成就孩子的指导；阿德勒的"人格教育理论"，让我们必须关注和了解孩子的追求优越的过程，要真正读懂儿童，从儿童的整体人格入手来引导孩子；而苏霍姆林斯基始终强调要给予孩子无限的信任，让成功成为优秀之母；佐藤学更是用大量的实例向我们展示出了合作学习的组织形式和产生的巨大力量。

我们现在处于一个信息量巨大的社会，教师一统课堂已经成为不可能的事情。我们的学校和学生都面临着社会浮躁之气的冲击，要想实现培养目标，就必须让心安静下来。我们还面临着竞争管理体制下的不合作、不和谐因素，因此打破管理壁垒，必须倡导平等的学校文化。合作实施、合作学习，是培养具有合作意识的社会主义接班人，建设和谐发展的人类世界的必然选择。如何实现合作学习呢？首先是基于平等，基于教育生活中师生之间、学生之间人格的平等，没有平等就没有真正的合作。第二是基于信任，没有师生之间的相互信任，就不可能产生合作学习的力量。而真正的信任必然源于教师的爱心与耐心。三是基于了解，基于教师对每一个学生方方面面彻底地了解和分析，唯有真正了解，才能真正信任，才能有的放矢地产生真正的合作交往。四是基于尊重，这是一种源于对生命价值意义的认可和遵循，唯有真正尊重基础上的信任和支持，才能真正形成合作的文化。

培养有社会责任感和社会价值的人是教育的责任。实施基于合作的学习过程是必然的选择。实施真正的合作学习，需要我们的智慧和努力。

第三篇
启迪智慧

如何启动儿童的学习愿望

苏霍姆林斯基认为："掌握知识和获得实际技巧是儿童在教师指导下进行的一种复杂的认识活动。强烈的学习愿望，掌握知识的愿望，是这一活动的重要动因。""教师的任务就是要不断地发展儿童从学习中得到满足的良好情感，以便从这种情感中产生和形成一种情绪状态——即强烈的学习愿望。"苏翁指出，要培养这种情感，教师必须首先要有热情，善于"在课堂上创造一种精神振奋的，生气勃勃的'情调'"，也就是说，我们的课堂必须是充满挑战、充满趣味、充满成功体验的有意义的课堂。

在课堂上，我们必须时刻警惕由我们的漫不经心导致的孩子们对追求上进无动于衷的行为，如苏翁所举的学文老师把课堂难点化为了简单的没有挑战的教学活动，还有很多老师唯恐孩子嚼不动，咽不下，而把知识掰开了，揉碎了，嚼烂了，塞进孩子口中，使孩子体验不到学习过程中挑战的幸福感。在这样的课堂上，孩子学习就是为了完成作业，缺乏克服困难、追求优越的过程和意义，也就没有了取得成功的喜悦，怎么可能会产生学习的愿望呢？而这种被简单化了的以机械式记忆为主的课堂组织形式，带来的是群体性的学习积极性的降低，也就是苏翁所说的"缺乏集体的关心"。当这种氛围形成以后，一旦孩子们对自己的所学进行验证，他们的成绩往往很差。当孩子学习上出现问题时，老师对此缺乏热情和敏感，像苏翁所说的"老师带着同样冷漠的心情给学生打'五分''三分''二分'"，在老师的冷冰冰的分数，以及冷冰冰的评价语言中，学生根本不知道自己到底哪里出了问题，更不知道该怎么去努力改进才能使自己好起来。其结果就是低效冷漠的学习氛围，打掉了孩子寻求优越和成功的愿望，他们寄希望于寻求更加容易的成长捷径，成为失去信心和尊严的失败者。

在我们的实践中，也确实经常看见这样的现象，特别是在我们很多的农村学校，由于师资的紧张，年轻的骨干老师往往担任了高年级的教学任务，以应对教育主管部门对小学毕业年级的成绩评价。而启蒙阶段的低年级的教学任务，则不得不让年龄较大的教师来承担。由于信息的闭塞和自身的惰性，这部分老教师往往不愿，也不敢尝试改变自己多少年来一直沿用的满堂灌的老办法，习惯了靠压制来管理孩子的学习，靠大量机械训练来保障自己的成绩，其结果是孩子没有形成良好的学习习惯和学习方法，产生了大量所谓的"差生"，而这些因为没有成功体验的孩子，又成了中高年级需要改造的"后进生"，成为教学质量整体提升的拦路虎。在前一段时间的座谈中，有的学校的老师就提出了大循环的建议，但是由于师资力量不足，确实难以实现。这就需要老师改变观念，用上下衔接的课程标准来贯通各个学段，低年级教学要对标高年级的要求，高年级的教学也要回探低年级的标准，让每个学段的每个孩子都在挑战困难中取得成功的体验，获得真正的学习快感。

点亮孩子的人生方向

一次偶然机会，我看了两期东方卫视举办的"相声有新人"综艺节目，参加比赛的演艺人员中，出现了不少全国知名大学的研究生，甚至出现了北京大学的理工科博士。如果说北大毕业生陈生、陆步轩杀猪卖肉是当年的轰动新闻的话，今天的北大、清华学生投身演艺事业似乎已经无法引起大家的关注了。可是，细细分析，好像又不是那么回事。当年，陆步轩、陈生北大毕业去杀猪卖肉，开办养鸡场，好歹还是用自己的所学创办实业助力经济发展。到了现在，他们已经建立了现代化的科学养殖系统，创办了全国规模养猪、养鸡的大型企业，为全国经济发展做出了很大贡献。今天的重点大学理科高才生，却放弃自己所学，去从事一项完全不熟悉的演艺事业，甚至为之疯狂，背后的因素恐怕不仅仅是生活需要或者理想追求吧。即使真是自己的理想追求，那么说相声和从事理工科研究工作，哪个对社会的贡献更大一些，我想这是不难判断的。而且，实现个人爱好和奉献社会，哪个更应该是一所全国重点高校培养的高精尖人才的不二选择，这是任何一个普通人都可以想明白的问题。在面临西方急欲打压中国高科技发展，国家急需要高科技创新人才的时候，是选择逃避国家责任，退守自己的小圈子，还是该把国家利益置于个人需求之上，这是一个值得深思的问题。我们的很多老前辈曾经在国家一穷二白的时候，为我们做出过典范和榜样。国家为了培养一个理工科的高才生，需要投入大量的教育经费，如果这样的高才生却本末倒置，因追求成为人前风光的演艺明星而放弃从事科学研究与创造，那教育的价值意义何在？当然，在这里，我并不是要贬低相声及其他艺术。说实话，相声作为一门优秀的传统艺术，长期以来为我们广大的人民群众带来了欢乐和对生活的思考，对于丰富人民精神生活功不可没，很多相声艺术家也得到了人民群众的高度尊重。关键的是，放弃自己所学去投身并不熟悉的演艺事业，甚至用执着的理工科眼光去将相声等艺术程式化、固定化，本身就是对艺术的一种亵渎和扭曲，只不过让自己成了"说相声的人中，名气最大、学历最高的人"而已。

近年来，名牌大学毕业生放弃创造性的科学研究工作转而投演艺娱乐圈成了平常的事件，其实这是对当前教育现象的另一种折射。这些年来，教育的选拔功能不断被强化，教育的育才功能不断被窄化，为了追求好的教学成绩，忽视了对教育规律和孩子成长规律的真正理解，孩子的个性发展被异化，"不让孩子输在起跑线上""拼掉""干掉""赶超""只要学不死，就往死里学"等血淋淋的竞争口号，让教育迷失了正确的方向。与学校墙上"一切为了学生，为了学生一切"的口号形成鲜明对比的是"一切为了分数，一切只看分数"的题海战术训练，于是，从幼儿园开始，牺牲周末，牺牲假期，无限度延长孩子学习时间，变得司空见惯；砍掉音体美，砍掉与孩子学习看似关系不大的活动，吃饭、洗漱、上厕所以秒为单位计算，大家都对此习以为常；吃饭抱着书，上操抱着书，睡觉也抱着书，书虫随处可见，好像学生生活的内容就只有课本和训练题。很多孩子早早戴上了高度近视眼镜，不少孩子站久了就会晕倒，孩子们不是在拼命学习，而是为学习而拼命，大家拼着一口气就等着最后的冲线，最后的解脱。于是，当高考结束，很多学校要安排专门的人员执勤，防止孩子情绪失控而毁坏公物。但是，当孩子们在考完把所有的书都撕碎，或者是直接卖给门口的收废品的小贩的时候，我们还能指望他们喜欢学习，喜欢读书吗？当然，对于这些一路考上知名大学的孩子来说，他们可能会比较理性，不会出现这类的情况，但在选择所学专业的时候，他们可能并不知道自己到底要什么，甚至即使是读了硕士、博士，他们可能也并不喜欢所学的学科。当所有的学业都结束了，孩子心里却还是迷茫的，甚至有的孩子出现了抑郁等精神问题，因为所学非所爱，因为要从头学起的生活技能、为人处世的道理太多，因为他们发现其实自己已经与现实拉开了巨大差距，更因为科学研究的道路其实仍然需要长期的努力，而自己其实根本没有做好这样的准备。这时他们看到综艺界的明星明亮光鲜，人前显赫，比之科学研究和创业，好像这样的道路更便捷、更容易。他们想当然地以为，凭自己学历高、知识厚、水平不凡，应该比起演艺圈现在的那些人更有条件出名，于是他们贸然下海，其结局很难让人看好。其实，这还是一种对自身的不自知。这让我想起了浙江名师刘松老师的话：好多参加过奥赛并取得不错成绩的孩子终生不愿再去碰奥赛。之所以如此，就是因为孩子要完成学校、老师和家长安排的任务，仅仅是因为奥赛好成绩可以有高考加分。在这个过程中，其实支撑孩子的只是分数，而不是对学科的兴趣。对于这样的问题，苏霍姆林斯基曾在他的《给教师的建议》第22条"争取学生热爱你的学科"中给出过方法指导，那就是提供一种引起思考的环境和条件，让孩子"发现自己是知识的主宰者，使他体验到一种驾驭真理和规律性的心情"，而实现这样的目的，就必须让知识"有现实性和积极性"，使孩子形成自觉学习的习惯。这也就是帕尔默在他的《教学勇气》一书中所提出的自我认同和自我完善的路径。

要成就孩子的幸福和完美的人生，我们教育者必须从一开始就让孩子凭兴趣学习，不断通过努力达到自我认同和自我完善。同时，对于我们的基础教育来说，既要教书，又要育人，要真正落实立德树人的根本目标，让孩子在实现个人个性成长的同时，形成一个明确的人生方向，形成集体意识和社会责任，真正成长为德智体美劳全面发展的社会主义建设者和接班人，愿意用自己的所学，发挥自己所长，克服困难，奉献社会，而不是成长为精致的利己主义者，或者是执拗的偏执主义者。

引领学生学会知识转化

　　学生学习的过程，是对所学知识进行消化吸收和提升的过程。苏霍姆林斯基对于如何使用评分的方法，促进学生形成这样的过程给出了自己的建议。在第 13 个建议"评分应当是有分量的"的论述中，苏翁就知识的评定提出了四个方面的建议，即评分宁可少一些，但是每一个评分都要有分量，有意义；如果学生由于这样那样的原因和情况而没有能力掌握知识，不打不及格分数；如果学生的知识还比较模糊，在他们关于所学的事物和现象中还有些不明确的地方，不要给予任何评分；应当避免要求学生准确无误地重复教师所讲的东西或者从书本里背诵的东西。也就是说，我们只有在真正掌握学生的学习情况的基础上，才可以有针对性地给出对于学生接下来的学习具有激励作用的正向评价。

　　想想我们的实际教学，往往在当堂课的任务完之后成就马上进行量化评价，有些老师对每堂课上学生情况都按照一刀切的标准打分，我们还常常觉得是有效的。现在看来，在这样的课堂上，是否每个人的能动性都得到了发挥？是否每个人都有了好的学习体验呢？前一段时间，我观摩某个学校提供的课例，他们一反很多老师对好学生关注过多、对差生边缘化对待的做法，让差生成为被关注的主角，从结果上来说，确实达到了转化后进生的积极目的。可是，这样的课堂是否又忽视了好学生呢？达不到优等生应该达到的高度，是否又形成了另外一种不公平呢？并非所有的学生都能通过自己的努力收获成功体验，那这是否算真的优质教育呢？

　　怎么突破这样的问题？这就需要真正相信学生，让学生去形成研究意识，培养探究能力，让孩子通过不断的独立思考去探究和解决问题，形成真正的分层教学和分层学习，学得慢的可以先解决背记理解的问题，而学得快的就可以转入对知识的深度理解和延伸，形成新的知识转化体验。这是需要通过教学评价来引领的，是需要教师在课堂上及时了解每个孩子不同的学习情况，采取及时的针对性的教学调整来完成的。评价这把尺子如何用好，是我们的教育教学能否有取得成功的重要因素。

阅读，为孩子提供广阔的智慧视域

苏霍姆林斯基在他的《给教师的建议》中多次提到对学生阅读的重视，如在第 5 条建议"'两套教学大纲'，发展学生思维"中，他提出了关于"给学习和识记创造必要的智力背景的阅读"的观点；在第 70 条"要敢于鼓励学生'超大纲'"中，他提出了关于激发孩子"对课外活动和课外阅读的兴趣"的建议；在第 49 条"要让学生掌握学习的工具"中，他提出了关于完善地掌握和发展提高阅读技能的阐述；在第 68 条"一般发展与掌握基本知识"中，他提出了把"阅读能力"列为"学会学习"必须拥有的首要能力的观点；在第 74 条"学生应当掌握的最重要的技能和技巧"中，他提出了让学生"在一个离开始学习时比较近，而离毕业时又比较远的阶段上就学会读和写"的要求；在第 24 条"谈谈学生的智力生活"中，苏翁提醒我们要"把每一个学生都领进书籍的世界，培养起对书的酷爱，使书籍成为智力生活中的指路明星"，让阅读成为学生的精神需要。如何改善"后进生"的脑力学习，苏翁也通过自己的实践，给出了"最有效的手段就是扩大他们的阅读范围"的建议（第 6 条建议"谈谈对'后进生'的工作"）……可以说，在铁皮鼓老师重编的《给教师的建议》第二讲内容中，几乎到处都可以看到苏翁这种对学生阅读的重视。而这种对阅读的重视，并不是我们通常所理解的对学生阅读的提倡与指导，其指向的是给学生提供一种具有学习成长的可能的和广阔知识视域的、奠定孩子深度智力和智慧背景的、具有丰富精神内涵的阅读路径。

启动这样一种深度的阅读体验，在于把孩子真正看作一个个具有独特个性的活生生的人。而形成真正的学习愿望的必要条件，就是"赋予他的脑力劳动以人情味"，这种人情味，来源于他们对亲人感情的投入与回馈，来源于老师的真正的关爱与帮助，来源于同伴间形成的在共同面对挑战时产生的友谊，来源于社会环境提供给他们的必要的呵护与支持，也必须要来源于他们在广角式阅读体验过程中得到的对社会责任感的唤醒，以及由于阅读体验带来的对自己克服困难、迎接挑战后的成功体验和挫败反省后的直面人生难题的勇气和信心。所以，新教育人提出了"一个人的阅读史，就是他的精神发育史"的科学论断。

所以，指导孩子形成适合于他们成长的，具有前导性意义的阅读过程和阅读习惯，就显得极其重要。这一点，回观我们自己的阅读历程和工作体验，就可以看得更清楚。我们很多人在"浪漫期"的阅读贫乏，正是导致我们在很长时间内磕磕绊绊的重要因素。也正是基于这样的认识，我们才更愿意努力走出舒适区，进入啃读经典的网师学习，努力补齐自己成长的短板，让自己的教育之路走得更扎实。

怎么样才能给孩子提供一个广阔的阅读视域，使孩子形成厚重的智力背景，促进孩子保持主动学习的愿望，不断挑战学习过程中的问题，实现"最近发展区"的不断推进呢？我想，一是要根据不同阶段的孩子，提供适当阅读范围的、足以引起阅读兴趣和丰富体验的阅读材料，如新教育的阅读书目体系。二是要对孩子在阅读过程中予以指导，而不是一味强调阅读量，可以进行的就是师生共读和亲子阅读，以及摘录、批注、交流等加深记忆的方法。三是要引导学生善于通过阅读解决问题。四是要形成阅读过程中的情感体验，这需要我们在与孩子的阅读交流中，形成真正基于心灵对话的碰撞。五是要给孩子提供足以适合阅读的场所、氛围、时间和机会，这一条实现起来尤其困难，如果我们不能让每一个孩子在课堂上进入真正的学习状态，就必须要在课后占用大量的时间去补救。如果我们不能让每一个孩子产生主动探究的兴趣，就必须把精力大量用于维持机械的训练，就不能给孩子提供充分的阅读机会和时间。在这样的情况下，旨在扩大孩子智慧视域，扩展每一个孩子智力背景的真正意义上的阅读，便不会发生。这是需要我们特别警惕的。

用理解与关心改变孩子的人生轨迹

【摘】许多教师采取非常严厉的措施，或给较低的分数来对待那些他们认为没有表现出足够雄心的学生，希望以此来唤醒他们沉睡的雄心。如果这些孩子仍然还有某些勇气的话，这种方法也可能短时间奏效。不过，这种方法不宜普遍使用。那些学习成就已经跌近警戒线的孩子会被这种方法弄得完全不知所措，会因此而堕入明显的愚笨状态。

但是，如果我们能以温和、关心和理解来对待这些孩子，他们则会令人吃惊地表现出一些我们意想不到的智力和能力。以这种方式转变过来的孩子通常会表现出更大的雄心，这其中的原因很简单：他们害怕回到原来的状态。他过去的生活方式和无所作为作为警示信号，不断地鞭策着他们前行。在后来的生活中，他们中的许多人就像着了魔似的，完全变了样子；他们夜以继日，饱尝过度工作之苦，但却认为自己做得还不够。

——阿德勒《儿童的人格教育》

【思】在日常的教育教学工作中，不恰当的方法措施，使学习暂时落后的孩子失去信心。主要原因就是我们在用同一个标准，同样的尺子去评价和衡量绝大多数的孩子。对于由于开始的不自信造成学习成绩落后的学生，以及由于开始给自己设定了过高目标而暂时失去信心的孩子，多的是指责和惩戒，少的是对他们的自信心不足原因的分析、理解和疏导，导致他们的自信心进一步被挫伤，失去前进的勇气。这也是我们传统意义上的差生转化效果不明显的重要原因，也是有教无类、因材施教等教育思想和措施没有真正落到实处的必然结果。这样的教育历程，既是对学习暂时出现挫败的学生的巨大伤害，也是造成师生关系紧张的重要因素，如果我们不加以重视和调整，必然招致这类孩子被制造为问题学生，影响他们一生的成长。

　　几年前，我到下属的一所学校检查业务，在检查学生作文批改情况时，无意中读到了一个女生考试后的虐心经历。那所学校的校长是一位女同志，一向以严厉、脾气大著称，工作严谨认真，教学成绩优异，那年恰好担任这个女生所在班级的数学老师。在一次测验中，这个女生在一道数学应用题上出现了失误，试卷发下来的那天，这位女生被数学老师叫到办公室，劈头盖脸一顿斥责。这个女孩子在作文中说，她的脑袋就像经历了晴天霹雳一样，眼泪在眼眶里打转，又不敢让它掉下来。回教室的路上，她的眼睛一直模糊，脑子里始终回荡着数学老师的批评的话语。就这样，一个上午的时间，这个女孩子脑子里都是一片空白。接下来的好几天，孩子都觉得精神恍惚，不能集中注意力听课和学习。我想，这样的经历，对于年少的孩子来说，不啻一场灾难。由于那位校长的疾风暴雨式的狂轰滥炸，孩子的自尊心受到极大的打击，自信心受到极大挫败，而我们的老师因为没有教育智慧，没有采取合宜的方式方法对孩子进行针对性的疏导和管理，自己也身心俱疲，这是一件多么得不偿失的事情啊！后来，我就这个事件与那位校长进行了沟通交流，她自己也认识到了问题的严重性。

　　教育是一门关于人的艺术，它需要我们教师不断学习成长，濡养自己的教育教学智慧，了解儿童成长规律与教育规律，真正用爱心和耐心了解每一个孩子，寻找他们生命的成长点，拨动他们积极向上的心弦，成就他们的美好人生。

懒婆娘与勤姑娘

国庆节回家，闲聊时说起周围的人家，便有了下面的话题。

在农村，像我们这个年龄的人，小时候家里人多，一般都是兄弟姊妹几个，再比我们大些的有的兄弟姊妹十几个。我们邻村的一户人家就有三四个姑娘，大姑娘跟我差不多年龄。姑娘的姨妈跟我同村，与我家只隔几户人家，于是，关于他们家的趣事便传到了我们的耳朵里。在这个家庭里，作为家庭主妇的母亲极其懒惰，家务活几乎不会，也不学，即使是日常做饭这样的事情也是懒得做。可一家人总要吃饭啊，没有办法，奶奶就试着教跟我差不多大的孙女做饭。从几岁开始，姑娘便学着烧火做饭，即使像往锅里贴饼子这样的难度较大的做饭技巧都掌握得很好，俗语说："凉锅上贴饼子——出溜到底。"贴饼子是需要技巧的，弄不好就会成为一锅粥，对于只有几岁的孩子来说，她的个头是够不到的，奶奶就教给她站在小凳子上去贴，据说贴得有模有样。再大一些，挑水劈柴、针头袜脚的缝缝补补，都成为姑娘的拿手活儿。懒婆娘，收获了勤姑娘，一家人的生活也变得有声有色。

与这样一个真实的故事相对照的是一个流传很广的笑话，说的是一个自己勤快，却宠溺孩子的母亲，养了一个衣来伸手饭来张口的懒汉儿子。有一天，这位勤快的妈妈要出门几天，不能带儿子去，怕儿子在家饿着，就擀了厚厚大大的一张饼，把中间挖空套在儿子脖子上，这样儿子动动脑袋和嘴就可以吃到饼，她便放心出门去了。结果，这位妈妈几天后回来，却发现儿子已经饿死了，因为他只吃了张嘴能咬到的地方，嘴咬不到的地方这孩子懒得动，只能眼巴巴地看着饼饿死了！笑话当然是夸张的，但是道理却是深刻的，勤妈妈养出懒孩子的例子好像并不少见，近些年出现的游手好闲的"啃老族"就是典型的例子。

一个真实的故事和一个流传的笑话，其实就是我们不同类型教师教学的典型写照。在我们的学校里，我们往往发现，越是优秀的教师，工作越是游刃有余，教学效益越良好。相反，越是忙忙乱乱的老师，往往越是累，孩子苦，教学质量也差。我做小学校长时所管理的一所村小就有一位教一、二年级数学的老师，管理孩子非常严厉，工作态度极其认真，所带班的成绩总体不错。但是，这位老师教过的班级其他老师都不愿接，大家普遍反映他教的学生理解力差，学习能力低，用老师们的话来说就是："把学生教死了。"所谓"把学生教死了"，就是因为这位老师靠的是大量机械、重复的强化训练，甚至用逼孩子死记硬背题目和答案的方法，固化了学生思维，堵死了孩子自己解决问题的通道，用他自己的"严"和"勤"，让孩子成为习惯于被动接受的机器，成为思想和思维懒惰的人，为以后的学习堵塞了道路。

与这位固化孩子思维的老师形成鲜明对比的是另一位教数学的老师。她是晚我三级的校友，一位麻利的学妹，从乡镇中学调任到我任职的小学。我要听她的课，她总是以各种理由拒绝。后来因为缺老师，我教她所带班的语文，要在班里听课，这回她没法拒绝了。于是，我就见识了一位"懒"老师上课的精彩。那是一节一年级下学期的数学课，具体的内容我已经忘记了，只记得是引导孩子找到间接条件解决数学加减法列式计算的内容。课开始后，这位老师出示了情境图让孩子们观察找条件，想办法解决问题。在学生看完讨论后，开始陆续有孩子举手示意，我本来以为老师会让孩子把算式列在黑板上，或者让学生回答，老师写在黑板上。可是，这位老师不紧不慢地点起一位女生，让她到讲台上讲一讲她的思路，然后把算式列出来。令人惊奇的是那位一年级的小女生居然解读得非常流利，从要解决这个问题需要两个条件，通过图只能找到一个条件开始，讲了找到另外一个条件需要从哪里入手，然后根据找到的另外一个条件怎么解决问题，用的完全是一套逻辑严密的数学语言！这样的数学逻辑语言居然出自一年级小孩子之口！这样的训练绝非一日之功，因为我们发现，即使是高年级的很多孩子也不见得具备这样的素质。一节课下来，老师很"懒"、很悠闲，仅仅是转转看看、指指点点，孩子们上课的兴趣和气氛却非常和谐而有序。课后，我问她怎么做到的，她只是笑笑说："没啥！我上课不爱训人，从来也不拖堂，有事就让他们干，他们自己就学会了。"而且，我发现这位老师布置的作业极少，孩子们考试成绩却非常优秀。真是"懒老师"带出了"能学生"！

另外一位老师是一所小学校长的夫人，是我们县里的职业中专培养的毕业生，属于聘干身份的编内老师，说说写写的功夫较差，但是一直教高年级数学，而且教学成绩很好。那一年学校缺数学教师，校长为难了，这位女教师自告奋勇出来替丈夫排忧解难，担任了五年级两个班的数学老师，当时我们分管教学工作的副主任很为她捏了一把汗，怕她教砸了没法交代。结果一学期下来成绩不错，一学年下来成绩很好。但是这位女老师从来没教过六年级，分管教学的副主任有些担心，跟我汇报是不是得督促学校把她换下来。征求这位女老师意见时，她坚决不同意，并且说绝对能保证成绩。后来，我到学校调研，特地找了这位女同志交流，当谈及第一次教毕业班数学，而且兼着两个班的课，是不是觉得忙不过来（除了两个班的数学，还担任一个班的班主任和其他学科的课）的时候，人家倒是很轻松地说，一点负担没有。后来，我又作了深入调查，发现这位老师采用的是分层教学、小组合作的方法，课堂很民主，她只解决学生解决不了的问题，同样也是一个"懒老师"！而之所以看起来工作比别人轻松，恰恰得益于她的"懒"，学习真正成了学生自己的事！所以，学生学习能力强，课堂教学效率高，教学成绩自然可以保持不断进步的状态。

古人说："慈母多败儿。"就是说一个过于勤快，对孩子处处代替包办的母亲，往往会使孩子丧失自主独立生存的能力，成为"败家子"。我邻村的懒婆娘，成就了一位勤姑娘，同样道理，我们的老师只有真正为孩子创设自主发展的环境，真正把课堂还给学生，才能让孩子形成真正的独立思维和自主解决问题的能力，真正实现整体教学质量的提高。

如何传承优秀传统文化的精神内涵

听楼宇烈先生讲《如何让传统文化融入日常教学》，感触颇深，诚如先生所说，传统文化的传承，需要的是精神内涵的继承和发展，却由于某些原因发生了中断。而看看近些年来传统文化的传承，确实发现了一些异化现象，轰轰烈烈的传统文化进校园之类的活动，最终不过是形式上的存在，经典诵读铺天盖地，而真正体现优秀传统文化内涵的教化之功却没有显著的变化。

楼先生在讲座开始，就对这种偏差进行了纠正，他指出："传承优秀传统文化，不光是经典的传授，更不是简单的经典诵读，更重要的是传统文化的精神的传承。"特别是传承教育的理念，也就是"化民成俗"的教化功能。在此基础上，楼先生进一步对教学目的进行了阐述，即一是化民成俗，教化老百姓形成良好的风序良俗；二是让每个人都懂得为人之道。这两者之间是相辅相成的关系，懂得为人之道，才能形成风序良俗；形成了风序良俗，才能使人懂得怎样做人。

在讲座中，楼宇烈先生还把中西方文化进行了比较，指出法治是西方的、外来的文化，需要靠条文来约束。而风序良俗是中国的文化，是自觉的行为，并且是植根于人们的生活之中的。他进而指出，把教育看作知识的传授，看成是开发智能的过程是不对的，教育更重要的是教会人如何做一个人。他结合西方"腹脑"的理念和中国关于"心"的理解，指出教育的重要功能是开发情商。台湾"慈溪公德会"的教育理念是"教之以爱，育之以礼"，楼先生在此基础上补充为"教之以爱，育之以礼，启之以智，导之以行"。他指出"读过书气质变化了，才是真正的读书"，这就是苏东坡说的"腹有诗书气自华"。

楼先生结合经典对圣贤作出了阐释：什么是贤人？《孔子家语·五仪解》

中鲁哀公与孔子有一段对话说得比较明确，孔子说人有五种等级：庸人，士，君子，贤人，圣人。所谓贤人，就是品德不逾越常规、行为符合礼法、言论可以让天下人效法而不会招来灾祸、道德足以感化百姓而不会给自己带来伤害的人。所谓圣人，就是品德符合天地之道、变通自如，能探究万事万物的终始，使万事万物符合自然法则，依照万事万物的自然规律来办事的人。他们光明如日月，教化如神灵。民众不知道他的德行，即使看到他也不知道他就在身边。这样的人就是圣人。

孔子说的圣贤体现在《荀子·哀公问》中就是符合四个标准的人：行中规绳，不伤于本；言足仿于天下，而不伤于身；富有天下，而无怨财；布施天下，而不变贫。贤人是言行合乎规矩，让天下人效法的人。

楼先生还指出，中国的文化是"道"的文化，并在此基础上分析了抑郁症产生的原因就是太过追求明白，追求理想化的生活而不能接受人生的不完美，不能面对现实的不理想。

如何真正领悟优秀传统文化的精神内涵呢？楼先生指出，他是一种"日用而不知"的自然状态，就是老子所说的"太上，不知有之"。在教育的过程中，要让孩子在潜移默化中学会爱，懂感恩，具有羞耻之心，并做到身体力行，在不知不觉中形成社会氛围和社会习俗。

楼先生的讲座，阐明了传承优秀传统文化的问题，我们必须明白传统文化的内涵，并且落实于现实的生活，这才应该是传承优秀传统文化的正确路径。

打造高效课堂，应从培养学生自主探究能力开始

课堂是师生共同的舞台，课堂教学的效果决定了学生能否最大限度地获得知识和能力。现代教学理念认为，学生是学习的主体，教师是学生发展的指导者和促进者，用美国著名教育家多尔的说法就是"平等中的首席"。在课堂教学过程中，学生的学习态度、学习习惯和学习能力，直接影响着课堂教学的有效性。打造有效课堂，应从培养学生的自主探究能力开始。

课堂教学是学生学习的主要方式之一，在这个过程中，学生通过教师的指导、点拨和带动，逐步形成学习的能力，养成学习的良好习惯，通过主观独立的思考和研究获得有效的知识。在这个过程中，学生能否形成自主探究的意识和能力，决定着课堂教学的效率。所以，在课堂教学过程中让学生进行积极思考、积极探究是教育者的重要任务。要完成这个任务，主要应从以下几个方面做起：

（一）引导学生自主分析学习内容，逐步制订自主学习的计划和目标

苏霍姆林斯基所说："只有当知识成为精神生活的因素，占据人的思想，激发人的兴趣时，才能称之为知识。"也就是说，只有把所学的知识当作自己进步的动力，产生学习的积极性和主动性，这些知识才能真正为学生所接受。而现实教学过程中，我们常常发现学生并不是把学习知识当作自己的事情，而是视为教师和家长安排的任务，其主要原因就是学生在课堂学习中要完成的任务几乎完全由教师决定，从内容的选择到目标的设立，学生都处于被动接受的状态。这种状况如果是在低年级还有情可原，因为这个时候的学生还没有形成必要的认知能力，但随着学生知识面的扩大和认知能力的提高，如果我们还不能放手引导学生自主制订学习目标，而是让其完全依附于教师的设计，就会使学生失去学习的动力和积极性，从而影响课堂教学的效果。因此，教师要善于

逐步引导学生根据学习的内容确立自己的学习目标，使他们觉得学习本来就是他们自己的事，从源头上树立自主学习的意识。

（二）引导学生善于质疑，形成探索方向

孔子说"学贵有疑"，质疑问难是探究活动的开始。可以说，一堂课，如果学生不能就学习的内容提出有价值的问题并进行探讨，就不可以称其为成功的课，也就不能算是高效的课堂。但在很多教师的课堂教学中学生很少提出问题，即使是提出了问题，有很多亦不过是应景之作，要么偏离内容，要么简单机械，没有什么可疑可议之处，更没有什么实质意义。这样的课堂，看起来热闹，实际效果并不好。

要实现课堂教学的高效，就要设法引导学生积极思考，使他们"能借助已有的知识去获取知识"（苏霍姆林斯基语）。这就要求教师在日常教学中多引导学生对一些现象和知识进行分析和探讨，也就是说，"要尽量使你的学生看到、感觉到、触摸到他们不懂的东西，使他们面前出现疑问"（苏霍姆林斯基语）。要适时引导学生发现问题、提炼问题。这样，学生通过训练可以明确提出问题的解决思路。

（三）合理调控过程，培养师生合作探究的学习方法

课堂是师生共同成长的舞台，在教学过程中，我们既要引导学生对所学知识提出疑问，更要激发学生针对问题进行积极探索和研究的兴趣。这就要求我们教师及时地把握时机，为学生提供一个相对宽松的环境，使他们积极投入情境中，设计和施行自己的讨论方案。而这时，教师要通过巡视、点拨，及时发现和调控整个过程，找出共性的问题，特别要注意一些所谓差生的动向并进行及时的指导，使所有学生都有参与的热情，然后把共性和典型的问题拿来供大家一起讨论探究。

总之，课堂教学活动中，学生是学习的主体，教师是指导者和引领者，学生是课堂教学的主因，而教师是促使学生由量变到质变的催化剂。因此，要打造高效课堂，必须树立学生的自主意识，培养学生的自主探究能力，使学生成为课堂上的探索者，真正做学习的主人。

如何让每一个孩子得到应有的智慧

在我们的教学实践中，那些学习落后、思想落后的孩子，常常成为让教师头疼的对象。甚至成为老师和其他孩子漠视、讽刺和打击的对象。在这样的一种氛围下，他们或变得越来越懦弱卑微，或变得脾气暴躁、感情脆弱，成为班级问题的主要制造者，甚至被有些老师称为"问题孩子"。如何与这些孩子打交道，改变他们的学习状态和精神追求，成为教师避不开的问题。学校教育的实践证明，如果教育管理得法，"问题孩子"会呈现出他们好的一面，成为优秀班级的共同建设者。如果教育管理不符合教育规律，这些孩子就会对学习产生厌倦，最终走上自暴自弃的道路，甚至走向违法犯罪的深渊。所以，研究孩子的成长规律，了解孩子的真实情况，分析孩子性格形成的环境与原因，唤醒孩子内心的自尊和自信，调动各种可以调动的资源，创造适宜孩子成长的环境条件，引领孩子进行充分的脑力和体力劳动，让每一个孩子在学校里、在课堂上得到真实的成绩，是我们老师的重要任务。当然，这需要我们老师掌握孩子的成长规律和教育智慧，一方面我们用爱心与耐心去实践，一方面也需要借助先进的教育理论。这样的理论，我们可以从苏霍姆林斯基的《给教师的建议》中寻找，也可以从阿德勒的《儿童的人格教育》中寻找。

苏霍姆林斯基在他的《给教师的建议》第96条"我怎样研究和教育学习最差的学生"中，通过实践分析了学生学习差的的现象、成因，以及去改变的方法，对于我们提升差生的学习能力和成绩具有极强的指导意义。

一、孩子学习能力差的综合表现

苏霍姆林斯基认为，能力差的学生，不仅仅表现为记忆力低，更表现为他们的"思维处于一种受抑制的、静止不动的、'僵化的'状态之中"。按照这样的分析，对照我们的教学实践，我们也确实发现，对于学习落后的孩子，让其死记硬背的结果是付出了大量的时间和精力，仍然无法提高他们的学习成绩。这样的学习，不仅不可能改变孩子的学习状态，而且对孩子的成长信心和老师劳动的积极性都是一种打击。

二、造成孩子学习能力差的原因

相关研究显示，真正的高智商和真正的低智商的儿童占儿童总数的比例都非常低，绝大部分儿童的智商是正常的，是相差不大的。按照这样的逻辑，我们所教的孩子绝大部分是正常儿童，应该有相差不大的学习能力。那么，这些看起来智力正常的孩子学习困难的原因到底是什么样的呢？

（一）儿童婴幼儿期的生理缺陷和病患，是孩子学习困难的最初诱因

这一个观点，是阿德勒在他的《儿童的人格教育》第四章"追求优越感的引导"和第五章"自卑情结"里，通过对一个口吃的男孩的成长轨迹进行了相关的案例描述而得出的结论，这个十三岁的口吃男孩，连续三年，更换三个医生，口吃的毛病都没有明显改善。后来语言学家参与孩子口吃的矫正，结果反而更加重了口吃的程度。这个孩子尽管曾经有过摔伤和面瘫的经历，但经过证明，这些都没有伤及他的语言能力，其产生口吃的真正的原因，就是他把口吃当成引起家长和老师的注意和掩饰其内心紧张的一种有效工具。我们也经常发现一个有趣的现象，那就是口吃的人在骂人和唱歌的时候是没有口吃现象的，而且在相对放松的环境下，其口吃表现并不明显。其实，这样的经历，我们小时候都有过相关的体验。小时候当我们偶然得一次感冒的时候，家长请假不用去上学，还能吃上只有过年过节才能吃上的食物，这就成为病痛中的美好记忆。

因生病而获得享受和快感的体验让孩子马上起了心机，有的孩子就故意装病不上学，直到医生背着药箱要打针，他装不下去了，才恢复健康的样子。其实通过装病而获益，是孩子的一种自我保护机制。我们只有知会了这一点，在对问题孩子进行教育和引导时才可以做到有的放矢，一针见血。

（二）家庭环境，是影响一个孩子健康成长的重要因素

苏霍姆林斯基指出："造成儿童发展上的偏差的最有害的因素之一，就是不健康的、经常发生冲突的家庭关系。""家庭智力生活的局限性和惊人的贫乏性，是儿童智力落后的原因之一。"父母是孩子的第一任老师，家庭是孩子成长的最重要的场所，原生家庭带给孩子的烙印，会长期甚至终生影响孩子的成长。所以，我们应该传承中华民族优秀传统文化，培育"文明乡风、良好家风、淳朴民风"。这其中，良好家风既是社会风气的基础，也是孩子精神成长的温床。

从阿德勒对口吃男孩的分析中，我们可以看出，其实男孩口吃的形成是源于他的父母。父母开始对他是溺爱的，后来弟弟的出生让他有了"失宠"的恐惧，于是他极力想引起父母的关注，以至于直到八岁还在尿床。忙于生意的商人父亲脾气暴躁，只会对孩子横加指责，这加剧了孩子的紧张情绪。母亲忙于照顾幼小的弟弟而疏于对他的关注和管理，让他感到孤独、不自信，甚至可能产生被整个世界抛弃的错觉。孩子只好采用逃避困难、寻找借口的方法来处理一切问题，进而成为学习困难的学生。其实，这样的例子在一些影视剧中也有典型的体现，有部电视剧中一个孩子从小没有开口说过一句话，被公认为是聋哑人，但在一种特殊的紧急的环境下，他突然高声喊人，惊呆了所有在场的人员。其实，这个孩子并不是没有说话的能力，而是心里不想说话，才成了众人眼中的"聋哑人"。所以，如果我们试图绕开对儿童家庭的了解和沟通，就无法找到孩子学习落后的真正原因并采取有效的改进措施。我省开展的大家访活动，就是要求老师真正走入每一个孩子的家庭，与家长一起观察、了解、探索孩子成长的问题，形成学校和家庭合力办学的局面。

（三）母亲在孩子成长的过程中，起着重要的精神指引作用

母亲对孩子一生成长的影响之大，我们是耳熟能详的，在我国古代有"孟

216

母三迁"的故事,还有"徐母(三国时期徐庶母亲)大义""孔母(孔子母亲)授学""欧母(欧阳修之母)画荻"等传为千古佳话的事迹。近现代以来,毛泽东的母亲善良、富有同情心、乐于助人,培养出了一代伟人;朱德元帅在他的文章《回忆我的母亲》中,写出了母亲对他一生的重大影响。在国外,很多杰出人物的成长与成功,也很大程度上源于母亲的教导。高尔基专门用一本书《母亲》来回忆母亲对他的影响;小时候被老师和同学称之为"笨瓜"的科学家爱因斯坦,也是一个直到三岁还不会说话的"弱智儿",在母亲的鼓励、爱护和引导下成长为一代科学巨人;同为发明家的爱迪生,是老师和同学口中的"捣蛋鬼""糊涂虫",却在母亲的影响下,获得了成长的力量,成为一代科学巨匠。可以说,每一个伟人背后都会有一位伟大的母亲。

可是,我们经常感到担忧,在很多家庭的教育管理体系中,恰恰出现了父母的缺位,特别是母亲的缺位,这是非常不幸的。在广大的农村,一些年轻的父母出于生存的原因,或者是出于逃避繁杂的家庭事务的原因,把孩子甩给爷爷奶奶,平时与孩子缺乏经常的沟通,只在过年过节时回来用经济补偿、物质的满足代替对孩子的管理。即使是留在家中的孩子母亲,也选择了早出晚归的打工方式,天不明就出发,回来已是披星戴月,根本管不上孩子。更可怕的是,现在这批孩子的家长正是知识不足,传统文化教育缺失,在追星时代受到娱乐化、西方化文化的影响,又在进入城市后受到城市文化和快餐文化的熏陶,追求个人利益,集体意识、家国情怀不足,受社会浮躁风气影响较大的一批人。可以说,虽然他们在年龄和生理上已经是成年人,可是从心智上看,仍然是没有成熟的孩了。这样,一群"没有长大"的孩子生出了新一批孩子,又抛给了一群只知道"疼"、不知道管或者说也不知道该怎么管的爷爷奶奶和姥爷姥姥。对于这样的问题,我们的老师必须高度重视,要加强与家长的沟通。我们不可能让家长放弃谋生的工作,但是可以指导孩子父母,特别是孩子母亲保持与孩子之间的及时沟通,对孩子的学习进行辅助与指导,重点是通过母亲的配合,让孩子养成自觉学习的良好习惯。

三、如何对待学习差的学生

对于如何对待差生的问题，苏霍姆林斯基提出了五个方面的建议：

（一）最主要的任务是：不要对学习落后的儿童进行不适当的教学

这就需要老师要在上每一节课前，要观察、判断每一个孩子的真实的学习基础和条件，学情分析必须精准。要通过个性化的、分层次的课堂预学，掌握孩子对新的学习内容的准备情况，形成对孩子学习的预判，给不同的孩子提供与其学习能力相匹配的指导。对孩子任何不切实际——不管是或高还是或低的要求，都无法让每一个孩子得到最大限度的成长。这件事说起来简单，但具体执行起来，需要老师付出足够的努力和智慧。

（二）在课堂上的学习要同时使用记忆和思考

我们很多老师现在仍然停留在不想放手、不敢放手、不会放手、不能放手的阶段。不想放手，是自以为所采用的方式方法，足以应对现在的需要；不敢放手，是对改变思路和方式没有把握，害怕结果还不如现在；不会放手，是老师习惯了一言九鼎的局面，一旦放手，不知道自己到底该干什么，实际上就是没有形成教师自己的学习力，无法做到角色的转换；不能放手，是因为前面的三个原因，教师自己不想改变教育教学的方式，很多想法无法推动。在这样的课堂上，学生就成了被动接收者、复述者，大量的时间被老师统领下的知识学习和训练占满，孩子在被动的状态下忙于完成任务，又怎么会能够达到"同时使用记忆和思考"的要求呢？要达到这样的要求，就必须改变我们的课堂，让孩子成为课堂上主动的学习者、积极的探索者、认真的倾听者和积极的知识分析和应用者。在这个过程中，老师则要成为积极的学习环境的创设者、丰富学习材料的准备者，同样也是真正的倾听者、诊断者和积极的指导者、解惑者。让课堂不仅成为知识的学习场，更是智慧传递与碰撞的生命场。

（三）精确指导、耐心等待"独立地解答习题"的过程

对于学习落后的孩子，我们都有这样的感觉和经验，那就是我们往往对他们付出了比对别的孩子超出几倍，甚至几十倍的努力，仍然无法取得意的效

果。于是，很多老师在经过巨大的努力后，放弃了对这些孩子的管理和要求。曾经有的老师说："对于那些成绩实在上不来的孩子，我就一个要求，只要在课堂上不打不闹，不制造麻烦，睡觉也不要紧！"之所以会出现这样的情况，就是我们没有真正了解孩子，特别是没有认真研究孩子出现学习问题的根源，没有找到可以解决问题的办法。就像前文所说的，孩子出现学习困难，并不单纯是智力的问题，更多的是学习以外的因素在孩子身上产生的作用。所以，我们必须一边通过实践认真研究孩子成长的问题，一边借助理论提升，探寻孩子学习困难的深度心理学原因，这样才能准确定位孩子的特点。我们还必须要提供一种适合孩子独立思考的环境，对于不同的孩子给予不同的学习心理预期，让孩子真正通过个性化预学单和个性化作业，独立思考和解决问题。尽管这个过程可能极其漫长，但当孩子真正通过独立的学习和思考可以解决问题的时候，就是他们的生命真正自我觉醒的时候，这其中的快乐和自信会支撑起他们将来更漫长的学习生活，让学习不再是老师和家长的任务，而真正成为孩子自己的事情。

（四）培养孩子的阅读和表达能力

对于学习困难的孩子，苏霍姆林斯基一直主张让他们敞开心扉与丰富的人类精神财富进行接触，而不是靠强制性的阅读任务让孩子因应付而产生厌倦。我镇一所小学的林丽霞老师把阅读作为孩子的一种兴趣进行培养，每天带着孩子一起阅读，有兴趣的孩子可以录制阅读的音频和视频发在班级微信群里，展示阅读成果。不到一年的时间，所有的孩子都爱上了阅读，争相录制阅读视频上传，连一个转到别的学校的孩了，还在原来的班级群里坚持每天上传自己的读书视频和感悟，阅读成了老师和孩子共同的约定项目，有的孩子在不到一年的时间里读了十七本书，四年级的孩子写起作文来洋洋洒洒，所有的孩子都远离了网络，远离了游戏。我想，这就是阅读的魅力。

表达能力更应该引起我们的重视。我们国家提出要强化文化自信，要做到这一点，必须从母语的学习和传承开始。朱永新教授在他的《书写教师的生命传奇》一文中指出："同一个民族，就是要用同一种语言书写每个生命的不同故事"，对于前些年提出的汉字改革的问题，楼宇烈等一批知识分子以高度的责任感提出了不同的意见，认为一个民族的文字，是一个民族的历史得以承继的重要载体，消灭了汉字，就等于要抹掉中国的历史。在很长的一段时期内，学英语成为热潮，有些人甚至从孩子一出生就给他准备了英语语言环境，出现了全英语化教学的幼儿园，而对本国语言文字的学习，反而采取忽视、不求甚解的态度，一度出现了很多人汉语不如英语说得好的怪现象。所以，我们要做的就是让孩子学习规范的、足以代表中华民族文化内涵的语言。这就要求我们的老师必须具备标准的汉语表达能力，能够为孩子提供一种榜样和示范，并通过欣赏古今丰富的文化和艺术作品，让孩子充分感受祖国文字的魅力，培养孩子丰富的、准确的、多样化的语言表达能力。

（五）开展"创造性的手工劳动"

眼睛是心灵的窗口，而双手则是心灵智慧的展示。俗语说"心灵手巧"，孩子的动手能力，既是孩子智慧的体现，又是孩子脑力思考和协调能力的反映。而且，有些学习困难的孩子，虽然在知识记忆方面处于劣势，但具备较强的动手能力，这是我们老师可以加以引导的重要的突破口，让孩子在创造性的手工劳动中锻炼自己，动脑思考，展现自己的才华。我们要善于看到孩子身上的闪光的东西，并引导他们将之不断扩大，直至照亮自己的心灵和整个人生。

当然，这样的工作需要教育者去做真正的深入的研究。解决孩子学习困难的问题，必须以尊重孩子人格为前提，必须以科学的理论为指导，必须对孩子有真正的了解和爱护，有足够的同情和耐心，有"守得云开见月明"的教育智慧。

为孩子创设一种创造性的劳动环境

苏霍姆林斯基在《给教师的建议》第 67 条提出了关于如何培养全面发展的人，发挥每一个学生的个人才能的问题，提出了"及时地发现、培养和发展我们学生的才能和素养，及时地了解每一个人的志趣，这一点正是当前教学和教育工作中要抓的一件主要的事"的观点，并提出了落实的目标，即"学校里不应当有任何一个毫无个性的学生"。这样一个目标，在我们今天的学校里是否已经实现了呢？通过进入学校，进入班级，进入孩子中间，我们发现，很多时候教师其实不是针对每一个孩子的个性特点而给予对应性的指导，而是对于不同情况的学生，进行着同一内容、同一标准、同一要求的"一刀切"的教育，把本来是不同特质的孩子按照整齐划一的培养模式做成一模一样的"标本"。这种状况，实际上是很可悲的，同质化教育、标准化答案、知识的重复记忆与技能的反复训练，培养出的只能是大工业时代中的流水线工人，而不可能是国家需要的具有创新思维意识的人才。

随着后工业时代的到来，个性化的劳动者、具有创新精神的劳动成果越来越受到欢迎，但学校教育作为培养人的主要途径，并没有实现向人的个性化教育的转型。片面追求分数、追求升学率的热潮并没有从根本上得到改变，各级各类学校中"问题孩子"仍是屡见不鲜。多年前那个大学生分不清韭菜和麦苗的笑话，在今天的很多农村孩子身上竟然重新出现。如何让孩子成为具有自主意识的、完整的、全面发展的人，已经成为我们教育者亟待解决的问题。而重温苏翁关于劳动促进人的全面发展的论述，仍然具有积极的现实意义。

一、营造一种充满激情的创造性劳动的气氛，让孩子感受劳动的深刻意义

俗话说："近朱者赤，近墨者黑。"所以，才有了"孟母三迁"的千古佳话，这足以说明环境对于孩子成长的重要作用。一所学校、一个班级的教育氛围、教育文化，往往决定着学校里每一个人的精神成长和行为走向。要想让孩子愿意成为学校里的一员，愿意在学校里完成自己的精神成长，就必须让学校里的整体环境充满朝气，充满和谐的思想光芒。高年级孩子的快乐、健康，高年级孩子的关心、关爱和真诚的帮助，会成为新生向往学校的一种动力。所以，我们在每年的开学时间，都会举行迎新仪式，让高年级的孩子与新生一起牵手入校，特意选择新生认识的高年级孩子与他们一起熟悉学校，交流入学心得，使孩子们在亲近感中产生对学校的喜爱之情。

二、为孩子创设有利艺术创作的环境

苏霍姆林斯基在他的《给教师的建议》一书里介绍了他们为唤起孩子对艺术创作、应用技术的兴趣而做的大量工作，指出"我们的职责是：全面地发展每一个学生的个性，发现他的禀赋，形成对艺术创作的才能，以便使他享有一种多方面的完满的精神生活"。说起艺术教育的问题，我们很多农村学校的校长和老师都会抱怨没有专业的老师，没有专业的器材，没有专业的场地，学生没有天赋。其实，正如苏霍姆林斯基所说，我们的艺术教育氛围，并不是一定要把所有的孩子都培养成艺术家。孩子是有差异的，我们不可能把所有的孩子都培养成艺术家。我们创造艺术教育氛围，是为了让孩子得到美的启蒙教育，培养孩子善于发现美、愿意发展美的情感，通过美的教育发展孩子的丰富的情感。对于师资不足、设备不足的问题，我们可以运用现代化手段，借用网络资源来解决，或者通过专业教师走教来解决，关键是要让孩子接受真正的艺术熏陶，得到美的教育，成长为一个内外兼修、"文质彬彬"（孔子语，意为君子要外在风貌和内在气质上都做到完美）的具有完整精神特质的人。

三、创造一种以开启孩子心智为目的的实践教育环境

苏霍姆林斯基指出："教育工作的一项重要任务，就是要使所有这些心爱的劳动之角都跟学习紧密地结合起来。"也就是说，我们的课堂教学要与孩子的真实生活相结合，要与实际的劳动形成紧密的连接，让孩子通过课堂上的学习产生对课堂之外的实际劳动的探究欲望，也就是苏翁所说的"希望比课堂上所学东西更多一些"。为了实现这样的目标，我们就必须为孩子的创造性实践活动提供适合的环境和条件。我们设置综合实践课程以及开设各种实践性社团，就是以开启孩子心智为目的的举措。能否充分利用好这些实践课程，充分发掘孩子的天赋，培养孩子的创造性思维，是对我们教育者的一种真正的考验。

四、充分发掘孩子从事创造性劳动的意愿和兴趣

当一个学生学习落后并且长时间没有改变，我们的老师往往会失去对他的信心，尽管可能仅仅从态度上流露出一点苗头，也会影响孩子的情绪。而苏霍姆林斯基认为，"不管一个人多么不愿意劳动，我们对他的教育还是必须从让他取得成绩开始（起初哪怕是只取得最微小的成绩）"。这就需要我们在真正了解孩子的基础上，在孩子擅长的领域，参与并帮助孩子完成创造性劳动，让他们通过这种自己可以驾驭的劳动实践获得满足感，从而对新的创造性学习产生更大的兴趣，对克服困难取得更大成绩怀有更强烈的愿望。而这同样需要"努力使学生从事的一切劳动项目都充满智力的内容"和"渗透研究性的、实验性的思想"。

五、教会孩子思考，培养他们"把双手和智慧的努力结合起来"的能力

苏霍姆林斯基建议要把学生的体力劳动"看成是一种达到创造性目的的手段"，让"每一个学生在学校里就应当找到一种最大限度地适合于他的天资和

才能的劳动种类"，并让孩子在这种劳动种类上的学习超出其他孩子，也就是说要让孩子形成个性化的成长。在实际的教学工作中，我们看到的往往是孩子为了应对书面考试而导致"长处不长"的现象，对于某一劳动种类的学习和实践，我们往往更多地关注于书面的考察，而不是去关注他们在实践中的运用能力，"高分低能"的学生就是被这么制造出来的。要改变这种现状，我们的学校就必须双管齐下，在教会孩子科学思维的同时，培养他们的实践动手能力。

为孩子创设一种创造性劳动的环境，让孩子成长为具有创造性智慧的人，才有可能让他们成为精神丰富、善于学习和创造、敢于直面困难、努力克服困难的全面发展的新人。

怎样的分组才是最科学恰当的

继续研读苏霍姆林斯基《没有也不可能有抽象的学生》，看到苏翁所举的帕夫雷什中学数学教师阿·格·阿里辛柯和姆·阿·雷萨克在数学课上分组的情况，他们按照学习最好的，勤奋的，中等的，相对差的和个别很差的学生进行分组，实际上就是优优组合，中中组合，差差组合，依据的是同组同质，异组异质的分组原则，并依据这样的分组情况，采取不同的指导策略，使所有人都能在他们各自的基础上获得进步。

日本东京大学教育学博士佐藤学在他的《静悄悄的革命》中阐释了他的基于合作学习理念的教学分组，他按性别比例和小组人数进行随机分组，只强调必须是男女混合，必须是4-6人一组，而不以学生各自的学习基础作为分组依据，形成弱者求助强者、强弱之间相互扶持的合作学习机制，学习落后的孩子在成绩好的孩子的帮助下获得进步，而学习好的孩子则通过扮演类似教师的角色，进一步实现了对知识的深化理解和运用。

我们单位一位学历并不高的女教师，同时担任小学高段两个平行班的数学课，还能游刃有余，教学成绩优异，其秘诀也是分组教学，只不过她的分组是将所有学生平均分配到每个组，实行同组异质，异组同质。但是每个组都以学习最好的学生为组长，实行组与组之间的评价。每个小组长就是小组里学习的组织者和监督者，老师负责检查组长，组长负责检查组员，督促组员完成各项任务。

上述三种不同的分组形式，都达到了提升成绩的目的，帕夫雷什中学的两位老师的分组，界限分明，目标也分明，实现了同等基础，同等进步，但却缺少了个性化创造和组员间的合作。我们的老师虽然也实现了教学成绩的提升，但只不过是一种"兵教兵"的策略，只不过是组长代替了老师的责任，依然是传统的知识传授，可能最受益的是组长，不仅学会了知识，还锻炼了自己的组织能力。佐藤学的合作学习分工模式，使学生之间产生交流碰撞和互助，他们为实现目标共同探讨，共同寻找克服困难解决问题的办法，在这样的过程中，每个人都是参与者，也都是教育者，相互启发相互促进，这应该是比较理想的课堂组织形式。

当然，这三种分组形式，各有其优势，我们在实际运用中可以根据实际情况来选择。

做课堂上孩子智慧的启动者

【摘】不管学生对你的课程有什么样的兴趣，这种兴趣必须在此时此刻被激发；不管你要加强学生的何种能力，这种能力必须在此时此刻得到练习；不管你想怎样影响学生未来的精神世界，必须现在就去展示它——这是教育的金科玉律，也是很难去遵循的一条规律。

困难在于，对一般概念的理解，思考的习惯，思考的乐趣，不是任何形式的文字所能激发。所有具有实践经验的教师都知道，教育是一种需要在细节上耐心又耐心的过程，一分钟又一分钟，一小时又一小时，一天又一天，一年又一年，反反复复，学习无捷径。有一句谚语可以形容这种困难，"见树不见林"，这种因为有了树而给"见林"带来的困难，就是我要强调的。教育的问题是——如何让学生借助于树木来认识树林。

——怀特海《教育的目的》

【思】教育是有规律的，课堂教学最重要的目的就是让学生高效率地完成学习任务，而在这个过程中，如何激发学生的学习兴趣、求知欲和创造意愿，是对我们每一位老师最基本的考验。今天听了全国特级教师、"松儿数学"倡导和实践者、全国数学观摩课第一名获得者、浙江省杭州市钱塘新区教育学院教研员、杭州师范大学硕士研究生导师刘松老师的专题讲座《"后疫情时代"教学变革与对策》，进一步加深了我的这种体悟。

刘松老师通过梳理新冠疫情期间的网上教学情况指出，在互联网面前，所有人都是平等的，在学生可以通过各种渠道获得海量资源的大背景下，未来智能教育可能有四条路径，即普及、融合、变革和创新，正如朱永新教授在他的《未来学校》一书中所说，将来的学校极有可能会变成一个个学习中心，人人为师

227

的时代已为期不远，教师职业不会消失，但教师职业的从业者却可能减少。面对这样的挑战，我们的教师只有成长为具有未来特质的教师，才能摆脱被淘汰的命运。如何成为这样的老师，刘松老师提出了三个纬度，即教师必须要成为能够读懂学生需求的分析师（针对性），又要成为能重组课程的设计师（整合性），也要成为能够连接世界的策划师（拓展性）。老师们必须达成的共识是：教育必须讲求时间和效率。

对于教学时间的问题，刘松老师提出，我们的课堂教学必须是"有针对性的教学"，这个针对性就是真正基于学生的学情研究课堂上的问题，找到学生的困惑点，并且善于采用"装傻"的策略，真正把课堂还给学生，用他的话说就是："课不是老师来讲的，是要让学生来讲的。"让学生亲身体验学习的成功，这才可以为他提供高效学习的激情和动力。

刘松老师展示数学教学的过程，每一个环节，都是老师先退居幕后，学生展示课堂前测的内容。这样的一个过程，就是孩子的兴奋点不断被激发、兴趣不断提升的高阶思维训练过程。在这样的课堂上，孩子是兴奋的、喜悦的、充满趣味和勇于挑战的，其获得的成功体验也是满满的。

从刘松老师的讲座中，我深深体会到，教育真的是充满挑战的过程。在这样一个过程中，我们做老师的真的需要改变传统的教育教学方法，善于通过把握学情，给孩子们创造合适的充满挑战的学习环境，真正把课堂放给学生，并及时调适这个过程，使孩子既见树木，又见森林，成长为具有高阶思维智慧的人。我们需要不断充实自己，锤炼自身业务素养。只有这样，才能成就学生，成就自己。

第四篇
阅读思考

"百灵鸟"是如何被培养成"小绵羊"的

——《教育的节奏》读书笔记

【摘】在各个阶段的发展中,每天、每星期、每个学期都有若干较小的漩涡。他们本身又包含着三重循环。学生大体上理解某个模糊的题目,掌握相关的细节,最后按照相关的知识将整个科目归纳在一起。除非学生不断地为兴趣所激发,不断获得技能,不断为成功而兴奋,否则他们永远不能进步,而且注定会失去信心。总的来说,在过去30年里,英国的中学一直向大学输送失去勇气和信心的年轻人。这些年轻人就像是打了预防针,不再有任何智慧的火花迸发。大学的教育进一步支持了中学的做法,更加剧了这种失败。结果,年轻人活跃欢乐的情绪转向其他题目,使英国的知识界不愿意接受思想。当我们能够指出我们民族的伟大成就——我希望不是战争方面的成就——这种成就又是在学校的教室里而不是在运动场上赢得的,那时,我们就可以对我们的教育方式感到满意。

【思】在日常教育教学工作中,我们常常发现许多引人深思的现象,其中一个现象就是,幼儿园里几乎所有的孩子都是活泼的灵动的,是善于交流的,特别是中班、大班的孩子们,我们在他们脸上是可以看见阳光的。一年级的课堂上,孩子们小手高高举起,甚至为了要回答问题,纷纷站起来,把小手高高举过头顶,嘴里喊着"我我我我",急于表现自己,充满表达的渴望。但我发现随着年龄的增长和年级的升高,课堂的气氛变得越发沉闷。开始我觉得可能是由于我们农村学校一些教师观念陈旧,方法不当,不能合理调动学生情绪和兴趣造成的,后来,去杭州参加为期五天的"千课万人"全国培训,在全国著名小学语文教师的课上,我依然发现了课堂气氛沉闷的现象。在观察研究这一现象的时候，我们往往指责教师的教学态度，班级文化的建设，家庭教育的脱节等因素，却始终无法真正理解，为什么交到我们手上的一个个活泼可爱的孩子，经过六年甚或更多时间的培养，绝大部分孩子变成了一群沉默的绵羊呢？直到读怀特海的《教育的节奏》，我才开始体悟出这种现象的根本原因。书中说："除非学生不断地为兴趣所激发，不断获得技能，不断为成功而兴奋，否则他们永远不能进步，而且注定会失去信心。"这揭示了孩子们从"百灵鸟"变成"小绵羊"的原因。

孩子初入幼儿园，从家庭单一的环境进入一个新鲜的、五彩的环境，接触到了很多新鲜陌生的面孔，充满了探知新世界的好奇。由于学前阶段没有升学任务，没有固定的知识类学习的要求，孩子们在游戏中了解世界，了解规则。在这样一个过程里，艺术的氛围很浓厚，老师们都非常和蔼且多才多艺，他们寓教于乐，孩子们可以自由发言，在老师引导下参与游戏和益智类活动，心中充满快乐和幸福。所以，他们愿意把自己的所遇所感说给别人听，他们是快乐、自信、乐于交流的"小百灵"。

升入一年级，孩子们又进入一个全新的环境，依然是充满新奇感和兴奋感，他们渴望成为新环境的主人，所以，在一年级的课堂上，孩子们依然是一群爱说爱笑爱交流的"小百灵"，他们急于接受新鲜的知识，渴望成为老师的宠儿。可以说，这样的渴望和兴奋如果能得到合理的引领，孩子们会喜欢上学习和读书，喜欢上学校里的一切。可是，很快他们就发现这学校不是他们想象的样子，老师也不像幼儿园里的老师一样亲切，上课不能像在幼儿园里那样随意，老师讲课时自己的小手要背到后面，想说话必须要举手，每天必须要完成老师布置的作业，而且有的老师还会拉下脸说话。家长开始要求每门课都要考100分，班里开始按照考试分数排名，学习的乐趣开始被各种指责所取代。他们开始发现，说话多了可能惹来同伴的取笑和老师的斥责，就慢慢学会了闭上嘴巴。

随着年龄的增长和年级的升高，原来的"小百灵"们发现，他们的考试分数越来越重要。所以，他们要完成的作业越来越多，题量越来越大。只要老师布置了，就必须完成，除非你能保证每次考试都取得满分，否则"骄傲是成功

231

最大的敌人"这句话就会放到自己身上。在这样的日子里，兴趣必须退位，以往老师和家长脸上常见的灿烂的笑容，也成了稀缺资源。大家的关注点不是你已经取得了95分的好成绩，而是那没得到的5分。所以，心里的那份成功和自豪，已经不可以随意表露，得时刻保持战斗状态，必须要有竞争赶超的目标。在这样的环境里，原来的"小百灵"们越来越明白"言多必失""沉默是金"，开始时时事事处于戒备状态，不愿冒头，不想表现，于是，"小百灵"成了"小绵羊"。

要打破这种局面，我们的教师就要深入理解学习孩子成长的"浪漫——精确——综合"的发展规律，创造适合于孩子发展的环境氛围，使教育教学充满智慧，使孩子们的兴趣转化为源源不断的成长动力，使他们形成学习共同体，在不断挑战一个个成长难题中获得成功的喜悦，重新成为翱翔于知识天空的快乐"小百灵"。

《没有也不可能有抽象的学生》学习感悟

【摘】教师要善于确定，每一个学生在此刻能够做到什么程度，如何使他的智力才能得到进一步的发展——这是教育技巧的一个非常重要的因素。

【思】我们教育工作者所处的环境，是与学生共同创造生命奇迹的地方。在这样的环境里，如何让每一个鲜活的生命活出自己的意义，是我们老师的使命和责任，因此，我们必须是那个真正了解孩子的人，唯其如此，我们才能真正熟悉他们成长的节奏，才能施以最恰当的引领和启迪。

在数千年前，我们的至圣先师孔子开坛讲学，有教无类，因材施教，才有了弟子三千，贤者七十二的可喜局面。七十二贤者中，重臣贵胄者有之，江湖豪侠者有之，传经送道的鸿儒巨匠有之，市井小民有之。无论身居何处，他们都有自己的处世之道。从流传的孔子行教图我们也看得出，孔子实施的是个性化教育，对每个弟子学业的要求也并非完全一致。这一点在儒家经典《礼记·学记》中体现得尤为明显："时观而弗语，随其心也；幼者听之而问，学不躐等也。"这说的就是因材施教的原则。

随着社会化大生产的发展、新型工厂的兴起和流水线工作流程的产生，大批训练有素的劳动者成为培养的目标，于是，以雷同的教学内容，一致的教学标准为主要标志的班级授课制应运而生，统一化、同质化的教学代替了个性化学习。于是，"一刀切"成为教学的常态。特别是以分数论英雄的时代，很多老师更多关注的是知识的识记，很多孩子却因此成了学习的失败者。学习成绩优秀的孩子成为老师眼里的好孩子，部分学习落后的学生被边缘化，甚至被冠以"傻瓜""笨蛋"的头衔，成为丧失信心的失败者。其实，这样的境况并不能完全归因于班级授课制，而是老师的教学思维存在问题，长期的惯性教学和工作让很多老师不能转变，不敢转变，不想转变，他们怕因转变而失去已有的成绩。岂不知，在没有信心支持的课堂上，孩子是不会有成功体验的，而这才是孩子失去学习兴趣和动力的真正原因，正如怀特海在他的《教育的目的》一书中所说："除非学生不断地为兴趣所激发，不断获得技能，不断为成功而兴奋，否则他们永远不能进步，而且注定会失去信心。"所以，在教学过程中，我们只有走近孩子，去了解他们真正的心理需求，才有可能找到唤醒和激发他们信心的源泉，并通过给予不同的指导，让他们用成功的体验，慢慢突破成长的瓶颈，获得学习的信心和勇气。

每一个孩子都是一块璞玉，把他们雕琢成宝玉需要智慧，把每一个孩子都当成自己的亲人去爱护、去引导，这就需要我们改变自己的心态，就像李镇西老师在他的"未来班"上对他的学生所说的："在我的心目中，只要你善良、正直、勤劳，你就是我最优秀也是令我最自豪的学生。"以欣赏的眼光发现孩子的闪光点，找到他们的兴奋点，打造他们的成功点，让他们每天进步一点点，点亮孩子的心灯，这才是我们教育者应该做的。

《人是如何学习的》学习感悟

研读《人是如何学习的》学习资料，读得有些头大，啃读两遍仍觉茫然。在这里，我先梳理一下我所能理解的内容。

一、关于前概念，或者说是前拥概念

初次看到前概念，觉得大概是学生在学习新的知识前脑子里已有的印象。查阅"搜狗百科"得到验证，"前概念，又叫前科学概念，在教学活动中泛指学生在新课教学前，对所学知识已有的认识和了解。"在教学活动开始前，我们就必须通过与学生的深度接触与交流，形成对每一个孩子的学习现状、学习能力、学习态度、通过努力可以达到的高度等情况进行深度了解和分析，也就是真正掌握每个孩子的前拥概念，从而选择教学活动的进入状态和方式。把握住孩子已有的前概念，才有可能找到孩子通过努力取得突破的关键点，让学生实现学习上的顿悟与成功。

二、"结构化信息基础"与"概念性理解"

"结构化信息"，是指信息经过分析可以分解成多个互相关联的组成部分，各组成部分之间有明确的层次结构，其使用和维护通过数据库进行，并有一定的操作规范。这是不是就可以理解为"大量的事实性知识"，而"结构化信息基础"是不是就可以看作"具有事实性知识的基础"？

"概念性理解"：概念，是抽象的、普遍的想法、观念，那么，概念性理解是不是就应该界定为对事实性知识的抽象化或系统分类化的理解。基于这样一种理解，我们需要有"授之以渔"的理念和做法，用理念去引导孩子形成系统化的思路和方法，而不是简单的知识累积和记忆。这应该就是我们要落实学科核心素养要求，构建学科框架体系的过程吧。

三、关于元认知

什么是"元认知"？冯春柳老师批注为"对认知的认知"。那么这个"对认知的认知"，是对认知如何发生的认知，还是对认知规律的认知呢？上网搜索，搜狗百科这样解释："'元认知'，又称反省认知、监控认知、超认知、反审认知等，是指人对自己的认知过程的认知。"也就是说，元认知应该是人对自己认知过程和规律的认知。学生对自己的认知过程的认知从哪里来呢？这需要我们教育者在教育生活中，让孩子通过对自己学习过程的自觉性和自主性的觉醒，形成学习过程与方法的思考，养成用思辨性学习方法进行学习的习惯。而这样一个过程，首先必须来源于教师对每一个孩子真实学习状况的了解，更要求教师必须真正熟悉学科架构和学生学习的规律，只有这样，才能真正启动他们的系统化认知，建立关于学科核心素养的结构模型。

关于教师专业阅读"五条假设"的再思考

我曾与全镇青年骨干教师交流读书情况，有的老师对于教师专业成长的五条假设理解有些偏颇。这其实是对教师专业阅读的一种浅层理解，这些老师没有真正意识到专业阅读的必要性和意义所在。重听王小龙老师关于阅读地图第一讲的内容，我结合自己的理解写了点东西。全文如下：

《教师专业阅读地图》在深入分析教师应该具有的专业素养的基础上，提出了教师专业阅读的"五条假设"：

1.对于任何一个具体的专业领域而言，存在着一个最合理的知识结构；

2.专业发展，必然会经历一种"浪漫—精确—综合"的有机结构；

3.每一门知识的掌握，都存在着一条由浅入深的路径；

4.对每一个教师而言，都存在着一条独一无二的阅读路径；

5.在特定的发展阶段中的某位教师，面对特殊的场景，一定有一本最适合他读的书。

这五条假设，也是在说明教师为什么需要进行专业阅读。

第一条假设，关于专业知识结构的问题。所谓"专业"，我们很多人认为是毕业证书上所写的"专业"。其实，对于教育这个领域来说，"专业"是一个更宽泛的内容。教师这个职业其实具有非常强的专业性，尽管在很长的一个时期内，很多非专业人员进入教育行业，这也让很多人不认可我们教师的专业技术人员的身份，但是，长期的教育实践已经充分说明了，并不是什么样的人都可以成为教师，更不是什么样的人都能成为优秀教师。如果我们因为掌握了一点可以引以为荣的知识，或者认为自己已经拥有积累多年的教学经验，就以为我们可以做好教育工作，那是大错特错的。

我们掌握的知识以及专业，在知识爆炸的今天，已经不可能包打天下。我们在毕业前具备了深厚的学科专业知识，但如果没有深度了解学生，没有领悟知识概念结构，没有理解和实践教学科学和心理科学，我们所学的知识就只会成为死的知识。

所以，仅仅有学科主体知识是解决不了教育教学问题的。更进一步说，你即使是汉语言文学的高才生，也不一定教得好小学语文；你即使是很有建树的数学天才，也不见得能让小孩子解决他的数学应用题；你即使是英语八级，可以达到专业翻译水平的英语学霸，也难说能够让你教的所有学生都达到及格的水平；你即使是音乐天赋极高的艺术生，也不见得能把你们班的孩子的乐谱和乐理都教明白；你即使是一个大师级的书画天才，也不一定能让每一个孩子爱上绘画与书法；你即使已经是健将级的运动员，也未必能让你所教的孩子获得健康的体魄。所以，我们掌握了主体性知识储备并开启了教育生涯，这仅仅是开始教育探索的第一步，后面不断的专业学习和专业实践，以及专业反思，才是我们工作的常态。这时候，可能你的所学与所教并不一致，但是需要学习的专业知识以及开展的实践却不见得不接近，而且学习规律很多是共通的，我们已有的本体性知识也是可以为所教的学科助力的，比如说，谷建芬老师就用自己的音乐专长，创作了很多古诗词的歌曲，叫《新学堂歌》，让古诗词与音乐有机结合，让孩子在学习古诗词的同时享受音律之美，让孩子在欣赏音律之美的同时提高了学古诗词的兴趣，减小了学习古诗词的难度。有的老师在语文教学中引入美术元素，让孩子读画结合，当文章内容被孩子的画笔传神地再现出来的时候，文章还需要去死记硬背吗？德开小学有一位体育老师，用体育原理，开发出了上百种数学游戏，让孩子在游戏中学会数学，这样的学习取得的成果，还会容易被遗忘吗？这位体育老师之所以有这样的突破，跟他积极参加孟杰校长组织的教师专业成长俱乐部，并积极开展专业阅读实践有很大关系。

第二条假设其实就是分析了我们教师专业成长的一般性规律，回答的是成为优秀教师的路径问题。在教育实践中，我们发现，有相当多的教育工作者对于自己所从事的教育行业缺乏深层次的认识，仅仅把自己的工作视为养家糊口的工具，日复一日地重复着一成不变的简单劳动，没有足够的工作积极性和创造力。这也是我们这个本来专业性很强的专业技术岗位得不到认可的缘故。所以，这样的专业成长规律，并不一定适合这一部分人，除非他们真正得到了专业的觉醒。

这条假设，其实来源于怀特海关于教育节奏的论述。怀特海的教育节奏理论，是对黑格尔智力发展三阶段（命题、反题与综合）论断的提升与推进。怀特海认为，人智力发展过程是一种有规律的、在一个重复的结构中不断传送的、循环往复出现的周期性节奏，每一个周期既是上一个循环的延续与提升，又是下一个循环的基础与准备。简单地说，就是一个不断发现问题、提出问题、解决问题，然后又发现新的问题、提出新的问题和解决新的问题的不断螺旋上升的循环过程。如果我们有了对教育生命的深度自觉，产生出想要得到专业成长的欲望，愿意不断通过找到问题、提出问题和解决问题的路径实现自己的专业进步，这样一个规律就是必需的，虽然我们仍然要面对教育的问题和困惑，但每一个问题和困惑都是新的，不是简单重复。如果我们没有专业成长的觉察，每天面对的教育问题和困惑，就是过去问题和困惑的重演与积累。所以，专业阅读和实践过程中的教师，不是不会遇到问题和瓶颈，而是在不断遇到问题和瓶颈时，能通过专业阅读、专业实践和专业思考获得挑战困难的底气和实力。

第三条假设是关于知识学习先后顺序的合理性假设，基本的观点是：知识的掌握是由浅入深的。这条规律，在很多情况下是适用的，但是也有很多打破规律的案例，在我们的教学实践中也确实出现了很多这样的案例，比如，邱学华老师尝试的教学实验，让孩子突破两三个年级的数学难题；陈琴老师的素读经典教学，让小学低年级的孩子迅速获得了大量的经典文化的熏陶。再比如，我们在新教育网师学院学习，开始就是经典专业书籍阅读，啃读的过程常常让人头大，但在老师指导下，当类似的情境和问题出现的时候，马上就豁然开朗，之前的问题，迎刃而解了。这就是专业阅读的力量所在。

第四条假设是关于一个人的阅读史，就是一个人的精神发育史，说明了教师专业阅读共性化和个性化的问题。其实，对于每一个想专业成长的教师来说，

239

很多基础性、通识性书籍是大家都要阅读的，因为我们必须要让自己掌握基本的教育原理和教育规律。同时，在基本教育原理与教育哲学的知识储备之外，由于个人的阅读基础、工作方向和工作性质的不同，阅读也必然走向个性化，实现在基本教育原理指导下的有针对性的专业阅读。

第五条假设是说我们在专业成长阶段，肯定会遇到各种问题，这些问题，很可能是很多教育者所经历和应对过的，可能会有解决这些问题的成功经验或者深度反思。我们要善于吸取成功经验帮助我们解决问题，也就是"站在巨人的肩膀上"看世界。当然，专业阅读并不是简单的理解理论，而是要指向于解决问题的实践和方法。

所以说，我们要实现专业成长，就离不开专业阅读、专业实践、专业反思，而专业阅读是共性指导下的个性化阅读，需要我们有专业成长的自觉和聚焦专业实践的行动力，以及坚持不懈努力进步的强大意愿。任何对教育生活的过度焦虑和懈怠，都无法实现真正的专业生命的成长。

教育要形成爱的传播能力

——读《爱心与教育》之《手记一：爱心和童心》有感

如果说序言和引言给我带来的是整体概念上的、理论层面上的初步认知的话，阅读《爱心与教育》的《手记一：爱心和同心》，带给我的则是巨大的心灵冲击，在阅读的过程中，我总是有一种鼻腔酸酸的感觉，总是有一种说不出的情绪在胸间萦绕，久久不去。李镇西老师所用的文字看上去朴素自然，没有什么华丽的辞藻，为什么会有如此大的冲击力呢？古人说："感人心者，莫先乎情"，细细想来，他分明是在用朴实的语言将一个个师生间的美好故事向人们娓娓道来，字里行间充满了人间真情，充满了师生间爱的热流，形成了具有强大震撼力的心灵冲击。李镇西的师生共处经历，向我们昭示了一个真理，那就是教育必须是培养大写的人的过程，必须是心中有爱、眼中有人的爱的呼唤、培养和传递的过程，唯有如此，才能唤醒人间大爱，才可以培养出有能力爱自己、并将真爱传播出去、拥有人间大爱的一代新人。

一、以爱育爱，才能唤醒人间之爱

李镇西老师认为："一个真诚的教育者必定同时是一位真诚的人道主义者。一个受孩子爱戴的老师，一定是一位最富有人情味的人。只有童心能够唤醒爱心，只有爱心能够滋润童心。"所以，一个好老师，必然是了解孩子、理解孩子，能够以孩子的视角看待孩子，以真正的朋友般的呵护和关心来对待孩子的人。所以，我们首先要做的就是用爱唤醒学生的爱，让爱的情感成为师生联系的纽带。当我们板着脸、拿着架子想要宣示我们的师道尊严，以居高临下的姿态审视孩子，以命令的方式管制着学生的时候，李镇西老师却用他睿智的爱架起了一座与孩子心灵沟通的桥梁。在我们抱怨着学生的种种错误，慨叹着教育生活的枯燥的时候，李镇西老师却以"我这是在还债"的心态，感恩着一批批学生带给自己的精神愉悦。心态的不同，决定了我们教育生活的走向。这也让我想起苏霍姆林斯基与他的孩子们，想起魏书生老师"吃亏是福"的承担，正是这种人间大爱成就了他们学生的幸福人生。

对于学生，李镇西老师有着敏锐的感知，从一篇作文中，他知道了一个孩子的生日，就真诚地对孩子表示祝福，还亲赴孩子的生日会，这也唤起了自己的一颗童心，与孩子们忘形欢闹，打成一片。这样的爱，唤醒的是孩子们内心的美好，将心比心，孩子们也用他们纯真的爱回应着李镇西老师。李老师生病时，孩子们与他感同身受；当李老师的家人住院时，孩子们捕捉到他的焦虑，用他们自己的方式，偷偷送出为老师分忧的爱心。孩子们用李镇西老师爱他们的方式回馈着老师的爱，用特殊的方式表达出他们心底纯真的情感。在与他们的交往中，没有任何的功利之心。这一切正是人间大爱的源泉。

二、教育是为人的一生发展奠基的，真正的教育大爱关注孩子一生的成长

宁玮，一个将善良和正直奉为自己人生信条的孩子，是李镇西关注学生一生发展的典型例证。她遭遇了高考的滑铁卢，为了让弟弟继续读书，她选择了退学打工，却数遭变故，生活漂泊不定，从这一点来说，她是个失败者。但在人生成长的最关键期，她有幸遇到了李镇西这样的良师，所以她又是人生反转的成功者。李镇西老师肯定她的纯真、正直，尽自己所能地关心她，帮助她，让她始终保持着真善美的天性。因为了解，李老师总是关注她的成长；因为理解，李老师总是焦虑着她的人生，这已经超出了一个普通老师工作的范畴。正是因为李镇西老师对教育、对学生充满了爱心与责任，他才能与孩子们休戚与共，心气相通，成为一生的朋友。我们从中感受到的分明是长者的慈悲、亲人的关切、朋友的关注和师者的仁心。关注孩子一生的成长是优秀的教师该有的情怀。

三、让学生学会爱的同时，更学会传播传递爱

一个人，首先要学会爱自己，一个连自己都不爱的人，我们无法相信他可以爱别人。但是，对于一个人的成长来说，仅仅爱自己，就会走向自私，所以，教育更重要的作用就是以爱育爱，培养孩子传播与传递爱的能力。李镇西老师给予了孩子爱，孩子在爱自己的同时，又将这份爱心传播传递出去，这就是最好的例证。

李镇西老师说："爱的教育，最终的目的是使学生感受到老师无私的爱后，再把这种无私的爱自觉地传播给周围的人，进而爱我们的社会，爱我们的民族，爱我们的国家。"他是这样理解的，也是这样去引导的。所以，就有了孩子们帮助伍健和胡国文的故事，有了孩子们主动帮助附近老人和孩子的故事，有了为烈士群塑爱心捐款的故事。在这些事情中，李镇西老师给予孩子们的是熏陶、赞赏和引导，让爱的传播和传递更睿智，更富有人情味。这样的爱的传递不是靠老师的说教形成的，而是孩子们在实践中真诚体悟获得的感悟，这样的经历必将助力他们的一生。

为什么要进行专业阅读

——跟中青年老师谈谈阅读

今天，我要跟大家交流的是教师专业阅读的问题。通过对教育现状的反思和对未来教育的反思，我觉得有必要跟大家一起对照教育实践，通过专业阅读，找出一条突围的路径。

我们今天面对的世界是极度开放的世界，知识的更新呈几何系数爆炸性增长，获取知识的途径和手段丰富多样，我们再也不是仅凭一本教材，一套教参就可以完成我们的教育教学任务的教师了。随着时代的发展，孩子每天面对纷繁复杂的大千世界，思想和行为日趋多元化，信息量远远超出了我们的预想值，发生在孩子身上的教育问题也越来越复杂多变，这都需要我们有足够的教育智慧去应对。信息发展的变化必然会带来教育方式的变化，美国教育专家甚至断言，凡是在谷歌上能查到的知识，都是不需要教的知识。朱永新教授在他的《未来学校》一书中，预言了未来的学校和教师的变化，他举例说，美国谷歌公司的围棋机器人阿尔法狗（AlphaGo）三胜世界围棋冠军李世石，其升级版阿尔法零（AlphaGoZero）在没有人类导师指导的情况下，仅凭不到二十四小时的自我练习就战胜了三大棋世界第一人；医疗机器人的准断率明显高于人类医生的诊断率；在 2017 年 10 月河南举行的一场人机教育大赛中，智能教学机器人战胜三名具有十七年教龄、获得过各种教学奖项的高级教师。这些例证明确告诉我们的是，在现代教育中，教师已经开始面临生存挑战。靠消化我们原有的知识和教学模式，"吃老本"式的教育已经不足以面对即将到来的挑战了。

现在，我们来看一看我们自己的教育生活是什么样的。对于相当一部分四十岁以上的教育同行来说，我们从上学开始，一路过关斩将，从小学到中学，从中学到中师，或者是从初中、高中到大学，我们所接受的教育就是一个知识识记的过程，我们毕业后所依赖的也大部分是这样一个知识结构。而关于教育学和心理学的知识，也是局限于我们那个年代的知识体系。而且，实实在在地说，即使是这个知识体系，我们也多是为了完成当时的学业考试而进行的机械性识记，现在能记住的应该也不多了。也就是说，在我们成长的初期，我们的阅读基本上是蜻蜓点水，即使是有一定的阅读，也基本限于文学类的休闲阅读。毕业走上工作岗位后，我们的阅读面愈加狭窄。我们作为教师，几乎天天在阅读，但阅读的基本上都是教材、教参、教材全解、习题汇编之类的工具性材料，很多人对于原来的教学大纲，现在的课程标准都没有认真研读过。尽管在一段时间内，县局领导大力倡导教师读书，但是由于大家都是把它当作任务和额外的负担，读书笔记写了不少，却都是机械应付，没有结合教育教学实践的知性阅读，教育专著读得很少，就算读了，在脑子里也几乎没有多少真正的留存。这些行为决定了我们的教育是一种经验性的、重复性的、缺乏真正基于科学教育原理的实践。日复一日，年复一年，面对不同的学生，我们重复着一贯的工作，一样的教学内容，凭经验处理教育问题，凭经验进行教育教学活动，而隐藏于教育教学问题现象之下的真正原因，我们并没有进行深度思考，问题也就不可能得到真正的解决。在这样的教育生活中，相当一部分孩子因为没有得到恰当的调适而成为失败者。这同样也给我们的执教生涯带来了痛苦，使我们产生了职业的倦怠。

教师队伍中相当一部分老师不是师范类专业毕业，没有系统地接受过师范专业教育，当初进入教师队伍，更多的是出于谋生的目的，关于教育的相关理论，只是在参加考编时用来过关的工具而已，教育教学的过程，更多的是自己曾经所受教育过程的再现。如果他们不能及时领会和运用教育原理，不能在教育实践中取得成效，那么他们初入教育行业时的激情很容易被教育问题的复杂性和重复性消磨掉，他们也就体会不到教育的价值和意义，感受不到教育成功的快乐，注定会在日复一日的缺乏创造性的教育日常工作中沉寂下去。

长期以来，由于不熟悉教育专业成长的路径，缺乏科学的指导，我们的阅读大多偏文学性和娱乐性，基本上是跟着热点走，跟着感觉走。面对教学出现的问题，我们往往很少到教育经典中去寻找灵感，而大多选择心灵鸡汤类的教育解说，以及所谓的实战类"兵法"，原因就是真正的教育经典不好读，不好懂，如果没有深入思考，也不好用。而心灵鸡汤类的文字可以带来暂时的愉悦和感动，更容易激发效仿的意愿，至于效果如何，大家应该心知肚明。至于"兵法"一脉，看似可复制可推广，可以拿来就用，但由于所处环境不同，学情也有差异，或许短期内可以奏效，但是真正拿来解决实质问题，恐怕也很难。而且这种没有教育原理支撑的快餐式的浅层次阅读会让我们对教育产生一些误解，这样的阅读不仅不能解决问题，还会让我们产生对教育阅读的失望和不屑。这正是很多老师不能坚持教育阅读的重要原因。

下面，我们再来看一看我们经历的教育生活。由于我们的教育生活是一种经验型的重复过程，很多时候我们仅仅是跟着感觉走，没有对接教育的根本性原理，没有对照我们的教育实践进行及时的反思和积累，我们的教育工作始终处于举步维艰的状态。我们在偶然翻阅教育专业杂志时，从别人的教学经历上可以看到我们自己工作的影子，甚至其中的一些地方，我们做得并不逊色于杂志上所登载的做法。只不过，我们在教育生活中缺乏敏锐的感觉，没有及时地梳理，也没有进行在教育专业理论指导下的深度思考，这些宝贵的东西没有得到及时的升华和跟进，成了过眼烟云，失去了其应发挥的作用，没有获得应有的价值。即使有的老师做了一些笔记，但是也没有经过教育经典理论的升华，兼之缺乏专业写作的能力，导致文字干涩，逻辑混乱，叙述不清，根本无法形成自己的理论，这就是我们教育人所面临的能力不足的现实问题。要改变这种现状，必须要学会真正的专业阅读、专业写作。阅读教育经典的过程，就是我们跟自己的心灵对话，跟教育的现实对话，从而真正解决问题，成就自己的教育生活，获得执教幸福感的过程。

吉尔·凯格尔曾对人的一生作过一个形象的比喻，他说我们很多人的一生就像一个喝醉了酒的车夫赶着一辆马车一样，车夫看似在驾着马车，但是是一种昏昏沉沉的状态，马把他拉到哪儿就是哪儿。这就像歌曲《不能这样活》中所唱的那样："春夏秋冬，忙忙活活；急急匆匆，赶路搭车。一路上的好景色，没仔细琢磨，回到家里还照样，推碾子拉磨。闭上眼睛就睡，张开嘴巴就喝，迷迷瞪瞪上山，稀里糊涂过河。"没有教育经典原理指导的教育生活不就是这种样子么？想想我们走过的岁月，不就是这么重复着昨天的重复，再继续把这种重复无限延伸下去吗？因为缺少自觉学习教育理论的意愿，我们为大家精选的数十种教育报刊被尘土封压，甚至化为了部分老师的免费椅垫或是如厕应急之物。还有的校长不主动为老师们订阅专业的教育教学报刊，把全镇精选订阅的教育报刊束之高阁，只做应对检查之需，甚至在领到这些报刊后，转手交给废品收购站，换来少得可怜的几个铜板。这些表现其实也是对自己专业的不尊重，对自己尊严的不尊重。正如歌曲《不能这样活》中最后的呐喊那样，"再也不能这样活，再也不能那样过。生活就得前思后想，想好了你再做。生活就像爬大山，生活就像趟大河。一步一个深深的脚窝，一个脚窝一支歌。"教育需要觉醒，教育者更需要觉醒。教育是一个专业性很强的行业，我们是在做着铸造灵魂，培养面向未来的接班人的崇高事业，这是我们每一个教育人的责任。有了经典教育理论的指导，有了来自内心的对教育事业的崇敬，我们的执教生命就会更加充实。不管是要使我们的教育生命更有意义，让我们的教育生活更有成就感，还是要面对未来的教育和学生，我们都需要用教育的经典理论来充实自己，丰富自己，让自己成为有智慧的教育者，成为真正的从事创造性工作的老师，而不是一个不断重复着单一工作的疲劳的教书匠。

老师们，让我们一起啃读经典，享受经典，让教育经典的光辉照亮我们的教育之路。我相信，我们的改变虽然无法改变所有人，但我们可以改变我们的孩子，改变他们的生命轨迹，改变他们身后的千百个家庭的未来！我相信，改变了我们自己，就能改变孩子们的未来，改变教育的未来。让我们一起为之奋斗吧！

专业阅读，骨干教师成长力

——跟骨干教师谈谈专业阅读的方向

前面跟大家两次谈到我们为什么要进行专业阅读的话题，一次是结合我们的教育教学实践和我自己的阅读体会，分析了专业阅读的必要性和可能性；一次是大家在阅读《教师阅读地图》时，有些老师对教师专业成长的"五条假设"产生怀疑和误读，我结合自己对"五条假设"的理解，逐条分析了专业阅读的必须性。但是，我们如果仅仅明确了意义和方向，还是不能真正解决专业阅读的方向和动力问题。

很长时间以来，我一直在思考这个问题，这么多年，领导非常重视教师阅读，老师们也不可能不明白专业阅读的意义，为什么没有让专业阅读成为我们的日常行为呢？我认真捋了捋自己原来被要求写读书笔记的经历，发现那些年读过的书真是不少，苏霍姆林斯基的，陶行知先生的，佐藤学的，雷夫的，按照领导的要求，每学期也写了一大本一大本的笔记。可是认真想想，脑子里到底留下了多少可用的东西呢？只不过有了点谈资罢了。好几个校长说原来读过苏霍姆林斯基的《给教师的建议》，但是现在却想不起来这本书讲了什么。为什么会这样呢？一是当时自己的主体意识没有达到现在的自觉，当时是作为任务完成的，就是抄抄写写，有时写点所谓的反思，也不过是干巴巴的就理论说理论，自己都常觉得无味，怎么会愿意读下去呢？再说当时阅读的书目，基本上跟着潮流走，跟着感觉走，并没有系统的专业的阅读方向，学习陶行知先生，就读《陶行知文集》；传统文化要推广了，就读《论语》《孟子》《大学》《中庸》；想起苏霍姆林斯基了，就读《给教师的建议》等著作；李镇西老师被誉为"中国式的苏霍姆林斯基"，就印发李镇西老师的事迹和文章；合作学习之风盛行了，就读《静悄悄的革命》；美国人推崇雷夫，就满世界学《56号教室》。这些好的经验和理论到底为什么要推广，到底如何让这些好的理念切入我们的教育教学实践，这些问题我们好像并没有真正关注过，让读就读，讨论交流也是浮在表层。于是，理论学习成了纸上谈兵和沙盘预演，并没有真正形成教育教学上的实战成果。这样一种结果是大家始料未及的，所以在行政推动过程中造成领导失望、老师疲惫的局面，收效甚微。

我们既然知道了专业阅读对于专业成长的重要意义，想要解决专业阅读的问题，就必须考虑我们的专业阅读到底该是什么样的。我通过跟随新教育网师学院的学习，认识到我们的专业阅读要想具有生命力，必须基于我们教育生命成长的愿望，必须脚踏实地地将教学原理与实践相结合，必须聚焦于我们的教育问题的解决，达到能用、好用、会用的目的。

什么是能用？就是我们所阅读的专业书籍必须聚焦于教育的根本问题，是可以引领我们认识教育教学规律，形成系统科学的教育教学理念的真正具有教育智慧的经典之作，而不是快餐式的心灵鸡汤。这就需要我们要有选择的智慧，所以，我给大家推荐了《教师阅读地图》，它让我们看清专业阅读的方向，同时掌握科学阅读的方法。如果说还需要辅助阅读的话，可以选择《如何阅读一本书》，想解决阅读方向和阅读方法路径的问题，这两本书足矣，千万不要再在网上搜类似的书籍了，否则只会打乱我们的关注点。当然，《教师阅读地图》并不能囊括所有大家要读的书，也许有人觉得推荐的书不适合自己，你完全可以根据自己的需要选择书籍。但是，切记不要盲目跟风而选择所谓的"热书"，你得判断它是不是真正聚焦问题的解决，而不是通过所谓的技巧，逃避对真正事件的认识。

判断一本书是不是好用，我们得看它是不是对教育根本问题有深入的思考和方向的指导，是不是能够真正触动我们内心想要解决问题的愿望，是不是能够让我们看到事件隐藏的真相，是不是能够让人产生豁然开朗的顿悟。比如说我在给二年级孩子上课时，为不少孩子不到下课时间就要去上厕所的问题所困扰，专业阅读让我意识到课堂上的纪律问题大多是来自教师本身。通过课间观察，我发现了低年级孩子爱玩，常常忘记下课去上厕所，后来，我通过上课前提醒孩子及时去厕所的方式，彻底解决了这个问题，这不就是专业书籍阅读带来的效果吗？

怎样才算是会用呢？其实，就是阅读过程中要用好专业书籍和专业理论。说白了，我们仍然要以能不能让这些根本性的原理真正落地于我们的实践，形成教育智慧作为评判标准。这就需要我们用知性阅读的方法反复啃读经典，并且结合着自身的教育生活实践进行深入的思考。比如说关于"最近发展区"的问题，在没有跟着新教育网师团队学习之前，我真的是跟很多老师一样认为"跳一跳能摘到桃子"，通过专业阅读，我才真正明白了这样的观念是错误的，真正的"最近发展区"是人通过自己的努力和可以获得的一切可能的帮助，达成在自己的基础上可能达到的最高程度。我们如果仅仅是把学生的"最近发展区"当成"跳一跳摘到桃子"，就是降低了孩子成长的可能性，基于这样的理念开展的教学活动，是达不到让每一个孩子在自己的基础上通过战胜困难，从而获得成功体验的目的的。我通过专业阅读，加深了自己对"最近发展区"的理解，并在课堂上对教学活动进行了针对性的调整。

所以，我们的专业阅读不是就理论说理论，而是紧紧结合自己的教育生活找到能用的、好用的、会用的专业理论，在理论指导下进行实践，在实践过程中实现提升。每每在教育生活实践中你看到了专业书籍中描述的内容，每每在课堂上，你发现：呦！这不就是那本书里写的现象吗！简直一模一样的！当你用读过的专业理论对应了自己的教育生活，用理解了的教育原理解决了困惑自己很久的问题，你说那是多么幸福美好和有成就感的事啊！每天过着这样一种有感觉、有乐趣、有成就的生活，你再也不会被学生的问题气得吃不下饭，再也不会因为学生的成绩睡不着觉了，这是多美好的生活啊！要过这样的生活，只不过需要我们每天拿出一点时间来坚持专业阅读，而不是抱着手机牺牲视力和精神看一些与工作和生活无关的东西。

寻找我们的精神足迹

——阅读史审核中的点点滴滴

因为新网师义工精神的召唤，我积极参加了 2021 年上学期学员申报阅读史的审核工作，感受着新教育、新网师的强大号召力和老师们意欲从新教育网师的学习中获得新的成长力量、深入投身教育生活的强烈欲望。同时，也看到了另外的一些推之不动的、始终处于温水之中的懒惰之人，这些人只能成为教育队伍中的另类。

阅读史是什么？我们为什么要写作自己的阅读史？我们需要写作怎样的阅读史？新教育网师学院为什么要把阅读史作为考察教师的主要依据呢？朱永新先生认为："一个人的精神发育史，就是他的阅读史。"阅读史就是对一个人真实的阅读历程的梳理和反思，需要的是我们对自己阅读历程的全视域、全角度的审视，并抓住阅读历程的关键点进行分析和理念提升，目的就是要总结自己的阅读是否全面、是否有针对性、是否合理以及是否有缺失，找到这些，才能采取补救和修正的措施，以利于形成更加符合自己个性特点的、合宜的阅读路径。所以写作自己的阅读史，首先要弄清书写要求，也就是什么才是阅读史，明确阅读史的内容范围是什么。第二，必须要保证真实和真诚，必须来源于对自己真实阅读状况的梳理和叙述，必须还原自己精神成长的真实状态。所以，对于阅读史来说，并没有优劣之分，而是对于自己的一种真正的接纳和认同，保持一种空杯心态来审视和追问。第三，要形成系统的思考，要有一定的取舍，要有条理性。一个人由于经历不同，会有不同的阅读路径和内容。在写作阅读史时，我们要善于抓住主线和重要节点、关键书籍对于自己精神成长的影响，不能流于对细碎的生活的描述，而出现眉毛胡子一把抓的现象。第四，要形成对自己阅读的反思和分析，深度感悟阅读对于自身精神成长的影响，而不能仅仅流于叙述。只有找到思想深处的反思和升华，才可能找准自己精神的成长路径。我想，这也就是新网师学院要求写作阅读史，并把阅读史的写作作为入学申请条件来对待的原因。因为新网师学院招收的是"尺码相同者"，这种"相同的尺码"就是"三个真正热爱"，即"真正热爱学习""真正热爱教育""真正热爱生命"，这需要学员发自内心深处的主动学习的愿望，需要一种对教育的虔诚的信仰，需要学员走出舒适区进行生命创造的勇气和坚持的力量。所以，我们无法唤醒没有勇气、缺乏激情、缺少坚守、欠缺动力的装睡之人，我们只能让优秀唤醒优秀，用卓越打造卓越。人惟自助，方得人助。所以说，梳理阅读史的过程，更多的是要看到一种态度，找到一种心态，透视一种状态。同时，也要帮助新学员寻找一种自我认知、自我接纳的态度，找到一种老老实实、踏踏实实做学问、做事业的精神。看到差距，才能成长；看到方向，才能走远；看到榜样，才能让自己的生命发出更强的光。被别人照亮的同时，也会照亮别人。我想，这才是新网师学院要求大家写作自己的阅读史的原因。

在审核的过程中，我们发现，尽管有些老师还没有加入新网师，但是在理论研究和实践行动上已经做得非常好了，很多老师的阅读历程已经是非常丰富的生命成长历程了，而且他们完全是在用自己的语言书写自己的阅读经历。在他们笔下，阅读史的故事性与次序性相互融合，阅读内容与生命成长的反思交相辉映，理论与实践形成了紧密的连接。很多老师真正是在用生命和激情梳理和书写自己的阅读人生。但是，也出现了不少敷衍、应付、缺乏生命思考的阅读史，主要表现为以下几个方面：

（一）写作内容不符合阅读史要求

部分老师的题目虽然是"阅读史"，实际内容却写成了"我喜欢读的书""我的读书感想"，甚至出现了谈论读书的论文，还有的直接把一些跟阅读无关的课题研究内容，发给了审核方。我们对教师队伍学历的要求是比较高的，不管是原来的中师生，还是现在的大学生，都经过严格的上岗考试，如果说我们的老师连审题都不过关，是不太可能的。出现这样的问题完全是不认真和单纯应付的原因。

（二）抄袭现象严重，缺乏真实和真诚

有些老师的阅读史的开头完全套用网上资源，只在中间加入自己的事迹；有些老师在开头用了自己的语言，中间大段套用网上原文；有些老师写了一点自己的实际，再把别人的文章和例子穿插其中；还有的老师干脆网上搜出一篇，原文照搬，或者把刚审核通过的其他人的文章拿来一用，试图蒙混过关。

（三）写作内容干涩，缺乏写作张力

部分老师的阅读史内容简单，文字干涩，没有灵动性，字数远远低于要求，甚至只有短短的几百字。背后的原因，一部分是被动的行政命令下的无奈应付；一部分可能是老师本身缺乏阅读，确实是没有东西可写，也没有真正的思考；还有一部分是老师的惰性在作怪，懒得阅读，也懒得思考。不管是消极应付，还是阅读贫乏，抑或是没有思考习惯，都是一种惰性思维在作怪。

所以，阅读史的写作与其他写作一样，是"我手写我口，我口对我心"，需要的是用自己的笔写出自己真实的生命，通过梳理真实的阅读历程和感受，寻找精神成长的足迹，找到一条通向未来的精神成长之路。成长，是自己的事情，作为教育人，如果不甘平庸，不甘落后，愿意让自己的生命发出光芒，首先要认识自我、认同自我，并不断突破自我、完善自我、成就自我、照亮别人，这是我们应有的选择。所以，新网师学习，从阅读史写作开始。

王国维先生的"境界"指什么

【内容提要】《人间词话》是王国维先生评价词的主要作品，其核心的理念是"境界说"，并在开篇即给出了自己的核心观念，即"词以境界为最上。有境界则自成高格，自有名句。五代、北宋之词所以独绝者在此"。"境界"一词，从词面查询来说有以下几个意思：一是指"疆界"，指代土地的界限，其出处主要有《诗·大雅·江汉》的"于疆于理"，对此，东汉经学家郑玄的解释是："召公于有叛戾之国，则往正其境界，修其分理"；《后汉书·仲长统传》有载"当更制其境界，使远者不过二百里"，都是指边界、疆界；二是指境况、情景，如陆游《怀惜》诗："老来境界全非昨，卧看荼帘一缕香。""老来境界"就是诗人老年境况的一种指代；三是指事物或者人所达到的高度或者程度，也就是文学、艺术所表现出来的意境，或者人的思想所达到的境地，如《无量寿经》卷上"比丘白佛，斯义弘深，非我境界"即是此义项。从王国维先生对词的境界的论断中，可以看出他是对词中境界极度推崇的，把它作为评价词优劣的最高标准——"最上"，并且说，词要有了"境界"自然而然地就会出现高水平、高规格的作品。五代和北宋的词作水平之所以远远超乎于其他时代，就是因为追求这样的一种境界表达。

《人间词话》第二条进一步论述："有造境，有写境，此理想与写实二派之所由分。然二者颇难分别。因大诗人所造之境，必合乎自然，所写之境，亦必邻于理想故也。""造境"是什么？自然是"无境之境"，本来不存在的虚幻之境。这里的"境"是否可以理解为景物、景象？那么，"造境"就应该是幻想、想象出来的景物和景象，而这幻想而成的景物、景象又绝非是凭空捏造的，必然也有其真实的原型，这种真实的原型是存在于作者思想意识之中，而又被按照作者的意愿改造过、形成了作者思想意识控制之下的思维的再现，合其心境而出，是一种理想化了的再现。所以才会出现"合乎自然"的再造过程。而"写境"之"境"，好像依然是要指向具体存在的景物和景象。当然，所"写"之"境"，又并非完全不折不扣地忠实还原，而是有所取舍，有所加工，这个过程其实是渗透了作者的心境的，好像又不完全是景物和景象的模型化复原。这样来看，王国维先生的"境界"似乎就在于真实景物和景象的"似与不似"之间，好像更接近于"意境"的意思，如先生所举的秦观的《踏莎行》上阕初始句"雾失楼台，月迷津渡，桃源望断无寻处"就是"造境"，是秦观数遭贬谪、前路无望、内心极度凄苦状态下的一种外显，而所造之"境"，又形成了一种真实感，因为这样的景物和景象，确然是在生活中存在的，如果不了解作者的境况和与后面"写境"的矛盾，几乎就将之误为实景了。之所以有这样的效果，就是因为作者真实的经历：几度出仕欲建功业，数遭贬谪以至穷途末路，去国怀乡，骨肉分离。前行不见光明，退守不见归路，人生进退维谷。"雾失"，是心头挥之不去的对前途无望的心情的描述；"月迷"，是作者对迷惘无助的徘徊心情的描述。作者即使想学靖节先生归居田园，但望眼欲穿，又哪里找得到通行之处！由此可见，所谓"造境"其实是符合我们心中熟悉的景物景色的，是把我们所熟知的真实景物景色化入了"造境"之中的。接下来的两句："可堪孤馆闭春寒，杜鹃声里斜阳暮"，转入"写境"的状态。但是，我们可以看到，这所写之境，又不是完整的描绘，而是有所选择。"可堪"，怎么能够忍受。"馆"是馆驿，羁旅之所，其实就是作者贬谪留居的郴州旅舍。"孤馆"凄冷寂寞，偏又是"春寒"锁闭的"孤馆"，更添许多凄苦。在这凄苦的闭锁的"孤馆"里，作者眼里看见的是日暮斜阳，耳边听的是似哭如怨的啼血杜鹃，声声断肠，又怎么能忍受得了呢？也就是说，对于作者的整个"写境"的过程来看，目之所见、耳之所闻、心之所思，完全都是悲情化了的景物景色，心内的凄苦又为象征离别、凄清、愁闷的景物景色所激发，本来应是寻常的季节和环境，均为"我"的情感所熏染，无一处不是离愁别恨和凄清孤独，都因"我"的意志而产生对立与偏转。所以，"写境"也是将作者的无限情思蕴于实景实物之中。

而在《人间词话》第五条论述中，依然是对于"造境"与"写境"的进一步阐述，符合了"境由心生"和"情景交融"的文学艺术创作原则。由此可以看出，王国维先生所说之"境界"，应该是蕴含了作者真感情的真景物真景色或者符合真景物真景色特征的"造境"。似乎"意境"更接近于其"境界"的内涵。

对于"境界"的解读，王国维将其区分为"有我之境"和"无我之境"，并在《人间词话》中解释为："有我之境，以我观物，故物皆著我之色彩。无我之境，以物观物，故不知何者为我。"第四条进一步分析了其表现的不同："无我之境，人惟于静中得之。有我之境，于由动之静时得之。故一优美，一宏壮也。""有我之境"，黄霖先生在他的导读里归结为"指'我'的意志尚存，且与外物有着某种对立的关系，当'外物大不利于吾人'而威胁着意志时而所得的一种境界。"对于"有我之境"，《人间词话》列出两个例子：欧阳修（一说冯延巳）《蝶恋花》之"泪眼问花花不语，乱红飞过秋千去"句和秦观《踏莎行》之"可堪孤馆闭春寒，杜鹃声里斜阳暮"句。《蝶恋花》写闺怨，上阕写雾锁深宅阻断望眼，久盼终不见"玉勒雕鞍"外出游冶的丈夫。下阕写春去无奈，黄昏风狂雨骤，落红片片。暮春三月，韶华易逝，形成对照，其实是女子盼归而产生的孤独和伤感，而偏偏又在这迟暮的春日黄昏眼见得"雨横风狂"催落花，又像极了女子"青春易逝"的哀怨。"落花"在诗词里往往象征着生命易逝、命运难料，所以对于女子的描写中，往往会出现她们对花落泪、对月伤怀的词句，如苏轼《水龙吟》有"不恨此花飞尽，恨西园、落红难缀""细看来，不是杨花，点点是离人泪"的句子；而《红楼梦》中一曲《葬花吟》更是黛玉伤春自感的体现，极近哀伤之情。"泪眼问花"句，也是这样一种情境在里边，见落花，思自身，何其相似！这就是自然风物与自我心态相互矛盾而产生的"对立关系"，之所以"对立"，就是因为自然风物上附着了自己的感情。花本不解语，可在女主人公看来，她们本该同病相怜，泪眼之下，花已为人，本来要倾诉一番衷肠，却不料"无可奈何花落去"，连它们也随风飞过去，凄风冷雨更添凄清孤独！风雨有感情吗？花开花落有感情吗？自然是没有的。有感情的是人。而这没有感情的景物景色被赋予了人的感情色彩，就是因为"带着'我'的意志观物"（黄霖语）而使作品"带着欲望和意志的色彩"（黄霖语）。王国维先生对"有我之境"的解释是"于由动之静时得之"。黄霖先生解说为："所谓的'由静之动'是由于'我'经历了一个'由强力挣脱了自己的意志及其关系而仅仅委心于认识'的过程。""静"是什么？就是景物景色本来的状态，而"由静之动"就是"我"把自己的意志作用于物从而产生出的"欲望和意志的色彩"，所以才存在"有我之境"。所以"宏壮"，自是"有我之境"。对于"无我之境"，黄霖先生解读为："'无我之境'，乃是指审美主体'我''无丝毫生活之欲'，与外物'无利害之关系'，审美时'吾心宁静之状态'，全部沉浸于'外物'之中，达到了与物俱化的境界。"也就是说，面对周围世界，作者似乎进入了物我两忘的境界，山就是山，水就是水，丝毫没有"我"的意志存在，丝毫没有"我"的情绪关照。是不是真的是这样呢？其实，并非如此。我们知道，大凡文学作品，无一不是蕴含了作者一定的情思在其中的，而"无我之境"只不过是"我"未将自己的感情强加入物中，"物"保持了他们的原生态，其根源就在于"无利害之关系"，是一种自然而然的、情感已不着痕迹而融汇于物中的和谐状态。"关键是因为存有'我'的意志，且与外物存在着对立关系"。《人间词话》中的"无我之境"，列举了陶渊明《饮酒》诗"采菊东篱下，悠然望南山"句和元好问《颖亭留别》"寒波淡淡起，白鸟悠悠下"句。《饮酒》是陶渊明先生经历出仕，认清官场险恶、社会黑暗，厌弃世俗纷争，退居田园恬静生活后写的一首诗，全诗恬淡自然，如一幅自然水墨画。前四句坦承自己身居闹市却心远世俗，闹中取静的高洁情怀。后六句是对这种情怀的一种自然流露，在看似平淡的生活场景中，暗含了自己生活的情趣。特别是"采菊东篱下，悠然见南山"句，完全是一种自然而然的情致表达，人与环境融为一体，没有丝毫的强加之意，是诗人退居田园后自然心境的一种映照。当然，看似无我，我却在其中，而且毫无违和之感。《颖亭留别》是一首送别诗，开始即展示了一幅广阔的天地图画中的依依惜别之景，但又不失其伤，至"寒波淡淡起，白鸟悠悠下"，更是将作者心中的感怀强烈地归于自然雅静，"淡淡"，是一种平静、从容之态，"悠悠"，是一种闲适、自得之情。"寒波"不寒，而是从容，这与"闭春寒"形成一种鲜明的对照；"白鸟"悠然自得，与"杜鹃声"迥异。写物拟人化，其实是人的感情蕴于物中，而又不着痕迹。所以"优美"，自然是"无我之境"。无论"有我""无我"，其实还是重在对真实情景的描述，只不过是将"真感情"明之于景物景色之中，还是隐含于自然状态之下而已。所以，"境界"依然与"意境"相合。

王国维先生心中的"境界"到底是什么？在《人间词话》第六条里，先生作出了总结："境非独谓景物也。喜怒哀乐，亦人心中之一境界。故能写真境物、真感情者，谓之有境界；否则谓之无境界。"其实，我们都知道，大凡文学创作也好，艺术创作也罢，没有完全脱离情感的渲染的，王国维先生的"境界"说，还是对之进行了优劣的区分，饱含情感地描绘景物，并用合宜的方式达到情景交融的才被先生视为有境界。而假若是"为赋新词强说愁"式的"造境"与"写境"，自然只是一种浮华的形式而已，绝担不得起"有境界"的赞誉，所以，这里的境界是一种意境高远的抒发。对此，王国维先生以宋祁《玉楼春》"红杏枝头春意闹"来进行论证。我们知道，在古诗中，"红杏"代表了春天，而这句中的"闹"字，以拟人化的描绘，让静态的环境一下子动了起来，有了鲜活的色彩，让春天盎然的生机脱颖而出，让人眼前一亮，可以说，着一"闹"字，而意境全出，画面也就活了！张先的《天仙子》句"云破月来花弄影"，"弄"字一出，就仿若眼前出现了一个娇美的女子在对镜顾盼，自然也就多了许多灵气。"闹""弄"，搅动的是一池春水，焕发出的是无限生机，诗句的精气神就齐活了，自然"真境物""真感情"就浑然一体了。而在第八条，王国维先生就"境界大小"与"境界优劣"的区分进行了论述："境界有大小，不以是而分优劣。"也就是说，境界的优劣，并非是以创造境界的范围大小，气势的强弱为依据，而是以是否符合"真境物""真感情"为依据。他并列出两组诗句作为比较。一组是以杜甫《水槛遣心》"细雨鱼儿出，微风燕子斜"与其"落日照大旗，马鸣风萧萧"作比较。"细雨"句，一个"出"字把鱼儿自由自在、欢乐祥和的形象描摹出来，如置眼前，分明就是我们熟悉而未曾体察过的样子，自然平添许多欣赏的乐趣；而一个"斜"字就让轻盈敏捷的燕子形象跃然纸上，现代能与其媲美的，恐怕就只有郑振铎的《燕子》了。这是一种小处见大的情景交融，浑若一体，毫无违和之感，美感自然而生。"落日"句，形象鲜明，大旗与落日共映，马鸣与风嘶相携，也是一种浑然一体的和谐画面，但却是气势雄浑，气吞山河。两者各有精妙，不相上下，无法对比出优劣。第二组是把秦观的《浣溪沙》"宝帘闲挂小银钩"句与其《踏莎行》"雾失楼台，月迷津渡"作比较。挂满珠宝的玲珑发光的门帘，被一同样闪烁亮晶晶的"小银钩"而不是"大铁钩"挂起，小巧玲珑却情境毕现。而"雾失"句为"造境"之精华，展现的是宏阔的场景，"雾失"极言雾之大，及至笼罩天地，"月迷"是月色迷蒙，恍若无物，也是词人心境迷蒙的最好写照。所以，大与小并非评价标准，情与景形成和谐的统一才是评价的要素。所以，从这里看，王国维先生的"境界"依然是情景交融的"意境"。

在《人间词话》第九条，王国维先生把严沧浪、王阮亭的诗评做了比较，认为不论沧浪之"兴趣"也好，还是阮亭之"神韵"也罢，都不过是徒有形式的"面目"，远不及自己的"真境物""真感情"的"境界"说，其"境界"其实也更切合于"意境"。不论是写实与理想，有我与无我，还是对沧浪、阮亭的比较，无不凸显了"真感情"赋之于"真境物"的评价标准。

赤子之心，以血书者

——李煜词赏析

李煜，南唐最后一位帝王，生性纯真，情感热烈。前期生活安逸，纵情享乐，歌舞升平，词作多描绘奢靡生活，后期亡国失家，痛彻心扉，词作多反映亡国之恨和囚笼之苦。但纵观其一生词作，始终不尚雕琢，善用白描，写作率真，感慨深厚，极具情感穿透力，容易引起读者内心的深度共鸣。而且从内容来说，虽然词作多从其个人角度展开，却又不仅仅局限于对自己人生命运的思考，而是以对自身坎坷经历的慨叹，推演至万千大众对人生的追问，形成披肝沥胆式的情感抒发。所以，读李煜词，确如王国维先生所说，乃是"赤子之心""以血书者也"。

李后主前期生活安逸，极度奢靡，这与他的成长阅历有关，对此，王国维先生称之为"生于深宫之中，长于妇人之手"。然而，正是这种深居宫闱之中的经历，也使得他远离喧嚣世俗纷争，保持了天性的纯真，葆有了至情至性的感情。同时，由于整日游走于楼台歌榭之间，纵情享受歌舞酒宴，形成了他对文字的高度敏感和对世间万物的悲悯情怀，形成了其人格特质中的豪情与感愤，这时候的词作与失国之后的词作形成了鲜明的对比。李煜后期词作一改应景而作、内容空洞的"伶工之词"的词风，而给词作赋予了丰富的内容和真实的情感，以至于改变了词坛的气象，使词这种文学形式有了灵魂，形成了境界，让"真境物""真感情"成为词作的新标准，让词形成表情达意的新文体，而脱却世俗，走出歌楼小巷，成为可登大雅之堂的文学样式，这也就是王国维先生将之称为词坛统帅并认为"词至李后主而眼界始大，感慨遂深"的原因。

读李煜前期词作《浣溪沙》，可让人感受到他前期生活的任意纵情。这首词的上片起句"红日已高三丈透"，短短七个字就让一场彻夜无眠、仍未休止的狂欢跃然纸上，在这样的时刻，依然是"金炉次第添香兽"，那排列整齐的金香炉之中火焰依然灿烂，不断有人把各种香料依次添加到兽形的香炉中。"红锦地衣随步皱"，欢歌曼舞早已将红锦铺就的地衣踩踏凌乱。就是这样简洁明快的词句，描画出欢宴的场景，全无臃肿豪华的描述，却让我们从"金炉""香兽""红锦地衣"等代表性形象中感受到了奢华的场面。而"红锦地衣"的"随步皱"，也足见舞步的纷繁轻盈。词的下片顺延而来，写舞者的姿态"佳人舞点金钗溜"，舞女踏拍而舞，一不留神，连头上的金钗都顺势溜出发髻，将舞者身姿的曼妙与酒后微醺的神态，活灵活现地呈现在眼前。"酒恶时拈花蕊嗅"，一个"拈"，一个"嗅"，将舞者酒后的神态传神地呈现出来。词至最后，以"别殿遥闻箫鼓奏"回应首句"红日已高三丈透"，这让我们感到，纵情欢娱不只在这一处上演，整个南唐宫廷都是一片"歌舞升平"！同样写前期宫廷生活的还有《玉楼春》一词，这首词用了"嫔娥鱼贯列"呈现欢娱之众，用"笙箫吹断"极言热闹非凡，用"歌彻遍"言时间之久，用"待踏马蹄清夜月"写极尽纵情之欢。虽然省却了这些盛大的场面，只点出几个最具代表性的形象，依然让我们感受到了当时纵情欢乐、率性而为的盛大场景。而且，整首词中，视觉、听觉、嗅觉形成了浑然的情感触动，而正是这种任意挥洒的情致，才造就了一代词人的文学境界。

至于李煜失国后的词作，不论是《虞美人》（春花秋月何时了）中"问君能有几多愁，恰似一江春水向东流"的悲愤不可自抑，势如决口而出的洪水般迸出，《相见欢》（林花谢了春红）之"自是人生长恨水长东"对人生生命无奈的感悟，还是《相见欢》（无言独上西楼）的"剪不断，理还乱"的离愁别绪，抑或是《浪淘沙》（帘外雨潺潺）的"流水落花春去也，天上人间"的人生感慨，以及《破阵子》中描述的"最是仓皇辞庙日，教坊犹奏别离歌"别庙悲苦，无不透出其情感的率真与深切。由李煜词，确然是可以看出其"赤子之心"，悲情欢绪，均可见"以血书者也"。

《人间词话》选读一

作文艺批评，一在能体会，二在能超脱。必须身居局中，局中人知甘苦；又须身处局外，局外人有公论。此书论诗人之素养，以为"入乎其内，故能写之；出乎其外，故能观之"。吾于论文艺批评亦云然。自来诗话虽多，能兼此二妙者寥寥；此《人间词话》之真价也。虽只薄薄的三十页，而此中所蓄几全是深辨甘苦惬心贵当之言，固非胸罗万卷者不能道。读者宜深加玩味，不以少而忽之。

——俞平伯

【六】境非独谓景物也，喜怒哀乐亦人心中之一境界。故能写真景物真感情者，谓之有境界。否则谓之无境界。

【批注】作者对"境界"的界定，其实仍然是"诗言志"的延续，主张词人作词仍然是要赋予笔下景物以感情的，任何的创作都不可能脱离情感而独立存在。主张好的作品是必须紧密结合于作者的真情实感而产生。我们分析诗词作品时也可以发现，单纯靠堆砌辞藻，凑足内容而产生的作品是没有生命力的，其原因就是缺少了情感渗透，无法触发读者的情感共鸣并形成深刻体验，自然无法打动人心而成为"有境界"的作品。

【十八】尼采谓："一切文学，余爱以血书者。"后主之词，真所谓"以血书者"也。宋道君皇帝《燕山亭》词亦略似之。然道君不过自道身世之戚，后主则俨有释迦、基督担荷人类罪恶之意，其大小固不同矣。

虞美人

李煜

春花秋月何时了？往事知多少。小楼昨夜又东风，故国不堪回首月明中。

雕栏玉砌应犹在，只是朱颜改。问君能有几多愁？恰似一江春水向东流。

燕山亭·北行见杏花

赵佶

裁剪冰绡，轻叠数重，淡著胭脂匀注。新样靓妆，艳溢香融，羞杀蕊珠宫女。易得凋零，更多少、无情风雨。愁苦。闲院落凄凉，几番春暮。

凭寄离恨重重，者双燕，何曾会人言语。天遥地远，万水千山，知他故宫何处。怎不思量，除梦里、有时曾去。无据。和梦也，新来不做。

【批注】什么是"用血书写的作品"？就是能够引起他人心灵震撼的作品。在这里，王国维先生拿后主李煜的《虞美人》与宋徽宗赵佶的《燕山亭》作比，两篇作品都是亡国之君的悲剧写照，但却因写作的角度不同，思考的方向不同，而被王国维先生判定为优劣两方。道君皇帝赵佶的《燕山亭》充满对荒奢淫逸的宫廷生活的回忆和留恋，虽有悲苦，也只是局限于自身的命运。而李后主《虞美人》之所以流传千古，就是因为这阕作品跳出了个人悲剧的小圈子，将目光瞄向更加广阔的时空，已经具有了对世事变迁、命运无常的哲理思考，不再是小家子气的戚戚自哀。两者相较，自然是格局立判，高下分明。所以，王国维先生将李煜的《虞美人》与佛教的普度众生、基督教的救赎相提并论，可以说是给予了很高的评价。这样看的话，王国维先生对于"真感情"的评判标准，不仅仅是真实的情感流露，更是可以触动别人的共情，这里的"境界"，已经是具有了"有格局"的内涵意义。

【二四】《诗·蒹葭》一篇，最得风人深致。晏同叔之"昨夜西风凋碧树。独上高楼，望尽天涯路"意颇近之。但一洒落，一悲壮耳。

【附】

诗经·国风·秦风·蒹葭

蒹葭苍苍，白露为霜。所谓伊人，在水一方。溯洄从之，道阻且长。溯游从之，宛在水中央。

蒹葭萋萋，白露未晞。所谓伊人，在水之湄。溯洄从之，道阻且跻。溯游从之，宛在水中坻。

蒹葭采采，白露未已。所谓伊人，在水之涘。溯洄从之，道阻且右。溯游从之，宛在水中沚。

蝶恋花

晏殊

槛菊愁烟兰泣露，罗幕轻寒，燕子双飞去。明月不谙离恨苦，斜光到晓穿朱户。

昨夜西风凋碧树，独上高楼，望尽天涯路。欲寄彩笺兼尺素，山长水阔知何处？

【批注】《诗·蒹葭》是一首充满朦胧意味的爱情诗，整首诗以水边的如梦似幻的芦苇为背景，虽然在表达追求美好爱情的情感，却又让梦中情人从"在水一方"到"水中央"，从"水之湄"再到"水中坻"，从"水之涘"，及至"水中沚"，到底是多么美好的女子值得诗人这样不怕道路崎岖漫长、险峻难攀、弯曲难通、逆流而上、顺流而下去见她？但正是这种无论如何都要见的情景，为无数人留下了美好的遐想。其美就在于朦胧，其美就在于执着。所以，王国维先生将之评判为"洒落"，是一种完全没有凄苦、悲壮之感的真情告白。而晏殊的《蝶恋花》一词，以菊兰映照女主人公，显示其品格，以拟人手法起句，赋予象征人品高洁的菊兰以情感。"菊"可有"愁烟"？分明是女主人公泪蒙眼帘！"兰"哪来泪珠？恰恰是兰上露珠与女主人公眼中热泪相映成趣！一句就让主人公悲苦的情感显露无遗。本已哀愁无限，偏偏又在寒秋里，见到了远离而去的双飞燕，燕子尚且同宿同归，自己却不得不"独上高楼"，望眼欲穿。月亮本来就象征着离别的伤感，"明月"句一出，自然更加重了这种悲苦和哀怨，分明就是彻夜未眠，离愁别恨无处消解！月光清冷，寒风凋零了落叶，独倚高楼，天涯望断！此中哀怨，更与谁人说！本想把写满思念的诗歌和书信寄向远方，"山长水阔"，又哪里知道要寄到多远的地方！至此，情感达于欲罢不能的悲壮。一凝注于飘忽诗意的深沉执着，一形成于强烈情感环境烘托下的无奈和哀怨，这可能就是王国维先生对这两首诗的评判。而不管深沉洒脱也好，还是强烈悲壮也罢，都是将真情实感蕴化于真情境的氛围之中，并没有高下之分别。

【二七】永叔"人生自是有情痴，此恨不关风与月""直须看尽洛城花，始共春风容易别"于豪放之中有沉著之致，所以尤高。

【附】

玉楼春

欧阳修

尊前拟把归期说，未语春容先惨咽。人生自是有情痴，此恨不关风与月。

离歌且莫翻新阕，一曲能教肠寸结。直须看尽洛城花，始共春风容易别。

【批注】欧阳修，字永叔。《玉楼春》是其代表作，整阕词叙说离别，看似离愁无限，却又不欲为离愁所伤，用豁达的语言与离别的伤痛形成反差式的对抗，却又无奈于掩盖不住的离别之苦。所以，王国维先生对《玉楼春》给予了高度评价，认为是"于豪放之中有沉著之致"，具有非常高的境界。

我们看这首词，上阕开局即写出了当时的背景是"尊前"，也就是酒席欢宴之际，大家应该兴致很高，却因为离别而心情沉重。惜别先盼重逢，何时重逢归来肯定是无法说清，因为在那样一个时代，山高水远，音书难通，心中犹豫，问者不敢问，说者无法说，真个是欲语还休，欲语还休，"只道天凉好个秋！"推杯换盏，话到嘴边难出口！也许还得是强颜作欢，都将离别埋在心头！"拟把"二字，就把心中想说不能说的犹豫表现得形象生动，如在眼前。酒越喝越多，愁越积越浓，终于忍不住要开口说归期，离愁别绪再也无法控制！强颜之欢马上变为忍不住的哽咽！"欲说"之语，把想说说不出、不说意已在的意境凸显出来！饮宴之欢和离别之痛揉成了一种对立的统一，这也正是欧阳修词作的特点。王国维先生给予了高度的评价："人生自是有情痴，此恨不关风与月"。从写眼前事，转向对人生悲欢离合的思考，日月风雨本无情，却因为有了人的无限情感寄托，而好像风也萧萧，月也凄冷，与欢宴的离人一样也陷入无限的情思。

《玉楼春》下阕又将人从对人生的反省和思考，拉回到现实的离别宴前。"离歌"，是离别宴上的送别之歌，自然是极尽伤感。"且莫"，千万不要再唱了！别说要再唱新的离别曲了，一段就足以让人"肠寸断"了！营造了更加沉重的离愁别绪。但就在这种极度低落的情绪里，词人却将情绪再次拉高："直须看尽洛城花，始共春风容易别"。好像在大声宽慰大家："有什么好愁的！我们一起去看满洛阳城的繁花开尽，告别春天，告别你我！"貌似豪放豁达，其实我们可以想象得到，这其中仍然是一种悲壮。"只须"，当是硬挺之语，因为看似要尽兴而去，却包含着深深的悲切！再好的繁华，终要落尽！再好的酒宴，终有终散！再暖的春风，也难逃一别！

所以，欧阳修的《玉楼春》其实是将深情与悲壮，将自身小情与人生悲欢形成了一种水乳交融的结合，是将真感情与真情景融为一体的典范之作，因此，王国维先生认为其境界"尤高"。

【三二】词之《雅》《郑》，在神不在貌。永叔少游虽作艳语，终有品格。方之美成，便有淑女与倡伎之别。

【批注】王国维先生的这段话，其实仍然是从词作的境界角度进行的评价。

重要的是要从词的思想主旨去判断词的优劣，而不是仅仅从所使用的语言或者内容去判断。欧阳修和秦少游虽然也有描写男女之情的词作，但是其意在于用这样的一种形式思考与反观社会人生，重在引起世人的警醒与反思，而不是引起受众感官上的刺激。所以，尽管使用表现艳情的语言，终因其境界、格局的高远而为世人所称赞。而周邦彦的词作，多用艳语，少了对社会人生的反观，自然与欧、秦之词格调相差甚远。虽都用艳语，格局境界的高低自然显而易见。

【六二】"昔为倡家女，今为荡子妇。荡子行不归，空床难独守。""何不策高足，先据要路津？无为久贫贱，轗轲长苦辛。"可谓淫鄙之尤。然无视为淫词、鄙词者，以其真也。五代、北宋之大词人亦然，非无淫词，读之者但觉其亲切动人。非无鄙词，但觉其精力弥满。可知淫词与鄙词之病，非淫与鄙之病，而游词之病也。"岂不尔思，室是远而。"而子曰："未之思也，夫何远之有？"恶其游也。

【批注】王国维先生这段论述，将欧阳修、秦观、周邦彦三人所用艳语所产生出的不同的境界进行了比较和评议。"昔为倡家女，今为荡子妇。荡子行不归，空床难独守"是《古诗十九首》中《青青河畔草》中的诗句。《青青河畔草》是一首闺怨诗，写的是一个已为人妇的歌女，因丈夫远离不归而产生哀怨，本以为已经脱离苦海，却不料丈夫远行，久盼不归，依然无法摆脱孤苦无依的命运。看似用艳词，却毫无伤风化离人性之感，反而让人感受其苦，产生怜悯。"何不策高足，先据要路津？无为久贫贱，轗轲长苦辛"是《古诗十九首》中的《今日良宴会》中的诗句。该诗以第一人称描述欢宴场景，好像是要写及时行乐，追求功利，但至"何不策高足，先据要路津？无为久贫贱，轗轲长苦辛"句，我们已经可以看出，其实作者要说的是不能因为身处贫贱困境而自甘下流，反而是要在最好的时节发奋图强，奋起直追，建立功勋，这才是正途。其中欢宴之乐只是一种铺垫，虽看似用艳词，其实充满的是启迪人生的正能量，自然是格调极高，不落窠臼。所以，人们读来并无沮丧、堕落之感，反而是耳目一新，顿生亲切。这也正是王国维先生所主张的"自成高格""自由名句"的境界。这样的诗句不是无病之呻吟，而是充满了符合人性的真情景、真感情的。

【三八】咏物之词，自以东坡《水龙吟》最工，邦卿《双双燕》次之。白石《暗香》《疏影》，格调虽高，然无一语道著，视古人"江边一树垂垂发"等句何如耶？

【附】

水龙吟·杨花
章楶

燕忙莺懒芳残，正堤上柳花飘坠。轻飞乱舞，点画青林，全无才思。闲趁游丝，静临深院，日长门闭。傍珠帘散漫，垂垂欲下，依前被、风扶起。

兰帐玉人睡觉，怪春衣雪沾琼缀，绣床渐满，香球无数，才圆却碎。时见蜂儿，仰粘轻粉，鱼吞池水。望章台路杳，金鞍游荡，有盈盈泪。

水龙吟·次韵章质夫杨花词
苏轼

似花还似非花，也无人惜从教坠。抛家傍路，思量却是，无情有思。萦损柔肠，困酣娇眼，欲开还闭。梦随风万里，寻郎去处，又还被莺呼起。

不恨此花飞尽，恨西园，落红难缀。晓来雨过，遗踪何在？一池萍碎。春色三分，二分尘土，一分流水。细看来，不是杨花，点点是离人泪。

【批注】为什么王国维先生对苏轼的《水龙吟》评价至高，而将史达祖《双双燕》等而次之，又将姜夔《暗香》《疏影》等下次之？其中原因仍然是先生所持的"真景物""真感情"的境界评价标准。

东坡当年因"乌台诗案"遭贬黄州，其好友章楶作《水龙吟·杨花》词以慰之，深得东坡所赏，并回赠了被王国维先生高度赞誉的《水龙吟》，同样是写杨花，故以《次韵章质夫杨花词》为副题。章楶，字质夫。章质夫词之所以能得到大文学家苏轼赞赏，自然是艺术水平极高，而这阕和词如何不落窠臼，写出新意，自然非常之难。章楶《水龙吟·杨花》，开局布景"燕忙莺懒芳残，正堤上柳花飘坠"，现出一番暮春景象：燕儿忙筑巢，莺儿枝欢唱，花败白凋残。放眼堤上的柳絮，也已飘荡殆尽。看似平铺直叙，却是依次展开一幅暮春画卷，并无违和之感。这柳花是怎样的一幅情景呢？"轻飞乱舞，点画青林，全无才思"，既没有繁花的华丽，又没有争艳的心思，只是在随心所欲地飘飞，全无章法规矩。看似写杨花，实则暗含了对自身品格高洁的隐喻：无意官场攀附与争斗，只想保持自身的高洁与至诚。既是写自己，其实也是在暗含对遭贬谪的东坡先生的劝慰。及至"闲趁游丝，静临深院，日长门闭"，好似飘忽的柳絮也有了情感，有了灵气，就如顽皮孩童，对长日深锁的庭院产生出探究的好奇，恰似荡秋千般飘忽过墙，意欲一探究竟，把杨花随风荡入墙内的形态表现得淋漓尽致。越墙以后好似仍不甘心：到底是何人闭锁院中？悄悄靠近珠帘，想要进入闺房窥探，却又不料一阵风起，再次旋入空中，把春天里随风飘舞的柳絮写出了活力。可以说，词的上阕形象鲜明，用词绝妙，刻画极其传神。下阕从上阕的景物描绘转入人物情思的表达，从帘外杨花（柳花），转入帘内闺怨。以柳絮乘虚而入，满床飞滚，惊醒慵懒睡梦人，与闺中女主人公孤独寂寞形成对照，让人产生如梦似幻的感觉。可是，幻象还在，人生却是恍如隔世。"时见蜂儿，仰粘轻粉，鱼吞池水"句，以女主人眼中所见柳絮纷落，为蜂儿鱼儿所贪爱，而思及自己如今独守寂寞孤独，更添无限惆怅。"望章台路杳，金鞍游荡，有盈盈泪"句，与欧词《蝶恋花》"玉勒雕鞍游冶处，楼高不见章台路"句，同用"章台走马"典故，表现闺中独守、望眼欲穿的无奈与悲伤。整阕词可以说是情景入境，情感淋漓，自是具有非常高的境界。

苏轼作和词，如果紧步其后，无法形成较大突破，恐怕就会有拾人牙慧之嫌。而苏词恰恰别出新境，另谋出路。起句避实就虚："似花还似非花，也无人惜从教坠。"看似写柳絮，又好似写情思。"似花非花"，写出了处在似与非似之间的朦胧之感，一个"惜"字，把作者对杨花的喜爱怜惜行诸笔端，也与世人的"无惜"形成对照。一个"坠"字，与章质夫的"飘坠"形成比较，一沉重，一轻乎。"飘坠",好像还可以有依托,"坠"则欲依无托,弃之不顾。这一"坠"便再无可起之时,"抛家傍路,思量却是,无情有思",柳絮再一次出现情致,不说从枝头飘落,却说是"抛家",好像是这柳絮要狠心离别似的。其实,却是"有思"。这"有思"到底指什么呢?作者接下来写的是"萦损柔肠,因酣娇眼,欲开还闭","有思"的不是柳絮,而是闺阁中盼归不得的怨妇,柔肠寸断,酣梦难醒欲睁又闭,与柳絮之"似花非花"何其相似!至此,我们才恍然:啊!这纠缠不清的杨花,这"似花非花"的柳絮,分明是女主人公心中排解不掉的离愁别绪啊!直到那恼人的莺儿惊醒了梦中的苦痛。下阕以"不恨"与"恨"承接,说"不恨此花飞尽",真的是没有恨吗?恨的是天意弄人,将这西园的落红吹散,她们再也无法复展颜色,平添了无限春恨。其实,还是借主人公口吻表达对杨花的怜惜。"春色三分,二分尘土,一分流水",春色哪里是分得开的,还是要借闺中之语,表达无限怜惜。因此,清晨雨幕,禁不住也要问问杨花的踪迹,却只见满池浮萍,直让人怀疑,难道说柳絮入池化作了浮萍不成?但又引起人联想起"流水落花"和"浮萍无根",更加重了心底的哀怨。因为一场风雨,二分裹挟入土,一分飘零随水,总之是花落无痕,春归无迹。恰便还是"泪眼问花花不语,乱红飞过秋千去",一样的离愁无处可消。最妙的,还是结语"细看来,不是杨花,点点是离人泪。"看流水不断,恰似思妇泪双垂,正恰如"似花还似非花"的杨花。情景交融,浑然一体,表达了飘忽不定的感情,塑造了似与不似的杨花形象,其精妙处就在于将词中之景以似与不似表达,而思妇眼中之泪亦是似与不似,二者有异曲同工之妙。

章质夫词写实绝妙,苏轼和词以虚应对,都是具备了真情景、真感情的词中杰作。而王国维先生以为苏轼词虚实自映,浑然天成,其似与非似,意境更加绝妙,自然远胜质夫原词。

【十五】词至李后主而眼界始大,感慨遂深,遂变伶工之词而为士大夫之词。周介存置诸温、韦之下,可为颠倒黑白矣。"自是人生长恨水长东""流水落花春去也,天上人间",《金荃》《浣花》,能有此气象耶?

【批注】境界该如何判断高下?王国维先生这段话,便说得非常清楚,境

270

界的大小并非要用空间和时间来衡量，而是由词中所要展现的精神主旨来决定。考察词的发展可以知道，李煜之前的词作，多以填词娱乐消遣为方向，更多的是关注于个人的情感，以及依据唱词的要求而作，而且其演唱者以女伶为主，柔媚有余，而志趣不足。在王国维先生看来，词有境界，必须有真景物、真感情，这里的真感情不是说自己认为把自己的真情实感说出来，而是自己的真感情能给读者带来心灵的震撼。李后主的词，就是这样一种将真情实感蕴含于真情景之中，让读者生发出人生的思考的作品。或许后主本人在写这样的作品时并没有想要表现这样一种境界，但由于其潜意识中对词的理解具有了一种生命的自觉，自然派生出这样一种境界，这也恰恰是其词作不留斧凿之痕的妙处所在。因此，王国维批评周济将后主词列于温庭筠、韦庄之后，认为其是颠倒黑白。"气象"，指诗文的气韵和风格。《旧唐书》评价温庭筠是"士行尘杂，不修边幅，能逐弦吹之音，为侧艳之词"，其词作多是席间歌妓助兴歌词，多写闺怨，少有鲜明思想形象。韦庄的词虽然多了一些清新的元素，仍然限于描写男女之情和怀乡之念，远未达到李后主词中的生命自觉之境界，其气韵风格自然也无法与其相提并论。从这来看，不拘泥于个人感情的氛围，而形成对生命的关照和人生命运的思考，带来受众的情感震撼，才是王国维先生认为的具有真感情的境界。

【附】

相见欢

李煜

林花谢了春红，太匆匆。无奈朝来寒雨，晚来风。

胭脂泪，相留醉，几时重。自是人生长恨，水长东。

后主的《相见欢》，词句鲜明，浅显易懂，却又情感强烈，毫无扭捏作态之雕琢，好似信手拈来，又意蕴深长。该词开句"林花谢了春红"，好似开局布景。"林花"，是何林何花，并未点明，估计读者已然想象出了它的形象，应该是一片满林之花，是一片似锦繁花，而不是路边或园中之花。但是，接下来画风

271

一转，不管是哪林何花，已然是春暮落红满地，残花落尽成一梦而已！可见，所写并非随意，而是作者心境所出，但又自然而生，全无突兀之感。这里的"春红"是使用代字，但却自自然然，毫无刻意。花开花落，本是自然而然，为何作者感触如此强烈？就是因为"太匆匆"，因为"朝来寒雨晚来风"，是暴风骤雨带来的无情摧残，产生出无可奈何的情愫。"太"与"无奈"，正是叹息、愤慨的迸发！这正是李煜一朝亡国、万千遗恨的心情写照。下阕开始，三字三叠，两用仄声，再次将心境的激荡拉上新高。"胭脂泪"接上阕，风雨落红，恰似泪染胭脂，分明是伤心人对伤心镜。"相留醉"，这醉可不是饮宴之醋，而是酒入愁肠，心旌摇荡。"留醉"，恰是李后主失国境遇的一种状态写照。"泪"也好，"醉"也罢，都是失国怀恨的直接表现。词的结句"自是人生长恨水长东"将情感再次带入到高潮，"一江春水向东流"无可阻挡，万千遗恨也无计可消！愤恨、无奈、愁绪达到顶点。整阕词情景交融，用词浅显，却又意蕴深厚，感人至深。所以，王国维先生对其境界、气象都给予了高度的评价。

【附】

浪淘沙令

李煜

帘外雨潺潺，春意阑珊。罗衾不耐五更寒。梦里不知身是客，一晌贪欢。

独自莫凭栏，无限江山，别时容易见时难。流水落花春去也，天上人间。

李煜的另一阕词《浪淘沙令》，同样写失国之恨，依然展现出境界、气象的高奇格调。词作采用倒叙手法，先展梦醒感觉，后述梦中之事，整词依然采用直白、浅显之句，却又意蕴悠长，充满对人生命运的思考，王国维先生给予了高度评价。词的上阕先布一景："帘外雨潺潺"，细密的小雨，恰似无尽的愁绪。"春意阑珊"，美好时光也随这春去而凋残。"罗衾不耐五更寒"，凄风冷雨，五更梦醒，罗衾单薄，不胜其寒。天寒，其实心更寒！因为"梦里不知身是客，一晌贪欢"。夜来梦回旧家国，自己不再是被俘的亡国之君，仿若又游弋于辉煌殿堂，贪恋那短暂的欢愉，只愿长睡不愿醒！一觉醒来，却只看见"春意阑珊""雨潺潺"，五更春寒更添梦之不得的心寒！其中凄苦更难排解！天寒，心寒，遗恨绵绵！不禁产生万千感慨："独自莫凭栏！"幽关闭锁，"凭栏"远眺，也再难见万里江山！只平添无限离恨在心间！山河尚在，物事全非，再想重见，恐怕依然要在梦间！接下来两句"流水落花春去也，天上人间"，看似写春归无处，其实仍然是作者离愁别恨的映照。整阕词不用华丽辞藻，轮廓清晰，直抒胸臆，撼人心魄，当然是真情景、真感情的"有境界"之作。

【五六】大家之作，其言情也必沁人心脾，其写景也必豁人耳目。其辞脱口而出，无矫揉妆束之态。以其所见者真，所知者深也。诗词皆然。持此以衡古今之作者，可无大误矣。

【批注】这段论述，是王国维先生对"真感情"的评价标准。在先生看来，真正好的作品，其感情是要有机融入其中的，是一种自然而然的，毫无违和之感的，是符合人性特征的表达的，是真正的情景交融的上乘之作。

【删稿四】诗至唐中叶以后，殆为羔雁之具矣。故五代、北宋之诗，佳者绝少，而词则为其极盛时代。即诗词兼擅如永叔、少游者，亦词胜于诗远甚。以其写之于诗者，不若写之于词者之真也。至南宋以后，词亦为羔雁之具，而词亦替矣。（《文学·小言》十三此下有"除稼轩一人外"六字注）此亦文学升降之一关键也。羔雁之具：羔雁指小羊和雁，古代用为卿、大夫的贽礼。《礼记》有云："凡挚，天子鬯，诸侯圭，卿羔，大夫雁，士雉，庶人之挚匹。"有时也用作征召、婚聘、晋谒的礼物。意思是某种东西（或者事物）已成为人们之间已相馈赠的礼品，失去了真情。

【批注】在王国维先生看来，任何一种文学形式发展到顶峰以后，往往会从追求真情景、真感情，而转入注重研究外在的形式和固定的格式，走向单一化，冲淡本来该有的气韵和情致。唐诗经过鼎盛之期后，在唐朝中叶多以"酬答体"为固定形式，造成了唐诗的衰落，而代之以少有形式约束、酣畅情感表达的词。五代和北宋好的诗作更是寥寥无几（苏东坡、王安石、欧阳修、黄庭坚除外），词却发展迅速，正是这样的原因。到了南宋，词作也落入"酬答"之固式，外在形式大于情感内涵，终致词这一文学形式走向没落，而被新生的元曲替代。也就是说，王国维先生对文学作品的评判标准，就是其形式和情感的融合是否恰如其分，是否感人至深，正所谓"感人心者，莫先乎情"。

【未刊稿三七】"君王枉把平陈乐，换得雷塘数亩田。"政治家之言也。"长陵亦是闲丘陇，异日谁知与仲多？"诗人之言也。政治家之眼，域于一人一事。诗人之眼，则通古今而观之。词人观物，须用诗人之眼，不可用政治家之眼。故感事、怀古等作，当与寿词同为词家所禁也。

【未刊稿一一】词家多以景寓情。其专作情语而绝妙者，如牛峤之"甘（当作'须'）作一生拼，尽君今日欢"，顾夐之"换我心为你心，始知相忆深"，欧阳修之"衣带渐宽终不悔，为伊消得人憔悴"（当出自柳永《蝶恋花·伫倚危楼风细细》），美成之"许多烦恼，只为当时，一饷留情"此等词求之古今人词中，曾不多见。

【批注】王国维这两段论述，其实仍然是对于其第六条"境非独谓景物也。喜怒哀乐，亦人心中之一境界也"的印证，也是区分是否具有真情景、真感情的词的境界高低的标准。像王国维先生所列的罗隐的《炀帝陵》，因为囿于政治家的功利角度，而被先生视为下等之词，就是因为其着眼点在于一人一事之得失，像赵估词亦是落此窠臼，从而限于狭小之境。而像唐彦谦《仲山》、牛峤《菩萨蛮》、顾夐《诉衷情》、柳永《凤栖梧》、周邦彦《庆宫春》等词，则因为有了对人生、生命的关照，有了感人至深的、情境浑然一体的气象，有了让人清醒的哲理，而成为可圈可点的优秀词作。由此，仍然可以说，真正有境界、有成就的词，是真正将作者自然的情感，融于符合人性认知的情景之中，从而产生出共鸣和震撼的作品。其中的真感情是要秘结于情景之中、全无任何外在依附之感，更不会让人产生突兀之感的。任何游离于真情景之外的情感抒发，往往会产生画蛇添足的效果，被王国维先生视作无境界之作。

【删稿四三】读《会真记》者，恶张生之薄幸，而恕其奸非。读《水浒传》者，恕宋江之横暴，而责其深险。此人人之所同也。故艳词可作，唯万不可作

274

傺薄语。龚定庵诗云："偶赋凌云偶倦飞。偶然闲慕遂初衣。偶逢锦瑟佳人问，便说寻春为汝归。"其人之凉薄无行，跃然纸墨间。余辈读耆卿、伯可词，亦有此感。视永叔、希文小词何如耶？

【删稿四四】词人之忠实，不独对人事宜然。即对一草一木，亦须有忠实之意，否则所谓游词也。

【未刊稿一六】稼轩《贺新郎》词"送茂嘉十二弟"，章法绝妙。且语语有境界，此能品而几于神者。然非有意为之，故后人不能学也。

【批注】王国维先生这几段论述，依然是论述什么是感情之真，也是对于词性与人性的对照思考。四十三条，以《莺莺传》中对张生的评判为例说明只要是符合人物真性情、真感情的作品就是好的作品，所以，其"奸非"本应可恶，因其符合张生追求情爱的人性而被人忽略，而其"薄幸"，对崔莺莺始乱终弃，是违反人性的，故被世人唾弃。而《水浒传》中的宋江，因为所生时代而产生"横暴"，人们读时并不责难，但其为谋求个人荣华富贵的而出卖弟兄，坑杀同袍，则被后人诟病。而对于龚自珍的得意、失意以及沉沦酒色的描写，王国维先生判为人品失格，而将其作品打入低谷。当然，对于龚自珍的作品，我们也要一分为二地看待，毕竟在清诗中，龚自珍抒发爱国之情的作品感情真挚，值得研究。像"我劝天公重抖擞，不拘一格降人才"等诗句，就表现出对国家命运的关注，不可因王国维先生的一次评断，就全面否定其成就。除了认为龚自珍是"凉薄无行"，王国维还认为惯写艳词的柳永和康与之也是这类"寡薄小人"，其作品与人品相似，不可与欧阳修、范仲淹相提并论。当然，由于王国维先生在评价词人、词作时采用了非此即彼式的评判，对柳永词的评价也有失偏颇。柳永是第一位对宋词进行全面革新的词人，也是两宋词坛上创用词调最多的词人。柳永大力创作慢词，对宋词的发展产生了深远影响。如果仅仅因为其多用俚俗之语就将其成就抹杀，显然有失公允。当然，王国维这些论述，足以看出其对词人人性品格的判断往往与对作品的评判是相关联的，那就是"词如其人"，这对后世的文学作品的评判方式产生了很大影响。

【删稿二〇】唐五代北宋词，可谓生香真色。若云间诸公，则彩花耳。湘真且然，况其次也者乎？

【批注】王国维先生这则词话，是对词人与宋代词评家的创作水平的比较，高度评价了唐、五代和北宋词作的高境界，即"生香真色"，也就是有"真景物""真感情"，符合我们的认知，引起了大家的感动。而对于云间词派这类写出了出色词论的词家所写的词，先生认为只不过是看起来鲜亮，却毫无生机和香气的塑料摆花，徒有其表，中看不中用，不能引发大家的感动之情，自然也就失去了境界气象。也就是说，评价词家之作，要重视意境情感的真挚，而不可只看形式的美好。

【未刊稿三〇】"自怜诗酒瘦，难应接，许多春色。""能几番游？看花又是明年。"此等语亦算警句耶？乃值如许笔力！

【未刊稿四八】"纷吾既有此内美兮，又重之以修能。"文学之事，于此二者，不能缺一。然词乃抒情之作，故尤重内美。无内美而但有修能，则白石耳。

【批注】这两则词话所提出的词作评价标准，依然是对于词话形式与内涵的处理方式的评判依据，先生主张写警句，必须是意在句中，自然而生，绝不可突兀而出，凌于词句之上。而写情感必然融于情景之中，万不可游于情景之外。否则，就会破坏其中气韵，失去了词中境界。如果徒有外在形式，只是画皮之作，不入主流，更遑论境界。

《人间词话》选读二

【十一】张皋文谓："飞卿之词，深美闳约。"余谓：此四字唯冯正中足以当之。刘融斋谓："飞卿精妙绝人。"差近之耳。

【批注】清代词人、散文家张惠言（字皋文）称温庭筠（字飞卿）的词风为"深美闳约"，充满着"赋""兴"意蕴，赋予了深厚的情感寄托。他认为温词虽然看起来用词简单，其实却寄托着无限情思。对于这样的评价，王国维先生认为是牵强附会，"深美闳约"用在冯延巳身上倒是恰如其分。

清代文学家刘熙载（号融斋）评价温飞卿词为"精妙绝人"，认为温庭筠写词善于用浓墨重彩，铺排描绘，因写艳词而呈现富丽堂皇之景，用词布景精心描画，给人以直观美感。对于刘熙载的评价，王国维先生深为认同。

王国维先生为什么认为两个善写闺中之词的冯延巳和温庭筠一个是"深美闳约"，另一个只能是"精妙绝人"呢？我们比较同为写思妇的词作——《菩萨蛮》。

【附】

菩萨蛮

温庭筠

杏花含露团香雪，绿杨陌上多离别。灯在月胧明，觉来闻晓莺。

玉钩褰翠幕，妆浅旧眉薄。春梦正关情，镜中蝉鬓轻。

菩萨蛮

冯延巳

娇鬟堆枕钗横凤，溶溶春水杨花梦。红烛泪阑干，翠屏烟浪寒。

锦壶催画箭，玉佩天涯远。和泪试严妆，落梅飞晓霜。

温庭筠的《菩萨蛮》（杏花含露团香雪）和冯延巳的《菩萨蛮》（娇鬟堆枕钗横凤），同是写思妇梦醒之作，但词风和表达方式有着明显的差别。温词铺陈华丽，极尽艳美，但只是直观呈现，没有明显情致的抒发，如果是有了想象，也是读者带着自己的情绪生发而出的。词的上片首句"杏花含露团香雪"，交代春天的季节，形象毕现，极尽美感，"含露""雪"是杏花的姿态和形象，"香"则是气味，"团"是极言其多，首句就将其工于词句的特点展现了出来。接下来"绿杨陌上多离别"，描写了绿杨夹道的离别场景，"绿杨"，依然是春天，"绿杨陌上"，路长树多，场景宏阔，铺陈出离别的场景感。接下来"灯在月胧明，觉来闻晓莺"句，点明前面是梦境。灯尚燃，月朦胧，晓莺啼鸣，营造出一片朦胧迷离的诗幻之境。上片的词句铺陈丰满，但也仅仅是环境的铺设与营造。下片由慵懒的梦境转入对天明起身的描写，也是语词华丽，外饰显著。下片首句"玉钩褰翠幕，妆浅旧眉薄"，"玉钩"，精美高贵，"翠幕"，色彩净美，给人以和谐之感。"妆浅"是因为懒画眉，"旧眉薄"。为什么会是这样呢？"春梦正关情，镜中蝉鬓轻。"梦里的离别，其实是心中的相思！"蝉鬓"已经够薄了，词人偏又加了一个"轻"字来修饰，更见其词句之工。整阕词，完全是思妇情态的直接呈现，而且多用修饰铺陈，形成丰富场景。所以，刘融斋称其为"精妙绝人"，王国维先生表示赞同。如果说张惠言认为其有着"深美闳约"的赋比之风的话，那就是很多读者在读作品时凭自己的感觉先入为主的缘故。

冯词却是有着明显的情愫在其中的。词的上片起始即点明梦境，而不是像温庭筠先布一个景出来让人猜，"娇鬟堆枕钗横凤"，柔发散乱，凤钗横斜，一幅慵懒睡姿跃然而出。梦见的是什么呢？"溶溶春水杨花梦"。"溶溶春水"，柔情无限。"杨花梦"，分明是"自在飞花轻似梦"的美好的境界，以至于梦睡情浓不愿醒！但长夜过去，现实残酷，一觉醒来却只见"红烛泪阑干，翠屏烟浪寒"，烛残烟烬，光与热化作无限凄凉！这烛泪其实何尝不是离人泪呢？词的下片呼应上片，"锦壶催画箭"，对应"红烛泪阑干"，时光流逝，亦是美好梦境的破灭。"玉佩天涯远"，回应"溶溶春水杨花梦"，梦中之欢聚，其实正是人在天涯，相见无期！最后写晨起梳妆，与温词的慵懒不同，更多了人物的悲戚，"和泪试严妆，落梅飞晓霜"，不是懒得梳妆，而是认真地梳妆，但这认真并不能掩饰住内心的凄苦，而是热泪相伴。室内是烛残、烟烬、泪眼，室外呢？风扫梅花严霜摧！整阕词，不仅仅是对景物的描摹，更明显地融进了深深的感情。可见，王国维先生认为"深美闳约"用来评价冯延巳更符合。

由此可知，冯延巳的"深美闳约"与温庭筠的"精妙绝人"的区别就在于词人是否将自己的真实情感赋予其中，使词作具有了自己的情感元素。温庭筠虽然精于铺陈，工于修饰，但仅仅呈现出一幅令人浮想联翩的图景，并未将自己的主观情感注入其中，所以是"精妙绝人"。而冯延巳是将自己的情感放置于词作之中，让词作有了自己的精神灵魂，所以是"深美闳约"。

【十二】"画屏金鹧鸪"，飞卿语也，其词品似之。"弦上黄莺语"，端己语也，其词品亦似之。正中词品，若欲于其词句中求之，则"和泪试严妆"，殆近之欤？

【附】

更漏子

温庭筠

柳丝长，春雨细，花外漏声迢递。惊塞雁，起城乌，画屏金鹧鸪。

香雾薄，透帘幕，惆怅谢家池阁。红烛背，绣帘垂，梦长君不知。

【批注】温词的特点是描写细腻，工于铺陈，修饰艳丽，用词含蓄，像其《更漏子》，就通过同类景物的铺陈来表现一种情境。词的上片写夜长，连列三种意象："柳丝长，春雨细，花外漏声迢递。"柳丝细长，春雨绵长，长夜漫漫漏声长，夜深人静，这点点滴滴漏每滴都打在心上！其实这都是思妇心中不绝如缕的思念，夜不能寐更显夜长！"惊塞雁，起城乌，画屏金鹧鸪。"本就愁苦难免，却偏偏又听得孤雁声声、城乌哀鸣，看室内画屏上的金鹧鸪，虽身居华屋，却无声对孤声！本来不可能在一起的景物，因为思妇的寂寞孤独成了合理的聚合。这正是温词的特色。词的下片写"惆怅"，依然是层层铺陈，形成一种气势。"香雾薄，透帘幕，惆怅谢家池阁"，香雾清淡，穿透层层帘幕阻隔，笼罩着这美好的世界，却平添了女主人无限的惆怅。"红烛背，绣帘垂，梦长不知君"，面对那闪烁的红烛，更加难以入睡，只得背过身去，放低帘幕，希望在睡梦中找到一份美好。想想所思之人，是不是也在这漫漫长夜里孤枕难眠，是不是也在思念自己啊？整阕词，低回婉转、层层铺陈，将思念之情寓于景物的雕饰之中，给人以无限遐想空间，具有朦胧之感。

【附】

菩萨蛮

韦庄

红楼别夜堪惆怅，香灯半卷流苏帐。残月出门时，美人和泪辞。

琵琶金翠羽，弦上黄莺语。劝我早归家，绿窗人似花。

韦词的特点是情感直接、不作粉饰，像其词《菩萨蛮》（红楼别夜看惆怅），就是典型代表。《菩萨蛮》是一阕离别之词，上片起始就推出一种离别的惆怅，"红楼别夜堪惆怅，香灯半卷流苏帐"，"红楼"之夜，本是欢聚之所，情深意浓度春宵，但这偏偏是"别夜"，这时不是"欢"，而是"愁"，所以词人说是"堪惆怅"，这怎么能让人忍受呢！所以，香灯跳跃，半卷流苏帐，无限缱绻，只换得无限惆怅。灯下看红妆，不是欢喜，而是离愁！至此，我们已经感觉到词人发自肺腑的情感冲击。但到这境地，词人还嫌情绪不足，又从另一个角度述说分离之苦，"残月出门时，美人和泪辞"，"残月"与离情相互叠加，交代了时光流逝，不知不觉已是黎明破晓，"执手相看泪眼"，无语凝噎，也不得不依依惜别。到底是说了些什么呢？下片承接"琵琶金翠羽，弦上黄莺语"，纤纤秀指琵琶诉，弦上情深似莺鸣；无限情思都无语，化作声声弹奏中。接下来两句更是以相对直白的转述口吻，将美人的惜别叮嘱和盘托出："劝我早归家，绿窗人似花"，这两句，既可能是美人之语，也可能是意在弦中。花开有期，零落难回，美人如花，韶华易逝。离别即是天涯！所以，今日远行，可要早日归家，免得到时美人人比黄花瘦，败落如残花！可以看出韦词充沛的情感。

冯延巳的词风是温庭筠词风与韦庄词风的集合，既有着温词的层叠铺陈，修饰华丽，又有着韦词的情感深挚，动人心弦，意蕴深长。前举《菩萨蛮》（娇鬟堆枕钗横凤），就是代表，这里不再赘述。

【十四】温飞卿之词，句秀也。韦端己之词，骨秀也。李重光之词，神秀也。

【批注】王国维先生将李煜（字重光）词风与温庭筠、韦庄词风作比较，认为温庭筠的词长于词句的凝练与揣摩，是为"句秀"；韦庄则以情感的抒发为风骨，是为"骨秀"；而李煜的词则不尚修饰，直抒胸臆，形成于内心深透的情感率真而出，产生强烈的情感震撼与共鸣，而且，始终保持率真，从自身感遇延至人生生命的大道之思，是为"神秀"。

【附】

菩萨蛮

温庭筠

水精帘里颇黎枕，暖香惹梦鸳鸯锦。江上柳如烟，雁飞残月天。

藕丝秋色浅，人胜参差剪。双鬓隔香红，玉钗头上风。

温词特点可从其《菩萨蛮》词中一见端倪，首句"水精帘里颇黎枕，暖香惹梦鸳鸯锦"，水晶帘、玻璃枕、暖香被、鸳鸯锦，一气呵成，营造出了一种高雅、温馨的闺阁雅室的"惹梦"境地，毫无违逆之感，真正是"精妙绝人"！梦见的是什么呢？"江上柳如烟，雁飞残月天"，柳丝绵长，柳色如烟，分明是春天来了，看那归雁也在晨曦中结伴回述。那归人又在哪儿呢？这是一种词句的婉转回环。词的下片依然是含蓄叠加，连用四种意象进行铺陈："藕丝秋色浅，人胜参差剪"，写穿着打扮：精心选择了藕荷色的衣裙，把精心剪出的人胜戴在头上，要迎接春天的到来；"双鬓隔香红，玉钗头上风"，写藕荷色的衣裙和参差美好的花胜已将我打扮，那"香红"与美面相互映照，头上的玉钗因风吹发丝而灵动起来。整阕词只是将这些情景、环境通过精致的艳丽铺设呈现给我们，至于主人公是悲是喜是忧是叹，那就是我们读者的事了，温庭筠并没有给出一个明确的答案。这就是他的"句秀"。

【附】

谒金门

韦庄

空相忆，无计得传消息。天上嫦娥人不识，寄书何处觅？

新睡觉来无力，不忍把伊书迹。满院落花春寂寂，断肠芳草碧。

　　韦词的特点是善用白描，且具有直接的强烈的情感注入，如其词《谒金门》（空相忆），开篇直抒胸臆"空相忆"，一个"空"字，把无奈写得透彻。为什么"空相忆"呢？是因为"无计得传消息"，相隔天涯，音信杳无，"无计"，又是一种"相忆"的深重之苦！心中之苦还不足，词人又接两句推进，"天上嫦娥人不识，寄书何处觅？"何止是相隔天涯了，简直就是天上人间，哪里还有相通之路！要寄书，无人能识，信使难觅！难见之痛，难觅之苦，已是情难自抑！词的下片首起两句写读信，"新睡觉来无力，不忍把伊书迹"，"新睡"，本该是精力充沛，却偏偏是"无力"，分明是情动于中，忧思成疾。是什么样的忧思呢？"不忍把伊书迹"，"伊书"，一个"伊"字，如此亲密。"不忍"，想忍住却忍不住。忍不住将你的信读了一遍又一遍，以至于精神恍惚，困倦无力。接下来两句由室内到室外依然是悲愁的投射，"满园落花春寂寂，断肠芳草碧"，无可奈何花落去，春去也，无限孤寂，更添别恨离愁。"芳草碧"本该是生机无限，却因离别而"断肠"，痛彻心扉。到此，词人感情达到顶峰。整阕词，充满了词人的真实情感，且诚挚浓烈，这正是韦庄词的"骨秀"。

　　至于冯延巳，我们前面说过，王国维先生认为用"深美闳约"来形容其词风十分贴切。这里不再赘述。

　　【十六】词人者，不失其赤子之心者也。故生于深宫之中，长于妇人之手，是后主为人君所短处，亦即为词人所长处。

　　【批注】从李煜的生命历程来看，深居宫廷之中的成长历程，使他远离了世俗侵染，保持了纯真的性情，但作为一国之君来说，他缺失了治国理政的能力和魄力，终致国破家亡，以致因为不谙世事，不懂隐藏招来杀身之祸，成为历史上的悲剧。但也正是这种率真的性格和敏锐的情感，生发出他对自身命运的慨叹和对生命的思考，成就了一代词风，于文学来说，又是一种不可替代的存在。

【十七】客观之诗人，不可不多阅世。阅世愈深，则材料愈丰富，愈变化，《水浒传》《红楼梦》之作者是也。主观之诗人，不必多阅世。阅世愈浅，则性情愈真，李后主是也。

【批注】王国维先生所说的"主观"和"客观"，是从人们对世界万事万物的认识角度去分析的。正如叶嘉莹先生所讲，人对于世界的认识和感知方式是不一样的，有的人是从外在的环境和心境去了解、看待和体悟世界和人生的，也就是所谓的"客观"诗人。因为要从外在角度去感受和体悟，也就必须将眼光放之于更大的天地世界，积累丰富的素材和感受，才能写得真切感人。而有的人对于世界的感知感受，则是通过内视自省形成对世界万事万物的同理心感应，达到对人生生命的深度体悟，世间的细微变化均可以激起其内心强烈的感受，也就是所谓的"主观之诗人"。王国维先生作"客观""主观"之分析，正是为了说明李煜具备了"主观之诗人"的特质，他始终保持着生命的纯真、纯情，对于世事变迁有透彻的感悟。

【十九】冯正中词虽不失五代风格，而堂庑特大，开北宋一代风气。与中后二主词皆在《花间》范围之外，宜《花间集》中不登其只字也。

【批注】五代词的内容多是描写男女情事，以"缠绵悱恻、伤春悲秋、相思离别"（叶嘉莹语）的小令为主，语词秾艳靡丽，往往徘徊于闺阁园亭之中，主要表达闺怨。

王国维先生说冯延巳（字正中）词"堂庑特大"，字面上是指"气势恢宏，境界开阔高远"，从其词作来看，冯词并不纠结于离情别绪、闺阁怀怨，而是将闺阁之怨升华为对自身命运、国家命运的思考，并不为固定的情景、情事所约束，有了更大的格局和情怀，所以是"堂庑特大"。

【二十】正中词除《鹊踏枝》《菩萨蛮》十数阕最煊赫外，如《醉花间》之"高树鹊衔巢，斜月明寒草"，余谓韦苏州之"流萤渡高阁"、孟襄阳之"疏雨滴梧桐"不能过也。

【批注】王国维先生所夸赞的三个句子，都是使用灵动的动词将几种景物贯穿起来，形成一种统一的情态和境界，给人一种艺术的美感。如冯延巳的《醉花间》"高树鹊衔巢，斜月明寒草"句，前句用一"衔"字，将"高树""雀"和"巢"勾连起来，浑然一体，形成一种动态的艺术美，而后句则以一个"明"字，将"斜月""寒草"贯通一脉，呈现出夜晚静谧的情境，美感顿生。再如韦应物的（因曾任苏州刺史，又被称为韦苏州）《寺居独夜寄崔主簿》一词中，有"流萤渡高阁"的诗句，一个"渡"字，足以将"流萤"和"高阁"联系起来，形成一种美好的艺术场景。而孟浩然的（因是襄州襄阳人，故又被称作是孟襄阳）词句"疏雨滴梧桐"，一个"滴"字即将"疏雨"与"梧桐"有机连在一起，产生了动态的美感。

【二三】人知和靖《点绛唇》、圣俞《苏幕遮》、永叔《少年游》三阕为咏春草绝调。不知先有正中"细雨湿流光"五字，皆能摄春草之魂者也。

【批注】被王国维先生称之为"皆能摄春草之魂者也"的诗句"细雨湿流光"出自冯延巳的词——《南乡子》，写的是一种朦胧的意境，细雨如丝，缠缠绵绵，恰如愁恨挥之不去。雨湿芳草，风摇流光，又似愁恨徘徊难以排解。北宋著名隐逸词人林逋（字和靖）的《点绛唇·金谷年年》，梅尧臣（字圣俞）的《苏幕遮·露堤平》，欧阳修的《少年游·阑干十二独凭春》，也被王国维先生推崇为吟咏春草的绝唱。

【删稿二四】《半塘丁稿》中和冯正中《鹊踏枝》十阕，乃《鹜翁词》之最精者。"望远愁多休纵目"等阕，郁伊惝恍，令人不能为怀。《定稿》只存六阕，殊为未允也。

【批注】"郁伊惝恍"是说王鹏运和冯延巳的十阕《鹊踏枝》词，所呈现的都是阴郁惆怅的情绪，沉溺于往事之中，让人难以释怀。王国维先生认为这十阕词恰是能够代表冯延巳词风的作品。

对于"郁伊惝恍"的特点，我们可以从其《鹊踏枝》（烦恼韶光能几许）略见一斑。

【附】

鹊踏枝

冯延巳

烦恼韶光能几许，肠断魂销，看却春还去。只喜墙头灵鹊语，不知青鸟全相误。

心若垂杨千万缕，水阔花飞，梦断巫山路。开眼新愁无问处，珠帘锦帐相思否。

该词写闺怨，开篇起问"烦恼韶光能几许？""韶光"，是春光，亦是指一切美好的时光，本该引起美好的感觉，词人却将这美好时光作烦恼问，恨问"韶光能几许"。恨有多深呢？"肠断魂消，看却春还去"，"肠断"，指撕心裂肺之痛，偏又看见那春光易逝转眼去，心痛更甚！"只喜墙头灵鹊语，不知青鸟全相误"，本来把全部的希望寄托给报喜的灵鹊，却等不来远行的归人！禁不住埋怨那青鸟，是不是将信息全部耽误！凄苦、无奈、哀怨、绝望，全部涌上心头。词的下片写梦境，以"心若垂杨千万缕"作接，"垂杨"，柔柳千条，恰似思妇心底的烦乱。"水阔花飞，梦断巫山路"，水面宽阔，柳絮飘飞，水逐飞花，已是暮春时节，盛极而衰，韶华易逝，本来还想梦中可见相思之人，却难料"梦断巫山路"！既然梦里不可得，那就睁开眼吧，却依然"开眼新愁无问处"，闺门深锁，了却旧愁添新愁，欲说更与何人诉！禁不住一声长叹，"珠帘锦帐相思否？"想想那远行之人，是否也在思念自己呢？再次将无限惆怅推向无穷的远方。

整阕词描写细腻，将女主人公深闺独处的凄苦孤独、哀怨婉转的情思和纷乱委婉的深情表现得淋漓尽致。这也正是其"郁伊惝恍"特点的体现。

脱却旧词换新装

——温庭筠、韦庄、冯延巳词赏析

温庭筠、韦庄是晚唐时期的著名诗人、词人，冯延巳算是五代时期的著名词人，他们共同将词从楼台歌榭、形式华美、语词靡丽、伤春悲秋、闺阁怨伤的娱乐文学中脱却出来，而逐渐成为士大夫之流抒发个人情感和生命感悟的新的文学，对于词的发展兴盛起到了举足轻重的推动和引领作用。但由于生活际遇和个人境界的不同，他们又各有其不同的特点。

温庭筠才思敏捷，一生仕途不得意，游走于歌筵楼台之中，其词善于铺陈，词风绮丽，秾艳精美，被清代文学家刘熙载称之为"精妙绝人"，王国维先生深以为是。其词一般呈现画卷式的精巧叠加，而不布入明显的个人情感，却又因自身的社会环境，而使用带有符号性质的语词，往往给人留下无限的遐思空间，使读者产生出丰富的想象。如其《菩萨蛮》（玉楼明月长相忆），就将女主人公送别前后的情思由艳丽的词句抒发出来。词的上片首句"玉楼明月长相忆"，"玉楼明月"作为典型的标志成为惜别的场景，化作离别双方的共同记忆。对于离别，词人用"柳丝袅娜春无力"来描写，"柳丝袅娜"，分明是柳枝长垂，春已至暮，柳又是离别的象征，自然是春易逝，别难离。"袅娜"是指柔弱，"春无力"，是指难挽留，可无力的又岂止是春天？这是环境的描写，接下来是耳闻目睹"门外草萋萋，送君闻马嘶"，草是古人常用的意象，"闻马嘶"，是不得不走，耳闻目睹，情难自抑，离愁别绪自然而生。词的下片写送别归楼，更是凄切。"画罗金翡翠，香烛销成泪"，望着那绣着金翡翠的帷帐，昨夜的欢愉恍若梦中，看那香烛黯然垂泪，那哪里是香烛泪，分明是女主人的盈眶之泪！她禁不住临窗而望，却只见"花落子规啼，绿窗残梦迷"，"花落"是悲，子规咯血也是悲！看看那绿窗之下，泪满迷离，早已不见人踪迹！通览整阕词，词句秀丽，场景清晰，完全以客观呈现出离人情思，却又为我们读者留下了无限想象空间，王国维先生称其为"句秀"，这也正是温词的特点。

韦庄一生致仕，词擅白描，写词往往将自己的主观情感充斥于词句之间，但是所写情致往往固定于特定的情景，相较于温庭筠的客观自由，韦诗少了些想象的空间，像其《浣溪沙》（夜夜相思更漏残）就体现了这样的特点。词的上片，起句就把离别相思之苦的基调写了出来："夜夜相思更漏残"，"夜夜相思"从未停歇。更漏滴尽却难以入眠，一句话就把相思之苦带出。"伤心明月凭阑干"，明月依旧，物是人非，当日欢愉已化作伤感。"想君思我锦衾寒"，大概远方的人也在惦念着自己锦衾单薄寒难耐吧！下片继续推进"伤心"境地，"咫尺画堂深似海"，身在咫尺却相隔似海。"忆来惟把旧书看"，思念难耐，只能把你旧日的书信拿来反复翻看，想从中见到你的影子。"几时携手入长安"，什么时候再相见，恐怕是再也没有机会了！整阕词直抒胸臆，毫无做作之态，情感深挚，蕴于其中，形成了巨大的冲击力。

总之，从温庭筠让词作摆脱了描写男女情事的窠臼，而改之以宏阔的场景铺陈，到韦庄的直抒胸臆的情感抒发，再到冯延巳的既有五代词的基调，又超出简单描写伤春悲秋、伤离惜别的范畴，而上升到对自身、对自然的觉醒与思考，我们看到的是词作从下里巴人的俚俗文学到士大夫文学的华丽转身，词最终在两宋发达的经济和新兴市民阶层的促成下，走上了中国文学史上的新的巅峰。